これからの本の話をしよう

萩野正昭

これからの本の話をしよう

晶文社

目次

今、私が取り組んでいる活動を紹介しながら、
そこに生じる問題や将来への課題と
可能性について語ろうと思う。

第2章

なぜ出版、どうしてデジタル

私のパートナーであった米国ボイジャーの創業者ボブ・スタインについて、一歩踏み込む気持ちで考え方の背景を明らかにしておこう。

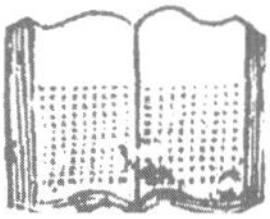

第3章

本は どこに向かって いくのか

映画やテレビという私たちが慣れ親しんだ
送り手主導のメディアではなく、
誰かに与えられるコンテンツから、自分が発信する道を
どうやったら拓いていけるのかを問いかけてみたい。

第4章

ブックデザイナーの鈴木一誌さんによる
私へのインタビュー記事を収録した。
2010年の夏におこなわれ、その秋に発行された雑誌
『d/SIGN』第18号の「電子書籍のデザイン」特集に
掲載されたものだ。

STARBUCKS
COFFEE

2001年9月11日、アメリカ同時多発テロ事件
崩壊する世界貿易センタービルを見上げる人々
（ニューヨーク）
撮影：パトリック・ウィッティ

（本書297ページ参照）

この写真はボイジャーのイベントで
よく利用された。
写真家から「すべて自由に」と
ネットを通して提供された。
©Monika Penkutė

これからの本の話をしよう

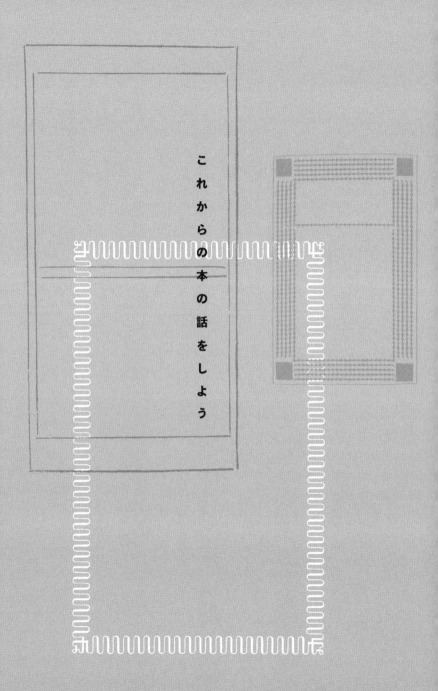

まえがき

二〇一七年のこと。私が歩んできた二五年間のデジタル出版の動きをその時点で記録しておきたいと思ったことがそもそも本書の契機だった。

書きはじめてみると、いい年齢《とし》になって独立したことが頭から離れなかった。自分からも世間からも、もっとも遠く離れたところへ橋をかけるような蛮勇におのれを投じてみたかった。散々たる、それまでの憤懣《ふんまん》やるかたなきあれこれがあったからこそ、まるで先のわからないデジタル出版などという世界に飛び込む気持ちが生まれていたのだろう。考えれば、そんな市場はゼロであった。四六歳のときのことだ。

私を励ます一人の男の存在があった。デジタル出版の将来をはじめて語りかけてきた妙なアメリカ人だった。怪訝《けげん》な顔をして私はその男の顔を見ていた。しかし彼のささやく一つひとつが、自分のたどった過去の不足や不満、欠落を、糸で繕うような不思議な説得を与えてきた。後ずさりしながら引き寄せられるような気持ちだった。

この男はボブ・スタイン(Robert Stein)といった。知り合ったのは一九八〇年代はじめ、彼が米国西海岸ロサンゼルスに自分の会社を起ち上げる頃合いで、この会社が米国ボイジャーとなった。ボブ・スタインはビジネスを起ち上げるために、「獲物」を探すように相手を物色していた。当時はそんな状況を深くは知らずに、私はドキドキしながらそこにいた。男の口先手先に翻弄《ほんろう》される、格好の「獲物」と目をつけられていたのかもしれない。そんな二人はやがて手を組み、ボイジャー・ジャパンをスタートさせる。一九九二年のことだった。

本書は、私のパートナーとなったボブ・スタインから受けた影響を中心に書かれている。この道を一人で歩いてくることは、私にはとてもできなかった。ボブ・スタインとの出会い、彼の生き方、生い立ち、そして直面した時代背景が二人に与えた影響に向き合わざるをえない。一九四六年にともにこの世に生まれた日米の二人は、共鳴する何かを持ち合っていた。だからこそ長いあいだ、お互い力を合わせる意志を保ちつづけた。けれど、それだけじゃないだろうという気がしてならなかった。

わかっていたつもりになって過去を語るより、もう一度ここで今を問いかけ直してみよう。どうして人が相手の影響を受けるのかは、説得力だけの問題ではない。自分のなかに眠る、あるいは巣食うと言うべきなのか、醸成された人としての性根のようなものが、何かを契機に目を覚まし動きはじめる。知らないでやり過ごしたことがたくさんある。

どうやって二人は出版を考え直し、新しい方法で推進しようとしたのか。結果、いったい何が生まれたのか、あるいは失われたのか。これを自分なりの報告書のように残してみたかった。だからデジタル出版のことだけではなく、場合によってはずっと昔の幼少のころにまで話が及ぶことをお許し願いたい。

一九六九年、私は大学を卒業して社会に出た。騒然とした状況だったが、一方で大きな経済成長のなかにあった。逆らう動きはことごとく飲みこまれるように、勢いある流れに順応していった。

ちょうどそのころ、私はサン＝テグジュペリに傾倒していた。『星の王子さま』で有名なあの作家だ。彼の著作を読むうちに、そのなかの一冊にあった港づくりの話を真に受けてしまい、自分の都合に合わせて読み進めた私は、港湾関係の建設会社に就職した。

会社で最初に赴任した場所は、淡路の島影を目の前に見る瀬戸内海に面した埋立現場だった。広大な製鉄所用地の建設がおこなわれていた。技術者でもない私がそんな工事現場で最初にした仕事は、労働災害の報告書を書くことだった。

何件もの事故が起こった。転落、切断、火傷……はじめて人が死亡する現場を見たのだが、それはここでのいわば日常的な出来事でもあることをすぐに知った。労働中の事故は労働災害としての補償がなされた。どんな経緯で事故は起こったのか、損傷の原因や程度はすべて補償額と関係していた。全治するのに何日仕事を休まねばならないのか、あるいは復職が見込めないほどの負傷なのか。これらを簡潔に報告書に仕上げることは私の責任だった。書き方次第で補償の金額に差が出てしまうからだ。

ある日、「ジムショ」と呼ばれていた私の仕事場に、無線による事故発生の連絡が入った。沖で作業中の浚渫船《しゅんせつせん》からの、切断事故による作業員の救急搬送手配の要請だった。私は机での仕事をやめて、車を手配し、負傷者を運ぶ通船が到着する埠頭に向かった。

やがて船は近づき、負傷した作業員が両腕を仲間に支えられて上がってきた。応急処置された包帯からにじむ血の色で両手は染まっていた。見ると親指を残し左右八本の指がすべて第二関節からなくなっていた。排砂管《はいさかん》と言われる重量ある鉄製のパイプにワイヤーを掛ける作業していたとき、一瞬、引き上げられるワイヤーと排砂管のあいだに両手を挟まれたのだという。

埠頭に足をとどめ、負傷した作業員は背筋を伸ばして私を見た。私というか、私を通り越したその先の虚空に向かって言葉を発した。はっきりとした声で。

——私はかつて海軍中尉であった。戦いに負け、おめおめと生き延び、海を浚《さら》うこんな場所で陛下に捧げるべき大切な手を失った。決起あれども役に立てない。なんという情けなさよ。

事故についての現認報告書が必要となり、私はそれを担当した。何が起こったか、その原因は何か、結果何が生じたか……そんな事柄をまとめ上げる仕事に、社会に出て間もない私は向かい合っていた。あくまでも事務処理としての仕事でしかなかった。人の受けた痛みも、苦しみも、悔しさも、そのときの私にはわかってはいなかった。無縁と言っていいほどに冷めたものだったと思う。だからといってはなんだが、今になって自分のやってきた仕事の原因と結果をまとめる羽目になったのではないか。

私たちは多くの見落としをしている。その場にいるときはまるでわからない。正直、いったい見落とす何の価値があったのかさえ。あとになって、あのとき、岐路に立っていたことがわかってくる。

この経過のすべてに立ち会うという機会は、誰にも与えられているわけではない。現実は目まぐるしい変化を追いかけることに終わっている。居つづけることを奨励されるよりも、早く捨て去る変化にこそ重きが置かれる。

急流に押され、刹那的な「新技術」に浮き沈みしながら生きてきたから言える何かがきっとあるはずだ。長い時間をかけて残される「報告書」だって、あってならないわけはない。思いもよらない何かを結び合わせる物語を、時間の経過のなかに見いだせるかもしれない。

はじめて社会人となって一年半、工事現場にいたことは記したとおりだ。その後一一年はフィルムを使った映画の制作にかかわっていた。おもに教育映画だった。さらに一一年間、レーザーディスクという映像媒体の市場導入、コンテンツ買付・開発にかかわった。そして、二五年をデジタル出版の現場で経験した。これが私の社会人としてのすべての経歴である。

すべての思い出がデジタル出版で二五年を経たこの時期に集約されて浮き上がってくる。多くの人たちとの出会い、争い、手を握る協力……。

本書は次のように構成されている。

第1章は、今、私が取り組んでいる活動を紹介しながら、そこに生じる問題や将来への課題と可能性について語ろうと思う。「今」とはいうものの、すべては今までの経験のなかから時を経てつながる事柄だ。ずっと昔の出会いや出来事の、思いもよらない発展がここにはある。

第2章は、私のパートナーであった米国ボイジャーの創業者ボブ・スタインについて、一歩踏み込む気持ちで考え方の背景を明らかにしておこう。あらためて二人でしばらく交信を続けた。刺激を受けたのか、ボブ・スタイン自身もSNSを通じて写真入りの自分史のようなものを語りはじめている。

第3章は、映画やテレビという私たちが慣れ親しんだ送り手主導のメディアではなく、誰かに与えられるコンテンツから、自分が発信する道をどうやったら拓いていけるのかを問いかけてみたい。それが本だと私は思うからだ。本を語るときに延々と立ちはだかった、まず紙ありきの「紙本位主義」が崩れはじめ、ようやくこれからの本を虚心に語れる機会を迎えた。

最後に第4章として、ブックデザイナーの鈴木一誌さんによる私へのインタビュー記事を収録した。二〇一〇年の夏におこなわれ、その秋に発行された雑誌『d/SIGN』第一八号の「電子書籍のデザイン」特集に掲載されたものだ。

さまざまな現実に向かい合い、何かを知ろうとするとき、私の隣にあったのは本だった。紙と文字、それが綴じられている。この単純さ、低廉さ、静かさ、堅固さの上に長い出版という歴史があり、十分な伝達力を発揮していた。

読むという問いかけをすれば、ときに強力な反応をしてくる。本は残され、ある日どこかで誰かの問いかけを待っている。

本の何たるかを考え直してみたい。本の輝かしい歴史などと美談を語るのではなく、また堕落した姿を語るのでもなく、自分の歩行に頼ったものの見方、考え方のなかから、語るべきいくつかの出来事を整理しておきたい。

第1章

メディアは私たちのもの

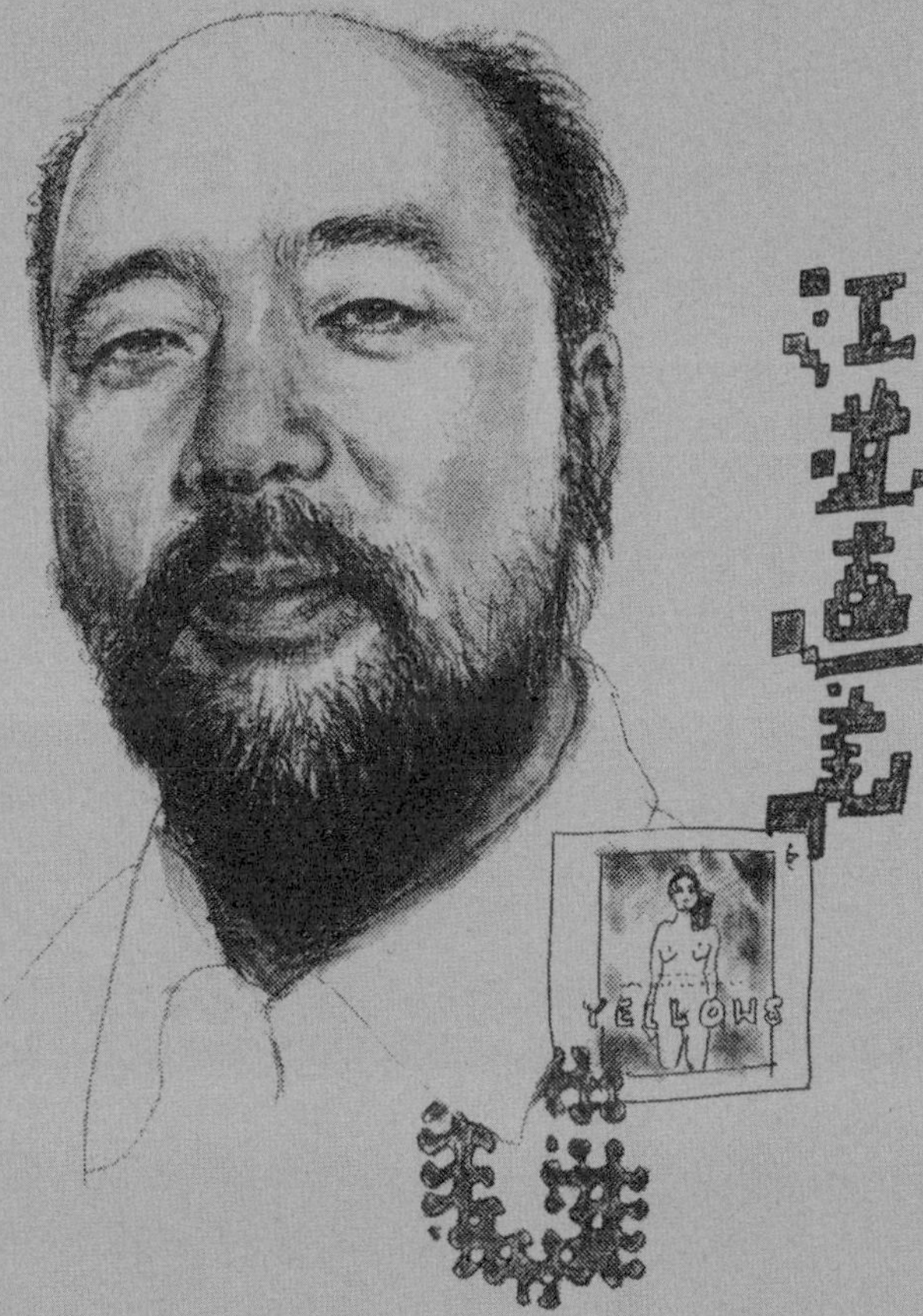

出版に〝あり方〟などあるだろうか。思うままにやればいいことだろう。それなのにあり方を問うのは、自分自身に対してである。

自分のめざす出版をずっと考えてきた。デジタル技術を通して実際にやってきたけれど、ことごとくは今までの出版界の経験を傍目《はため》にながめ、自分なりに学んできたことだった。それでいて出版の現状に楯突くように批判的なことを言ってきた。次なる何かをやっているのだという感情がそうさせたのだろう。少年期の反抗のようなものだった。さまざまな問題を抱え苦しむ出版の現状を対岸から揶揄《やゆ》するように言ったにすぎなかった。

次第にではあったけれど、自分がめざす出版のイメージが持ち上がってきた。ずっと長い時間をかけてやりながら、変化の存在に気づいていきた。何かが変わろうとしていることは確かだ。その何かが、いまひとつはっきりしない。

こうしたとき、自分がやりながら見極めていくしかない。兆候と言える変化のいくつかを自分のなかに感じとることからはじめようと思う。

1　スタートラインにみんないた

誰の上にもデジタルは舞い降りる……かつてこれは、何もかも美しく謳《うた》いあげる都合のいい合言葉だった。世界をひっくりかえす力になるのかもしれないと心を躍らす響きを持っていた。事実、真っ先にデジタルに飛び込んできたのは何も持たない、でも夢多き人たちだった。ほかならない私もその一人である。

　コンピュータをパーソナルなものにしていこうという提唱が聞こえてきた一九八〇年代のことだ。エリートコースという社会的価値観のようなものから外れた若者が二人してガレージから起業するという、新たな希望がかすかではあるが見えてきた。その二人がつくったコンピュータはアップル(Apple)といい、やがてマッキントッシュ(Macintosh)へと大きな流れになっていった。捨てたもんじゃない。自分をそう思える時代がやってきた。落ちこぼれの誰もが感じた瞬間だった。

　舞い降りるデジタルがひときわ輝いて見えたのは、デジタルが何も頼らない新たな方向や基準を示していたからだ。既成の生産システムも流通システムも持たない者にとって、まったく新しい地平に一様にスタートするなど、そうあることではなかった。

　すでに培ったものが何であれ、デジタルで行く以上は前提となる何もかもをゼロに戻して再出発するのだというのなら、最初から何もない私たちにとってこんな有利なことはない。これからのレースを走る者のなかには、名うての外国選手たちも控えている。そこに有象無象《うぞうむぞう》の〝オレたち〟がパンツとランニングシャツで参加したことになる。ただし当時は、そんな醒《さ》めた視線でこの光景を見ていた者はいなかった。あれから長い時が経って、それはやっと見えてきたのだ。

スタートした競争は、時が経つにつれて次第に差が生まれていった。備わったコースを走っていくようなものではない。どこを走ればいいのかさえ定かではなかったのだ。ただやみくもに走る者と、デジタル化の未来を見据えて改良点を追求する者と、このあいだには歴然たる違いが生じていた。既存のビジネスを築いてきた人々はつねに研鑽《けんさん》する姿勢を持っており、デジタルが十分考慮すべき将来だとわかれば改革に取り込もうと懸命になった。

それぞれの目論見を持って渾然一体として走りだし、何かを見つけだす。トライをして凹の中に出たものは数かぎりないが、ことごとくは受け入れられずに終わっていく。同じようなやり方、考え方であっても、「わずかな時間的なズレ」で浮き上がったり沈んだりする。

ビジョンを頼りにやみくもに走る者、そんな言葉に一括りにできない非常に賢明な連中もいた。新しき地平に具体的なビジネスの要素を見いだしていく者たちだった。

成功者として、パソコンのボードから生まれた素朴な動きをともなったゲームにかかわる人たちがまず挙げられるだろう。飛んだり、跳ねたり、よじ登ったり……粗いドットで組み立てられた立居振舞《たちいふるまい》の妙なリアリティが人の心を刺激した。『パックマン』とか『ロードランナー』とか言えば、誰もが思い出すことがあるだろう。こんなことができるならとばかりに、アイデアやイメージをドットに吹き込むプログラマという才能が注目を集めていった。既成の価値観から外れることも意に介さず、好きなことにのめり込む天才たちによってゲームという市場が突き動かされたことは間違いなかった。ゲームはその後もデジタルの大きな市場を開拓していった。

しばらくの時間を経て一九九〇年代はじめになると、今度はインターネットの可能性をいち早く悟った人たちが出てきた。情報の重要な要素は関係性にあると気づいた人たちだった。彼らは検索するという新しい生活スタイルを実現してみせた。当初はあるパターンを示したにすぎなかったが、このパターンは普遍的なものにつながっていた。最初から理解していたのかどうか、それはわからない。偶然が幸いした要素はかなりあったのではないかと思う。何かをすばやく先取りした連中が具体的に示した一例が未来へとつながった。

儲けるには日々の努力が要求される。みんな努力していないわけではない。けれど、この努力が注ぎこまれる仕方により明暗が分かれる。ビジョンは上等でも、実現するものの手がかりを明確にできなければ、徐々に精彩を失っていくことになった。

ジョージ・オーウェルは『一九八四年』という小説のなかで全体主義国家の統治と恐怖がやがて来ると想像していたのだが、これを意識して同じ年にマッキントッシュはパーソナルな創造活動の道具として現れた。自由が強調されていた。統率や管理に適した道具としてのコンピュータではなかった。デジタルを頼りにする担い手にとって大きな注目の的となった。そしてコンピュータ・ユーザは着実に世の中にあふれていった。

同じ志向のインディーズが日本でもつぎつぎと生まれていた。一例として触れておきたい。ほんの一例であり、私の近しい関係者にすぎない。もっと広い、たくさんの人たちが参入してきていたことは事実である。

シナジー幾何学の粟田政憲。もとは雑誌編集者だった。飽き足りなかった。青年実業家タイプの野心家であり、すばやく動く弁舌豊かなリーダーだった。いろんなことを知っていた。業界情報、お役所からの助成、投資関連先……。とにかく若いやり手だった。彼の話を、いつも身を乗り出して聞いていた。まだ二〇代だったと思う。『Alice』(一九九一年)、『GADGET』(一九九三年)という代表作があり、いずれもマルチメディアグランプリの賞に輝いた。

デジタローグの江並直美。彼についてはあとで詳しく触れるつもりだ。大阪出身であり、言葉も調子も浪速スタイル丸出しのいいオヤジだった。オヤジと言ったが、実年齢は私より一〇歳以上も若かった。当時まだ三〇代だった。雑誌のデザイン、アートディレクションの事務所プロペラ・アート・ワークス社を設立。デジタル時代を予見して、デジタローグというコンテンツの制作・販売会社を別途創立していた。

インフォシティの岩浪剛太。学生起業家。この時代、学生から起業するのはよほどまれのことだった。何人かのプログラマを擁しており、先端開発では存在感を発揮していた。放送技術にも詳しく、その後のテレビ放送の技術革新の背後でいくつかの特許技術も生み出した。官公庁の審議会のメンバーを務めたり、テレビ局の安定的な受注などを確保した優良企業経営をおこなっていた。

エフツウ(F2)の黒川文雄。もとは雑誌『ぴあ』の編集者だった。この雑誌の情報性を背景に、多くの企業人、有力者とのつながりを持っていた。何がこれから流行っていくのかの嗅覚にも優れていた。そうした力を武器に、不採算部門の立て直しを企業トップから懇願されることがあったようだ。私は、のちにお話しするレーザーディスクにかかわることになるのだが、彼はレーザーディスクのテコ入れ要員として私の前に現れた。私は敵対する立場となったが、デジタル志向では妙に気脈を通じ合うことができた。

オラシオンの菊地哲榮《あきひで》。オラシオンはデジタル時代の到来に合わせて設立した会社で、菊地はハンズオン・エンタテインメントという音楽・エンタテインメント関係の企画・制作を中心とする会社の社長であった。オラシオンはデジタル・コンテンツを視野に入れた子会社だった。当時トップを行く人気歌手であった森高千里のヒット曲「渡良瀬川」をテーマに、インタラクティブに音楽を楽しむCD-ROMを市場展開した。

そして、ボイジャーの萩野正昭もこれらの仲間と一緒に名を連ねていたということになる。

この六社はデジタル志向をひときわ鮮明に打ち出し、意欲的なデジタル出版やソフトウェア開発を手がけようとしていた。しかも各社が営業部門を備え、積極的に販売店へのセールスをおこなっていた。

販売店はどこも商品でいっぱいで、その一角に小さなインディーズの作品もひしめくように陳列されていた。それを各社の営業担当者が回り、自社の商品を前面に陳列してもらおうと競い合う。バカバカしい。こんな茶番はやめにして、小さい者が力を合わせようと呼びかけた。実際に、マックワールド・エキスポで六社は協力して連合のステージを組み、大きな出展を果たした。

2　どうして小さい者が団結できない

マックワールド・エキスポは、毎年の年始にサンフランシスコで開催されるアップルの大イベントだった。折しもアップルは、マッキントッシュを中心にハードでもソフトでも業界に先んじた積極的な提案をしていた時期で、大きな注目が集まっていた。この動きを世界でも展開しようと、日本でも同じイベントが千葉の幕張メッセで開催されていたのである。

そして一九九六年二月、六社は共同してマックワールド・ドエキスポに出展した。このイベントの主役とも言えるアップルに次ぐ規模のステージを構えて、各社はそれぞれのプレゼンテーションを競い合った。

特筆しておくべきことは、連合した六社の作品やソフトウェアを直売する売店があったことだ。「インディーズによるインディーズ作品」を真っ先に読者＝ユーザに届ける書店である。四日間のイベント期間中の売上は、なんと二〇〇〇万円に達した。後にも先にもない話である。

インディペンデントにモノをつくる連中は、できあがった他人の作品をけっしてよく言わない。こき下ろす。孤立した自分を頼りにする以上、仲良くなどやっていられない。われこそはという気迫を持たねばならない。作品の品質向上のためにお互いが切磋琢磨《せっさたくま》することはいいことだろう。しかし、できあがった作品のセールスの局面でケチをつけ、足を引っ張り合うことはない。自分とは違う他人の作品であろうと、小さい者が志を持ってチャレンジしたものなのだ。商売の成功を小さい者どうしが打ち消し合って何の得があるだろう。商売に失敗したくてみんなつくっているのじゃないだろう。

デジタルの夜明けに馳せ参じた日本のインディーズたちとは何度もこの話をした。結果として六社のインディーズが手を組み、連合した出展の協力が生まれた。しかしそれは一度きりだった。ではなぜその後、この協力は発展していかなかったのだろうか？

単純にわかりやすい話をしておくべきだろう。たとえばすでに述べたとおり、会期中の売上は二〇〇〇万円あったが、これは六社の合計であり、六社は平均的に売り上げたわけではない。各社に大きな差があった。儲けを得た人、スッポ抜けてしまった人、二〇〇〇万円はあくまで合算なのだ。

出展のための費用はどうだろうか？　六社が平均して同じ金額を負担しているのに割に合

ローリー・アンダーソン
『Puppet Motel』
1995年

https://youtu.be/RKsoyt-yW0g

6社が連合して出展したマックワールド・エキスポのステージでは、特別スピーカーとしてローリー・アンダーソン(Laurie Anderson)のパフォーマンス&プレゼンテーションもおこなわれた。ミュージシャンであり、作曲家、詩人でもあるという彼女の多彩な技量をつぎ込んだ『Puppet Motel』が会場で販売されていた。

わないという気持ちが噴出してくる。何度も話し合ったけれど、納得できる合意には至らない。損得の差し引きはもっともわかりやすい結果である。当時のデジタル市場は、連合するすべての者が損得勘定で納得できる成果を上げられるほどのものではなかった。だからこそ小さい者が手を結び、力を合わせていくべき時期であったと言えただろうに、それができない。どうしようもなかった。

最後まで連合を維持しつづけようと主張したのは、デジタローグとボイジャーだった。デジタローグを率いた江並直美は将来を頭に入れて、短期的に判断してはダメだと主張した。「損して得とれ」の論理を説得しようとした存在だった。

江並直美は書籍デザインのアートディレクターであり、当時隆盛だった大手の雑誌をいくつも仕事として担当していた。そのこともあってか、彼には強い収入の基盤があった。この余裕が彼に先を見る姿勢を与えたのだと思う。現状よりも将来を見据える心の余裕だった。

ボイジャーは反対に何もなかった。だから誰かを支えにすがるしかなく、連合を頼りに生き延びていこうという気持ちだった。

デジタローグはいわば余裕から将来を見ていく立場であり、ボイジャーは何であろうと在るものに寄り添って今を生きる極貧という両極端の存在だった。立場として正反対の二社のインディーズが連合を維持して、ともに闘いに挑む方向をとることになった。

両極端の立場とは、普通はまったく相入れないものだろう。けれど違いが鮮明であることは、ある意味で理解につながる余地のあることを身をもって体験することになった。一方で両端のあいだにいたインディーズはどうしていっただろうか？　あるものは本業に戻り、テレビ局の受注や音楽アーティストの舞台裏を支える仕事に専念していった。また、起業家として投資を受け入れ拡大を図ったゆえに、結果、倒産に追いやられた者もいた。

デジタローグとボイジャーは営業担当者を一緒にして、両者の販売部門を合併させ、DIVO《ディーボ》という会社を設立した。DIGITALOGUEとVOYAGERというお互いの会社の頭文字を二字とって社名としたのだ。

二つの会社が一緒に営業をすることで、販売面での効率化を考えた。つくるのは別々でも、できあがった作品を売るのは一緒だ。小さいインディーズの排他的営業活動という茶番を繰りかえしてきた反省の気持ちを、あとあとまで持っていたからだった。

ところが二社のめざしたすべてが中断した。二〇〇二年、江並直美は脳出血で倒れてしまった。それは突然やってきた。重度のものだった。話しかけても明確な返事をくれる状態ではなかった。

江並直美が率いたデジタローグの代表作は、五味彬の『YELLOWS』という写真集のデジタル出版だった。この名前を聞けば思い出す人も多いのではないか。今ではヘアヌードというものが当たり前のようになっているが、このきっかけをつくったのは『YELLOWS』だったし、それがデジタル出版で切り開かれたのだった。

もともとは、紙の出版物として企画されながら発売直前でストップがかかり、掲載予定の月刊誌は一九九一年一月一五日に一切が断裁された。その結果、わずかなリスクで発刊できるデジタルでの出版メリットを考え、無理な説得に時間と労力を費やすより「自分でやってみよう」となっていった。それがデジタログ自身による出版のはじまりだった。

デジタル出版の写真集には、紙媒体とは比較にならない大量の写真点数を収めることができた。音楽とか仕掛けとかが一切ない、ただ裸体が数多く収録された写真集。これを理解できる人間がはたしているだろうかという疑問はあった。けれど、「自分でやってみよう」の道が実感できたことも確かだった。

まだ出版産業が大きな成長を続け、そのなかで華々しく展開されるカラフルな雑誌のアートディレクションを何誌も受け持ち、確固とした経済的な基盤を持っていた江並直美にとって、それでも現実の出版社とのあいだで生じる表現上の隔たりは、彼の目を現状から未来へと向けさせていったのではないだろうか。そこで「自分でやってみよう」という、孤立ではあるが、それだけではない可能性をはっきりと意識していたのだと思う。

みずからを鼓舞しながら、江並直美は勢いを仕事にぶっつけた。そのテンションは結果、彼の脳血管を破ってしまった。頼りにした希望の相手は、私の目の前から去っていった。

3 保障もなければ擁護もない

一九七〇年の終わりから一一年間、私にとって映画制作にかかわる時代があった。何も恐れない若さにみなぎっていたころだったと、今になればわかる。無鉄砲な時代だった。映画を制作するという自分勝手な「使命感」を盾に、普段では尻込みしてしまうことを率先してやりとおす爽快感を粋がっていた。けれど一〇年以上もやれば、そこにある矛盾に気づかないわけはない。
もっとも大きな問題は、公平を欠く雇用のあり方だった。契約制度と称して、そこに働く下働きの助手たちにまで請負出来高払いを強要していた。このあたりの表現は非常に微妙である。強要と言えばかなりどぎつく聞こえる。実際はけっして大声など出さず、丁寧さがともなっている。表面は小声で優しく、実態は冷酷そのもの。労働現場で認められるべき働く者の保障などは皆無に等しかった。

五味彬
『YELLOWS』
デジタローグ
1992年

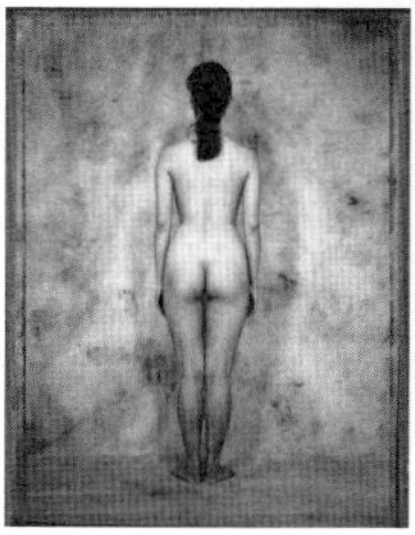

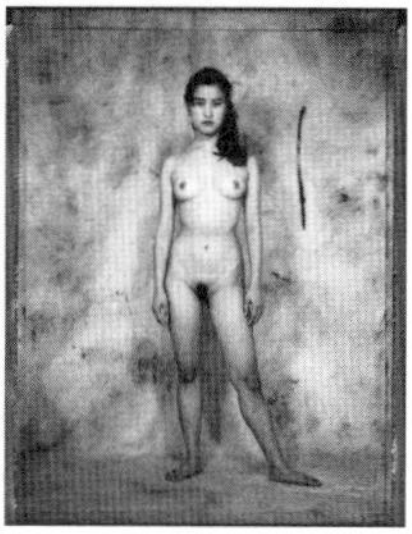

日本人の体型を余すところなく写したという、物量を誇った裸体写真集だった（価格6800円）。「ヘアヌード」という言葉を一般に定着させる効果もあった。紙の出版では露わな裸体表現は忌避されたし、量的にも対応できなかった。CD-ROMでの公開という挑戦がなされ、世の中に大きなインパクトを与えた。

担当作品一本あたりの契約金は高額に見えた。その一本を見ているかぎりは。何をもって高額だと言うのだろう。月給よりも高いと言うなら、ひと月で一本の仕事が終わらなければならない。そんなわけにはいかない。準備から最終の仕上げまで、短くても三カ月はかかる。月給三倍の契約金であっても同等、それを下回るなら月給以下ということになる。月給には少なくとも毎月という継続性があるが、契約は一本という区切りによって断ち切られる。

日常的な仕事において何の違いもない職場、同一労働であるのに、会社の労働対価への考えが違う。労働者として雇用するのではなく、出入り業者のように、買い叩き、面倒もなく縁を切りやすい取引として、一本ごとに清算していこうというものだ。会社はこれで相当な節約になる。表向き「君たちは芸術家だ、労働者じゃない」というような言辞を使い、実情を煙に巻く。

なんで同じ月給じゃいけないのか？　それは述べてきたように、対価を抑えるためだった。一見、高そうに錯覚させていたのだ。

映画の現場における契約制度は、明らかに映画産業の凋落《ちょうらく》と関係していた。映画制作にかかわる費用を極力抑えるために、徹底的に考えられた方法だった。それでも映画の現場に人は集まってくる。嫌なら降りて結構だ。どうして節約をやめなきゃならないの？　相手の筋は通っている。だから仕方なく妥協する。妥協すれば、もう一人に対する妥協の基準が敷かれていく。あいつがこの金額でOKしているのだから、おまえがそれ以上のわけはないだろうと。会社の策略や人間関係から労賃には差がつけられ、それを煽《あお》り、スタッフ間の微妙な仲の悪さを助長した。自尊心がまんまと相手の意図にはまっていった。ちょっとばかり他のスタッフよりもギャラがいい。悪い気がしない。この気持ちが団結力に水を差すことにつながっていた。同じより違いが大きな意味を持っていた。

さらに建前上、一人ひとりを当該映画一本を請け負う個人事業者だとしておけば、実態がどうあろうと労働法の保護規定から離れた存在とみなしていける。同じようにみんなと働いている毎日には何の違和感もない。ただ、ひとたび何かが……トラブルや事故などが起これば、当人は擁護される立場を何も持っていないことになる。現実に私自身がそうした事件に出会ったことはなかった。けれど、それで済んできてしまったというだけのことだ。問題が起こらなかったわけではない。そんなとき、たとえ同じ立場であったとしても、かかわりたいとは思わない。困った状態を助け合うよりも、見て見ぬふりをして離れていくのが自然な流れとなっていく。それが人の弱さというものだろう。あるいは生きる方便なのか。

同じ職場で朝から晩まで一緒に働きながら、同じ問題を共有しようとしない。会社には二つも三つも労働組合があったが、それはすべて社員のものであり、彼らが契約スタッフに目を向けるまでにはそれなりの時間がかかった。

一本ごとの契約だから、次の仕事が保証されるわけではない。けれど現実は次も回ってくる。ローテーションだなどと契約スタッフの私たち自身が片棒を担いで、次の労働の配分などを仕切っている。会社としてはいつでも切れる状態であるのが大事なことで、この原則さえ維持されていれば、あとはどうあろうと構わない。

賃上げやボーナスの時期には、当然、契約スタッフは無関係となり、対象からは真っ先に外される。不平・不満を言える立場ではない。なんとも言えない差別感を胸にしながら、不平も団結の声も起こってこない。集団のチームワークを求める映画制作の現場において、納得できない賃金・処遇の差が確実に広がっていった。

やがて労働争議が起こった。弁護士も交えて、ややこしい討議や手続きがおこなわれた。その過程で自分たちの賃金の水準というものを再認識した。実態をつぶさに検証した弁護士の口からため息をともなって出た言葉は、契約スタッフの賃金のあまりの低さだった。

高度経済成長のまっただなかだった。毎年一万円を超える賃上げが定着していた時代だった。四、五年も働けば基本給は一〇万円を超え、そのうえに手当も年二回のボーナスも支給されていた時代に、年収にして一〇〇万円にも達しない契約スタッフはざらにいた。

なぜこんなに低い賃金なのか？　弁護士は私たちに向かって、自分なりに考えたとこう言った……あなたたちは映画を愛している、だからだ、と。愛するから妥協が生まれる。妥協が賃金の抑制になっている。これを断ち切らなければ低賃金は続く。

腰が抜けるほど情けなかった。愛しているのは何だったのか。愛するものをあらためて自分に突きつけるいい機会だった。

無権利な状態……それが私の映画の世界で働いた一一年間にはついて回った。ひどい話だと思う。けれど、権利があったとしてどうだったのか？　あの状況下、映画会社の経営が上向くことはなかった。映画館とフィルムの上映という土台の崩壊は進行していった。技術革新がメディアの変化を意識させていた。そもそも映画会社が自分で映画をつくる必要性など希薄になり、映画づくりに働く者の雇用制度がどうのこうのと問う余地すら消えていってしまった。すべては一人で解決を図らねばならない。これは教訓だ。少子化により人口減少が進んでいくなかにおいて、縮小する頭数が老化する大多数を支える社会保障などという制度を信じてはいけないだろう。

人が生きていくということには保障も擁護もない。あたかもあるように思えばどこかで後悔がやってくる。団結を疎《うと》んじる気持ちはないけれど、過剰な期待はできない。団結して何と向かい合うというのだろう。

この気持ちはその後、何をしても変わらなかった。そして一方でつねに意識せざるをえなかったのは、人が分断されて、孤立してこの世の中には存在しているという現実だった。

4 買うだけの消費者＝読者

映画制作での一番の苦しみは、過酷な現場でも無権利という身の上でもなく、明日の希望のまるで見えない現実を日常として費やしていくことだった。誰も明日のことを考えていない。ここからどうやったら逃れていけるのだろうか。足取りは重かった。

テレビというメディアが時代を謳歌《おうか》していた。多くの人々へ瞬時に事実を伝える媒体が社会正義を貫くのだというような偉そうな姿勢が随所に現れていた。その姿が私には鼻持ちならなかった。それでも映像技術としてのビデオの進歩は非常に気になっていた。まだアナログ・ビデオの時代ではあったが、大きな力を持つテレビは新しい映像技術を積極的に取り入れていった。

一九七四年一一月、アメリカのフォード大統領が来日した。大勢のアメリカの放送取材陣がやってきた。そのことごとくがENG(Electronic News Gathering)と呼ばれる小型ビデオカメラを持ち込んできた。当時の日本のニュース取材は16ミリ・フィルムを使っており、即放送するために局の地下には必ずこの16ミリ・フィルムの現像所が置かれていた。ENGに現像所などは必要なかった。また、フィルムは三分ほどで交換しなければならないが、ENGは三〇分、六〇分と収録許容時間が桁外れだった。このときから、現像するというケミカルなフィルムによる情報定着の方法はビデオへとシフトしていった。

映画の世界では、画像品質の比較から、ビデオへのありったけの非難が飛んでいた。しかし、この非難が徐々に色あせていったのは、その後の技術革新の歴史を知る人にとってはまさに目撃し、体験したことだろう。そこにデジタルが入り込んできたことも。

だからといって私がデジタルの出版なんて、どうしてやろうとしたのだろう。いまだに立ち止まり考える。あこがれたわけでも、胸を張ったわけでもない。むしろ過酷な現実から逃れようとしたとき、たどり着いた荒地のそこにデジタルがあった。エンジニアでもないし、技術の何であるかもわからない、最先端の意味も知らなかった。救われる術として、この手に握る単純素朴な道具であった鋤や鍬、釘や金槌のようなもののごとく、デジタルは私の前に現れてきた。素朴な希望だった。

二〇一一年七月、東京国際ブックフェアに出展したボイジャーのステージに、ボブ・スタインと私は立っていた。集まった一〇〇名弱の聴衆に私たちは語りかけた。

ボブ・スタインについては第2章で詳しく触れていく。ただ、事実として知っていただくべきことを述べておきたい。このとき、すでに米国ボイジャーは三つの会社に分割され、米国においてボイジャーの社名はなくなっていた。最盛期、ニューヨーク、パリ、東京とあったボイジャーの関連会社は、東京のボイジャー・ジャパンを除き消滅した。

会社が分裂したときに、大きな負債を持ったボイジャー・ジャパンの株式を文句もなく引き受けたのはボブ・スタインだった。だから彼を特別な存在として私はずっと見つめつづけてきた。すでに一九九〇年代はじめに盛んだったマックワールド・エキスポは鳴りを潜めていたが、ボイジャーはデジタルでの出版をめざす方針をより明確にしてきていた。年に一度、自分たちの活動を世間に問う場として、ボイジャーは東京国際ブックフェアの場を選んでいた。

私はデジタル時代に深化していく本の情報アクセスのあり方を語り、ボブ・スタインは本を読むこれからの社会的な共有のあり方、ソーシャル(Social)という考えを語った。

二人が話した五〇分ばかりの映像が記録されている。記録が残されたことは幸運と言っていいかもしれない。誰でもこれを見ることができる。

ともに一九八〇年代の終わりからデジタル出版へのかかわりを深くして、この分野でのいくつもの試みを繰りかえしてきた。いわば、ああでもないこうでもないと拵《こしら》える活動を続けてきたわけだ。

コンピュータというものを目にして、いったい何をしたかったのか。自分でやってみようということ、手段としてコンピュータを使うことはあっても一番コンピュータから遠く離れているもの……だから最初から本の姿が視野に入っていた。出版するということを夢見ていた。そう言ってみることはいとも容易だ。

本は日常的になれ親しみ、素朴な敬意を抱く対象だった。本にはぶ厚い過去があり、記録媒体としての立派な業績があった。流通する書店の仕組みは確立されていた。蓄積された記憶を保存し、誰でも利用できるものとして図書館はいたるところに存在していた。それらを手本にして話をすることは、誰にでも理解は早かったのだ。

もっと便利に、手軽に、自分の持つコンピュータに今までの本の実績をつないでいくこと、それは可能なんだ。話としては整然としている。私たち二人はやってみようと旅立っていった。デジタル出版が浸透し発展していく過程には、直面するいくつもの課題があった。それは本のようにはいかなかった。めざす姿や理想について本を語ることは容易であったし、理解の契機とはなったものの、実態がともなわなかった。

一つ目は、表示のメカニズムを解決し、快適な読む環境を手に入れなければならないということ。当時のコンピュータのモニターは、奥行き三〇センチも四〇センチもあったのだ。とても手軽に持ち運びできるシロモノではない。それでも私たちは表示されるスクリーンだけを見て、未来を思い描いていた。実際にはそのスクリーンを成り立たせるために、背後に設置されたコンピュータと表示のための映像機器を複雑につなぐ必要があった。

読むための最適デバイスをどうするかは大きな課題の一つだった。最適なデバイスは誰かによって商品化されるのを待つほかはない。私ではどうしようもない、口をくわえて見ているだけだ。しかし、この課題は時間とともに一番明快に乗り越えられていった。

モバイル端末の普及には目を見張るものがある。通勤途上で見かける私たちの生活スタイルは一変した。そこにかつてのように新聞や雑誌を開く姿のなんと劣勢なことだろうか。つり革をはさんで座る人、立つ人のほとんどがモバイル端末を見ている。そんな風景が当たり前になってしまった。

二つ目は、流通のメカニズムだ。最初はCD-ROMのようにパッケージ化された電子媒体を運んで届けていた。そのための仕組みとして近しいものは、大型電器店のコーナーや書店を

❶『果てなき航路 日米デジタル奮戦記』

❷『流されて それからの二人』

❶ https://youtu.be/WzD89nFCJgY
❷ https://r.binb.jp/epm/e1_3359_11102014124425

2011年7月、東京国際ブックフェアでのボブ・スタインのスピーチが記録されている（❶）。また、ボブ・スタインと著者との関係を簡単に書き表したデジタル出版がなされている（❷）。あわせて参照していただくことで、2人の姿を把握していただけると思う。

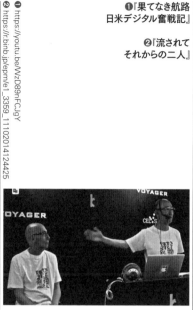

使ったソフトの、そして本の流通に相乗りすることだった。

インターネットは突破口となって解決への道を切り拓いていった。オンラインを介してのデジタル出版の流通は大きな成長を遂げた。

これら一と二の課題が解決された時点に立っているのが今の私たちだ。巷間よく言われる〝電子書籍元年〟から一〇年ほどが経過したところにいる。デジタル出版に関する市場的な観測がしきりとなされるのも、一定の期待値を持つ産業に近づいてきたからだ。出版統計の代表例として、出版科学研究所の『出版月報』から出版市場統計を参照してみたい。

二〇一八年、「上半期の紙の出版市場と電子出版市場を合わせると7827億円、前年同期比5・8%減となった。今期は紙の雑誌販売の落ち込みが非常に大きかったため、電子出版を加えてもマイナスとなったが、約2%分は落ち込み幅をカバーした。出版市場全体における電子出版の占有率は14・4%で前年より2・0ポイントアップした」。

電子だけの単独の市場規模は二〇一八年上半期一一二五億円である。さらに内訳を見ていくと――「電子コミックが864億円で、同11・2%増。電子書籍(文字もの)が153億円で同9・3%増、電子雑誌が108億円で同3・6%減となった。〔中略〕市場占有率は、コミックが76・8%、書籍が13・6%、雑誌が9・6%。依然としてコミックの占有が圧倒的で、雑誌のシェアは下がった」(以上、『出版月報』二〇一八年七月号)。

コミックに関する年間の市場推移を見てみたい。『出版月報』二〇一八年二月号に添付されているグラフによると、コミックに関するかぎり市場規模は拡張しているとは考えられず、紙と電子は二つでなんとか現在の市場低落傾向を食い止めている。電子が紙との対比で割合を伸ばしている状態だ。同じ内容のコミックを電子で読む比率が着実に浸透したということで、市場はむしろ縮小傾向にある。電子はすでに紙がつくったコンテンツを電子化しているわけで、早晩コンテンツは底をつくだろう。読者はそれを買うというだけのことで、消費する以外に何かができる余地を拓いたわけではない。ただ買うことを求められる仕組みがあるだけだ。

電子出版の市場規模
（2018年上半期）

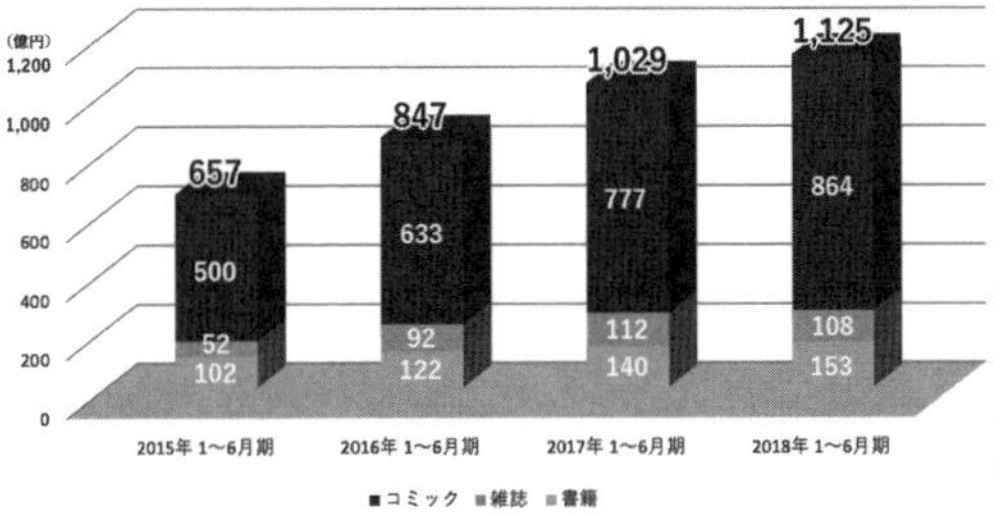

コミック市場売金額推移
（2017年、単位：億円）

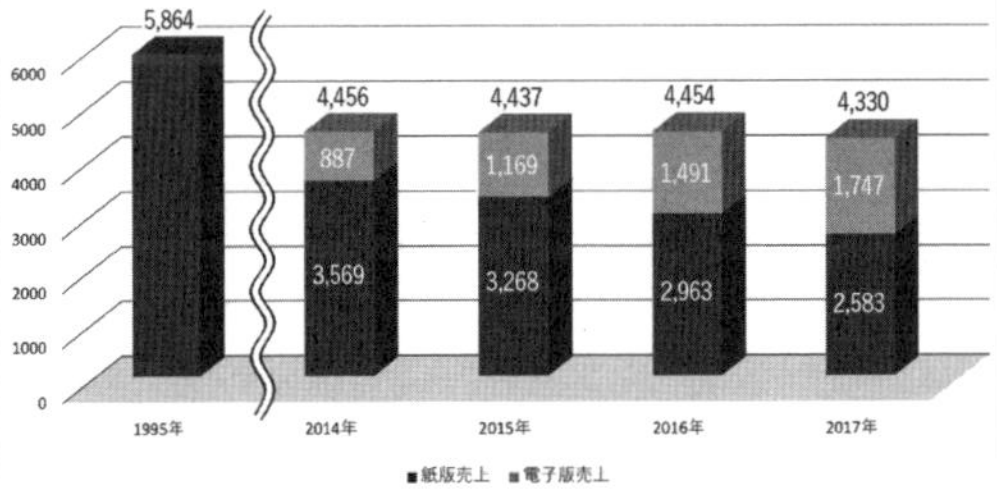

出版科学研究所が発行する『出版月報』の2018年上半期の統計によると、この間の電子出版市場規模は、1125億円とされている。1年を通した合計はおそらくこの倍以上になることだろう。電子出版のコミックの割合は、全体の70 ～ 80%を占める(『出版月報』 2018年7月号)。紙と電子を合わせたコミック市場は2017年で4330億円あり、電子出版は40%を超えている(『出版月報』 2018年2月号)。

ただ買おうにも、書店ごとに会員登録を求められ、書店の数だけリーダーというソフトを自分の端末に備えなければならない。一方で出版社、電子書店側は「海賊」行為に日々戦々恐々とし、その防止策にはブロッキングという強硬手段に出ていかなければならない。こんなことをすればするほど、支配の仕組みを強化していくことにもなりかねず、ネットワークの根幹である自由な領域を侵害する方向に流れていく。

三つ目は、電子的に本を読む日常が定着し、そこに何が生まれるかだろう。今までの出版とどう違ってくるのかという内容に関する変化だ。映像も音もアニメも介して届けられるというダイナミックなメディアとなるにつれて、何をコンテンツと考えていくか、幾多の可能性があることははっきりしている。だけど、それが何なのかは隔靴掻痒《かっかそうよう》のまま、紙の内容そのままにデジタルの割合が増えている。

・本を読む機器（端末／デバイス）がある。
・機器対応のフォーマットに適した本（コンテンツ）がある。
・本を流通する電子書店がある。

これらの要件は、個々に独立して存在しても、統合して存在してもいい。端末／デバイスをつくるメーカーが電子書店を運営しても、コンテンツに進出してもいいわけだ。そのために有力企業同士が連携したり、新会社を設立したり、企業間での駆け引きがおこなわれてきた。ハードはソフトを、ソフトはハードを、流通は配下に、という考えに基づいてのことだった。

ビジネスを成り立たせる流通基盤はインターネットに切り替わった。インターネットが利用可能な共通の基盤として備わっているという前提に立ってのことなのだ。じつはこのインターネットの基盤こそ、デジタルの出版においてもっとも注目すべき私たちすべての資産であるはずのものだ。

〝電子書籍〟にかかわるさまざまなニュースが報道され、いくつもの端末／デバイス、配信／販売の仕組みが生まれてきた。これらはすべて、「お客様は神様」のように読者を持ち上げていた。けれどそこに共通するのは、読者は買うだけの消費者としか考えられていないということだ。つまり、デジタルでも出版の主役は相変わらず人気作家の小説や漫画であり、読者は消費者として購入すれば終わりという構図なのだ。インターネットの流通基盤を使い、読者自身がつくる機会のまるでない現実が、そこに旧態然と存在している。

読者とは、本を買うだけの立場に置かれるものではない。読者とは本を読む人間であり、同時に本を書く・描く人間なのだ。名の知れ渡った著者でなければ売りにくいのは事実だろうが、だからといってテレビでおなじみの、誰もが知っている〝顔〟が市場にあふれているだけなら、出版の持つ多様性など死滅しているも同然だろう。そもそも多様性の出てきようもない上から下へ流れる既定路線が生き延びていくだけだ。紙の出版がたどった飽くなきメディア指向の陰で、出版本来の意義である多様な視線への支援はどこかに置き去りにされていってしまった。

出版界が陥ったこの状況を是認したうえで、なお同じ出版がデジタルにおいて繰り返されている。新しく参入するデジタルの新興勢力までがこの現実に追随する。〝元年〟を迎えたとされる日本のデジタル出版に華々しくデビューした大手企業の出版／販売システムのなかで、既成の秩序を打ち破り、読者にとってのデジタルの意義を打ち出したところなどまるで見えてこない。

もちろん、どうあろうと自由だ。これをさえぎることなどできないし、味方してくれなどと言ったところでむなしいだろう。だからこそ読者が、そして読者を支援しようとする人たちが力を合わせ、知恵を絞るしかない。

紙を基準としてやってきた出版のコンテンツは否応なしに変化を迫られていく。そのなかで、かかわる者たちが何をしているのか。これは今、自分が何をしているかが問われているということだ。けっして未来に何をするというかけ離れた先をうんぬんしているのではなく、今なのだ。ところが今を見ようとしない。

やっとたどりついた今の現実に立ちながら、また雲をつかむ先を言い、何もせずに考え込んでいる。いったい、現実はどうだというのだ。それを語る人はいないのか。売上の数字がどうであったとしか現実は語られることがない。漫画をスマホで見ている割合がどれだけのパーセンテージを占めるのか……売上から語られる。それがデジタル出版の現実のすべてか？　顔を曇らせる。

とにかく現実から見る姿勢がいかなるものなのかを、身をさらす思いで記し残しておくべきだろう。おまえは何をやっているのかと。自分たちの失望を忘れない。そして自分たちの希望を忘れない――自分たちが何を求めてデジタルの世界に入ってきたのか、思い起こす必要がある。

5　それは「ない」からはじまった

注文を御用聞きのように尋ねて回ることからせめても脱却しようじゃないか。一九九〇年代の終わりに私たちが課題としていたことだ。私たちが御用聞きしているのは読者じゃない、販売店だ。読者はその先にいて、私たちとは疎遠な関係になっている。販売店をとばして読者と直接向かい合おう。そう考えてウェブ上に自分たちの直販サイトをつくることにし、大枚のお金をつぎ込んだ。

将来的には、ネットワークを通じて流れていく商品の購入だけではなく、バージョンアップ、新作などの関連宣伝情報、イベント、コミュニティ情報交換サービス等をカバーすることを想定していた。だからご大層な決済システムまで備わっていたのだ。それだけではなく、新しい作品、新しい作家と直結した出版システムが稼働することを考えていた。

ところが蓋《ふた》を開けてみると、まるで注文が来なかった。一九九八年のことである。驚くほどに来なかった。

自分たちは必死で取り組んでいるかもしれない、しかし世間では何に取り組んでいるのかさえ理解されていなかったのだろう。私たちの存在もわからなかったろうし、これを使う意味も知らなかった。そもそもあの当時、ウェブ上で決済し何かを買う……それもシャツだの靴だのという確かな、具体的な姿形を手に入れるというのではなく、モバイル端末も普及していない時代のデジタル出版物をよろこんで買う人はいなかった。人には慣れという強固な生活スタイルというものがあったのだ。

途方に暮れていたある日、ファイブ・ディーという会社から連絡が入った。音楽アーティストのプロデュースやマネージメントをおこなう会社だ。どうしてまた音楽関係の会社が？　最初はその理由がはっきり飲み込めないでいた。

当時、ファイブ・ディーには人気アーティストがいた。宮沢和史のThe Boom、小野リサ、中村一義、そのころ売り出し中だったSUPER BUTTER DOG（そのメンバーは現在ハナレグミやレキシとなって活躍している）。

これらアーティストは、ライブのために盛んに全国を回る。会場でTシャツやタオルなどアーティストに絡むグッズやCDを会場で販売するのだが、こうした商品をファンクラブや一般の人たちへ直接届けたい。これが電話の目的だった。

私たちは来るべき新しい時代のデジタル作品を出版・流通させるためにウェブでの仕組みを構築してきた。それが今、まるで関係のない音楽ライブのグッズ配送に利用されようとしている。よろこんでいいのかどうか、正直言ってとても複雑な気持ちだった。

グッズならどうしてライブ会場で買わないのか？　そこで買うからこそ意味があるんじゃないの？

答えは単純だった。会場で買うのでは遅い。ファンは当日、そのTシャツを着て会場へ行きたいのだ。Tシャツに限らない。あらかじめ準備した身支度を整えたうえで会場に乗り込んでいく。それがファンというものだ。聞くところによると、それには手数料の少ない、信用の置ける仕組みが必要になる。あなたたちのウェブサイトはかなり「お硬い」ところのようなので、とりあえず問い合わせてみたのです。

おいおい、売れないで困っていたらお門違いのライブグッズの販売かよ。とはいうものの、われわれのサイトをなんとか売上に結びつけたい気持ちはやまやまである。いさぎよく「やらせてください」と返事する結果になった。

そして驚いたことに、はじめてすぐウェブ販売システムの売上は急上昇した。毎月何百万円、特別なライブだったりすれば一千万円にまで届く勢いだった。音楽ファンの力をイヤというほど見せつけられた。もちろん、手数料が低いことで指名を受けたわけだから、こちらの実入りがそんなにあったわけではない。でも、ともあれ私たちは生き延びることができ、この関係は数年間続いていった。

このとき私はファイブ・ディーを訪ね、代表の佐藤剛に会った。本来なら見向きもしない間柄である二人が、こうして出会ったことになる。

そして、一〇年ほどが経過して、佐藤剛と私は思いがけない仕方で再会する。

ちょうど、佐藤が『上を向いて歩こう』という本を岩波書店から出版したばかりのころだった。永六輔、中村八大、坂本九を中心に、当時の音楽状況のなかでどのように歌が生まれていくのかを追求した力作だった。この記録は、スタジオジブリの雑誌『熱風』で長期にわたって連載され、一冊の本にまとめられたものだった。二人がふたたび顔を合わせたとき、佐藤は作家として、私はデジタル出版のプロデューサとしてそこにいた。

これを機会に、私たち二人はお互い離れたなかでの時間の流れを語り合った。そのなかで、二人の話はごく自然に、デジタルが出版という世界で何をやっていくべきか、ということへ向いていった。デジタルは簡単なもの、使い古しのもの、読み捨てられて当たり前のもの……そういう世界に安住しすぎてやしないか。歯を食いしばっても読むべきものだってある。どうしてデジタルに賭ける出版社っていないのだろうか？　いなけりゃ、まともにトライする作家だって出てくるわけはないのに。私たちの話は一気に激しさを増していった。

佐藤剛は自分が必死に書いている作品について私に語った。ある出版社で上梓することになっていたのだが、最近になって担当編集者の異動があり、後任に企画を引き継ぐことが容易ではない状況にあることが伝わってきた。

そしてその原稿は数日後、私の手元に送られてきた。『阿久悠と歌謡曲の時代』と題された大部の原稿だった。まず冒頭で、阿久悠のデビュー曲となったザ・モップスの「朝まで待てない」から、和田アキ子「天使になれない」、北原ミレイ「ざんげの値打ちもない」、大信田礼子「女はそれをがまんできない」、森田健作「友達よ泣くんじゃない」、山本リンダ「どうにもとまらない」など、歌詞に「ない」を持つ歌が非常に目につくと指摘し、当時の社会に「ない」という語の共振する空気があったのではないか、と述べる。

それを読んだ私は、この「ない」を孤独のなかで創作している作家たちへの応援歌として出版してみたいと即座に考えた。すべては「ない」からはじまる。私たちは「ない」から歩いていかなければならない。みんな一緒だろうと。

こうして二〇一七年七月、私たちのサイトで『阿久悠と歌謡曲の時代』の連載がはじまった。連載は四六回で終了し、一つの区切りがついた段階になっている。連載に取り上げられたすべての楽曲やライブ記録、公開映像などは本文とリンクして飛ぶことができる。歌詞は本文を読みながら明示される手配を施している。登場するアーティストについてはウィキペディア（Wikipedia）や関連する研究など、詳細な情報に簡単に接続できる。当然、引用された書籍や関連書をネット書店で買うこともできる。

『阿久悠と歌謡曲の時代』はスタートしたばかりの出版企画だ。どんな可能性があるかを手探りしている段階でしかない。可能性のいくつかはまだサービスとして提供されてもいない。しかし、想像力をはたらかせて、まだ見えない可能性を視野に入れることはできる。編集段階での討議はこのことを前提に続けられる。プロジェクトにかかわる作家もスタッフも、全員が「ない」を当然の前提として受け入れている。「ない」からはじまる不断の工夫を繰りかえす訓練が、やがては既成の「あるべき」秩序への安住を乗り越えてしていくことになるだろう。

ただし、そうはいっても、私たちが進むべき道を正確に見通す高みに立っているわけではない。冷静に把握しているわけでもない。這いつくばって、もみくちゃにされながら、おそらくは目先の損得に動かされて道を選択している。

人と人とのかかわりあいの長い時間のなかから一人の作家とめぐりあう話をしてみたのは、目先の損得から離れていく心をどこまでも勇気づけたい自分がそこにあったからだ。

6 ウェブ・パブリッシングの実感

過去や未来などと平気で私たちは話しているけれど、過去と現在と未来を区別する境目はよくわからない。違いはいったいどこにあるのか。誰も明確には言えないでいる。現在ならわかるはずだろうとは思うものの、それがわかるなら、おのずと過去と未来は認識されていく。現在こそがわかっていない。今を直視することがない。

私が考える現在について、まずは語るべきだろう。現在とは、今とは、二〇〇九年の秋、米国西海岸サンフランシスコに本拠を持つインターネット・アーカイブ(Internet Archive)を訪れたとき、そしてその翌年二〇一〇年のB・i・B(Books in Browsers)カンファレンスのころからがはじまりだったと思う。もう少しわかりやすい具体的な事柄を指して言うと、「ガラケー」(docomo、au、SoftBankの日本式携帯電話)の終わりが見えたときだとも考えられる。

インターネット・アーカイブはデジタル時代の図書館をめざし、さまざまな情報のデジタル化を推進し、同時に本のデジタル出版にも積極的に取り組んでいる非営利組織だ。ウェブページの収集や、映像・音声等のマルチメディア情報のアーカイブ閲覧サービスとして有名なウェイバックマシンを運営している団体でもある。創設者のブリュースター・ケール(Brewster Kahle)は、MIT(マサチューセッツ工科大学)で計算機科学・工学を学び、スーパーコンピュータ製造のシンキングマシン社の初期メンバーだった。インターネット・アーカイブと関連する営利企業アレクサ・インターネットも創設している。アレクサ・インターネットはその後アマゾンに売却されたことでも話題となった。

二〇一〇年、最初のBiBカンファレンスはインターネット・アーカイブにおいて開催された。本はブラウザ上で読まれるものになるという想定のもとにインターネットと本の融合をどうデザインしていくか、そこに実践してかかわる者の世界的な会議だった。私はそこではじめて「ウェブ・パブリッシング(Web Publishing)」なる言葉を耳にしたのだ。

出版がウェブにシフトしていくことを意識したことが今のはじまりだったと私は考えている。テキストを主体として書き記されたパッケージを本というだけではなく、本には本に深くかかわり、つながった情報がある。これはテキストとしての記述だけではなく、資料としてのまったく別の印刷物も、写真も、図表も、音声も、映像もあるということだろう。

先立って二〇〇八年、インターネット・アーカイブと接触する直前のことだった。ボイジャーに一人の年輩者が訪れた。顔を見るとその人は、かつて私が一緒に仕事をしていた映画のプロデューサ、栗山富郎だった。小柄な体軀《たいく》ではあるが物言いはしっかりとして、往年の鼻っぱしらの強さはまるで衰えていなかった。緑魔子が主演した『非行少女ヨーコ』(降旗康男監督、一九六六年)とか『組織暴力』(佐藤純彌監督、一九六七年)とか、実録ヤクザ映画の先駆けのような作品をプロデュースしていた。『旅路』(村山新治監督、一九六七年)という映画で、原作の平岩弓枝と主演女優の佐久間良子のあいだで生じたちょっとしたトラブルの話なども、お酒が入ると聞かされることがたびたびだった。その後、自分のプロダクションを独立させ、教育映画の制作などをしていた。私は何度か助っ人として彼の制作する映画の助監督として働いたことがあった。三〇年ぶりに私たちは再会したのだ。

どうして彼はやってきたのか。話を聞いて徐々に目的がわかってきた。彼には書き上げた原稿があった。知り合いの作家などに見てもらったりしていたようだが、必ずしもこれを出版したいということではなく、目的ははっきりしていた。自分の息子や甥にいささかでも役立つのではないかと、「記憶」を書き残したかったのだ。

原稿を読み、栗山富郎の目的を知ったある作家が、それならデジタルがいいんじゃないかと言った。その作家とはノンフィクションの佐野眞一で、彼と私は大学時代からの友人だった。また彼は、草創期のデジタル出版について、『誰が本を殺すのか』(プレジデント社、二〇〇一年／新潮文庫、二〇〇四年)のなかで触れていた。そんなことからボイジャーという名前も話題にのぼったのだろうと思う。

三人はここでつながった。栗山にとって十分知った名前が挙がった以上、彼が私を訪ねてくるのは時間の問題だった。そしてあれよあれよと自分の体が勝手に動いていくように、紙の本もデジタルの本もできあがっていった。けっして指図されるままにやったというわけではない。なぜか知らないうちに話はどんどん進んでいった。恐ろしき往年のプロデューサの技としか言いようがない。こちらとしても、いわばかつての大恩ある師でもあったわけで、逆らえるわけでもなかった。

栗山は制約などわかってくれない。頭は固い、わがまま放題を言っている風でもあった。しかし、デジタルの不自由さに対する疑いの姿勢を失っている私たちに、栗山はつぎつぎと疑問を投げてくる。それはこうすればできますよ、と答えるよりも、そりゃ本じゃない、と撥《は》ねつけることのほうがだんだんと増えていった。考えれば、このときの疑問にはたくさんのヒントがあった。なんとか早く終わらせてしまおうという私たちの態度、目をつぶる姿勢は彼の発する問いを故意に避けていたことになる。

二〇〇九年一月二三日に『デラシネ――わたくしの昭和史』として印刷本も電子本も発売された。寄贈される本には栗山富郎が書いたメッセージが一枚挿入されていた。そこから引用してみたい。

栗山富郎
『デラシネ』
ボイジャー
2009年

https://id.voyager.co.jp/binbReader.html?cid=18800
http://www.dotbook.jp/archive/deracine_i/

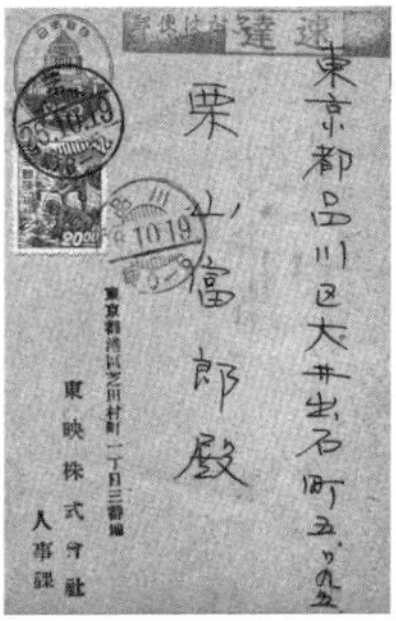

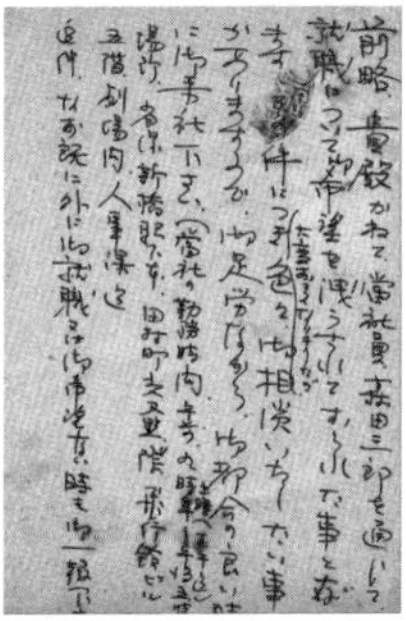

本の帯に「電子資料編をインターネットに開設」と明記されている。電子資料編のURLをたどってみると、本文に関連する資料にアクセスできる。パンフレット、教育映画の利用手引きなど、すでに消え去った資料を見ることができる。そのなかに、採用についての面談通知ハガキや辞令など、きわめて個人的な資料や写真がある。深い意図もなく、ひたすらデジタル化してネット上に格納した。

VOYAGERの共感と友情から実現した出版ですが、ぼくにとってさらなる僥倖《ぎょうこう》は、これが未来型の出版ということです。仮にこの本が従来の出版社から出された場合どうなるか、数日、書店の棚に身を潜めることができても、やがて返本、絶版の憂き目に会うこと必定です。電子的な方法を駆使した新しい出版は、返本、絶版がありません。まだ未熟と荒々しさを脱しきれない青年期ですが、遼々たる未来はすでに視野に入っています。ぼくなりの昭和史が、たとえ数は少なくとも、これから延々と、それぞれの時代の若者たちに読みつがれるであろうと思うと、しみじみとした幸せを感じます。昭和を生きた老人の語りと、それをうけとめる未来の若者とのクロスオーバー、生き延びて、その演奏を聴きたいものです。

印刷本は初版として六〇〇部を刷った。出版界の初版としてはかなり少量だが、在庫を持たないことを前提とするボイジャーとしてはこの数字は精一杯のものだった。ありがたくイニシャルを売り切れば、勢いを見てさらに三〇〇あるいは二〇〇と増刷する。売れ行きが鈍化しても正一部だけ刷ることもできる。オンデマンド出版の強みはここにある。

儲けの幅はもちろん縮小する。また、一般の書店流通は利用できない。電話かメールかホームページ上のネット書店を通じて注文する方式。つまり、この方式はインターネットを介して読者と直結していくこれからの小出版の基準とも言える。書店で買う楽しみがないと言われそうだが、書店流通をするために大きな数の返品を覚悟するわけにはいかない。小規模な出版社が苦しんできた現実を踏まえて、確実に読者とつながっていく予測可能なビジネスを考えたうえに導いた結論だった。

ネットかァ、と思われるかもしれない。しかし、本とネットは反目し合うのではなく、もっと手を組んでいくべき間柄なのではないか。この本には連動する電子資料編が準備された。指定のURLにアクセスすると、写真や資料がそのままストックされている。たとえば第三〇章の『九十九里浜の子供たち』を読みながら電子の資料編で「30」にアクセスすると、当時の教育映画『九十九里浜の子供たち』(豊田敬太監督、一九五六年)のパンフレットや、これに付記された著者のコメントなどを見ることができる。

なぜこんなことをしたのだろうか? 少し説明を加えておく必要があるように思う。

ある日、突然大きいダンボールの箱が送られてきた。届いたそのダンボールを開いてみて驚いたのはあまりのガラクタ、ボロボロ、パンフレット、写真、手紙等々。よく見れば住井すゑとか、安部公房とか、吉野源三郎まで、知った名前が付いた書簡などもあったけれど、ほとんどありふれた私的なものにすぎない。そのなかのあるハガキには、東映株式会社人事部などと書かれたものもあった。採用にかかわるハガキだ。いったいそのハガキにどんな意味があるのか、あまりに極私的なものでもあり、とても深入りして見ていく気にもならなかった。どうすりゃいいか、とにかく資料としてデジタル化してネット上に蓄積しておくしかないだろう。どうするかはそのあと考えてもいい。こんな態度で、資料・画像と簡単な説明を延々と記入する作業をこなしていった。

一種の無償の行為だった。やりながら、私たちは巷間もてはやされるIT産業とは無縁だな、という気持ちだった。こんなこと、営利を追求する私企業の誰がいったいやるかと。ところがやっていてだんだんと気づいたことがあった。著者個人にとってしか価値を持たなかったこうした資料が本の記述と相まったとき、時代の息吹がよみがえってきた。たった一枚のいわば無価値な紙くずが、本当は大切な共感の源であることを、制作に携わった私たち自身が一番に気づかされた。世間の〝利〟から遠く離れることで、知ることもあるという実感を得たのだ。

隆盛を極めてきた出版界は、デジタル出版などにほとんど見向きもしなかった。ところが状況が悪化したとき、デジタルに活路を見ようとなだれを打って押し寄せてきた。そこで彼らがやったことは、現状をなんとか維持することでしかなかった。しかしデジタルは紙を食っているだけだ。デジタルは紙が苦労して生み出したコンテンツを転用して売上を伸ばしている。だから現状を維持するだけで精一杯、いや食いつづけることでどこかで破綻がやってくる。

一方で紙くず同然のハガキは私たちに何をもたらしたか。レッドパージで会社をクビになり、故郷へ帰る汽車のなかで知り合う一人の男との偶然の出会いから、『きけ、わだつみの声』（関川秀雄監督、一九五〇年）で大ヒットを飛ばした新興の映画会社へと若かりし栗山富郎を引き込んでいく。本文のくだりのなかでこの事実を見るとき、一枚のハガキはなくてはならない目撃証拠のようにコンテンツに輝きを与えてくる。これが何なのかはっきりとはわからない、でも何かがある。この何かを感じることが私たちに与えるだろう可能性だ。私にとっての今はこのあたりからはじまっていった。

7 素手で蝶を捕まえる

私はふと思い出す。『ゴダール全集』の「全エッセイ集」(第四巻、竹内書店、一九七〇年)にフランソワ・ライシェンバッハ(François Reichenbach)との対話がある。ライシェンバッハはフランスの記録映画作家であり、冬季オリンピック映画『白い恋人たち』(一九六八年)でその名前を見たくらいの記憶しかない。ほとんど知らなかった。けれど次の言葉を私はずっと忘れることができなかった。ライシェンバッハはこう言った。

野原を飛んでいる蝶を想像してみましょう。確実に蝶を捕まえたいと思えば、いつでもあなたは、野原に巨大な金網を張ることができます。たぶんそれには数年かかるでしょうが、とにかく、いつかはでき上がる。しかしわたしの興味は、たとえ網がなくても、素手で、蝶を捕まえることなのです。

最初は単純に、カメラを向けて対象を撮るときの私たち制作者の姿勢について言っているのだとこの言葉を受けとめていた。素手とは無力に近い手段だろうと。抜き足差し足で対象に接近し、相手の隙を見て瞬時に手でつかむことぐらいにしか思っていなかった。網とはせいぜい捕虫網ぐらいのもので、これだって素手とは比べ物にならないわけだから、安易に虫を捕まえる手段などに頼ったら蝶のちょっとした動きを見逃すぐらいの認識だった。「網」と「素手」が示唆する意味合いを、相当の時間これから私たちは考えていかざるをえないだろう。二つが何を象徴しているのか。たしかに今の課題に等しいことなのではないか。

かつては巨大なデータの蓄積倉庫であった一枚のディスクのなかに、私たちは素手で情報を入れ込んでいた。ディスク表面をスキャンし情報のありかを探しだす機能で、必要に応じて情報を引き出してみる、これもまた素手で筋道をつけていたと言っていいだろう。素手で物語を組み立てていたのだ。

たとえどんなに巨大な情報倉庫だと言ったところで、それは素手でコントロールできる限界のなかにあった。限界と言ったのは、私たちは情報の取捨選択を厳然とやっていたからだ。それは、送り手の意志でやったことであり、読者に提示するという送り手の意図によるものだった。面白おかしく、びっくりさせ、ためになることができれば、送り手にとっての最高の成果につながった。つまり送り手の価値判断がはたらき、価値があるかないかの取捨選択がされていたのだ。エンタテインメントへと引き上げて、読者の心を刈り取る魂胆であることに間違いはなかった。

しかし、巨大なデータの蓄積倉庫に放り込んだ情報を引っ張り出してみたところで、その意図はなかなか実らなかった。栗山富郎の持っていた一枚のハガキのような効果には簡単につながらない。ちっとも面白くならない。むしろ余計な情報が介在することが単純な理解と感情に水を差す。余計なのだ。半端なのだ。これは素手で蝶を捕らえようとしているのではなく、意図して都合よく読者を捕らえようとする網だったのだ。素手とは読者が考える手段や姿勢であって、送り手のものなどではない。読者が自由に素手で何かを捕まえていける形のコンテンツを提供していくのがこれからの出版の役割であり、これに供するコンテンツを視野に入れることができるのかどうか、問われているのはそっちだった。

読者への取捨選択を自由に限りなく拡大させるなどということは、送り手が考えられるものではない。送り手は取捨選択を自分がして、それを読者に送り届けている。立場を履き違えたるも甚だしい。とんでもない作業の負荷となることは明らかだったし、投じられる費用は拡大する一方だったし、面白く導く送り手が手綱を握ることの放棄でもあった。情報量の適正化も、作業の効率化も、費用の抑制も、価値の判断も、すべてが送り出す側の論理に従っていたのだ。読者主導の情報へのアクセスを保証するなど、制作者である送り手が振り向くものではなく、「やるなら勝手にやれ」と無関心・無関係の態度であるはずだった。

やるなら勝手にやれ……？　そうか、それならやってみようか。『デラシネ』の栗山富郎との仕事のなかで私たちが受けた素朴というか粗野というか、あの原初体験を頼りに、ふと発想が起こった。新しい出版とはどんなものなのか、やれない時代でもない。チャレンジではあったが、ここに「今」の課題の一つが照準を合わすように絞られてきた。

8　出版プロセスの重要な担い手

二〇一〇年秋、インターネット・アーカイブでおこなわれたＢｉＢカンファレンスに集まった人たちには、これからの出版を担う人々にとっての情報のあり方を究めていきたいというまなざしがあった。そのまなざしのなかには、無償の行為をものともせず立ち向かう意志のあったことは確かだったろう。世界から集まったとはいえ、一〇〇人にも満たない小さな数であった。

BiBカンファレンスは、二〇一〇年から五年間ほど続いた。この間、ここに集まった一人であるヒュー・マクガイア(Hugh McGuire)は、ウェブをベースとした書籍制作システムをつくっていた。彼は、このシステムを「プレスブックス(Pressbooks)」と名づけていた。やはりBiBに来たベテランの編集者であるブライアン・オレアリ(Brian O'Leary)の協力を得て、カンファレンスで発表されたさまざまな試みを紹介する本を企画し、プレスブックスを通して出版の実行をしていった。彼は自分の考える新しい出版の姿を、自分の書籍制作システム上で実験を兼ねておこなったのだ。

その本は『Book: A Futurist's Manifesto』と題され、二〇一二年に米国のオライリー社から出版された。日本語版は二〇一三年にボイジャーから『マニフェスト 本の未来』として出版されている。印刷本と電子本が同時に発売されたことは言うまでもない。

ヒュー・マクガイアは、この本の刊行にあたって、出版は「デジタル」により本質的な変化をとげる——本書はそのような確信に基づき書かれたと宣言した。この確信からさらに先を実践していくために、デジタル時代の書籍の部品となるボルトやナットに関する本であるとも言っていた。そのために未来志向の思想家に発言させることよりも、実際にツールを制作したり、本の未来に向けて起業した人たちに執筆を依頼した。

二九人(共著者を含む)が自分たちのおこなった実践を書いている。彼らが一様に強調したかったのは、これからの出版における読者の重要性だった。刊行のあとも執筆が続いていくはずだ。

そうである以上、読者が出版プロセスの重要な一部にならざるをえない。もしかしたら、出版が本当にはじまるのは本の刊行後なのだ、と投げかけた。

ヒュー・マクガイアはこの本のなかで次のようなことを書いている。

本とは単語とメディアに特定の構造(章、見出し、それと題名、作者名、表紙などのメタデータ)を与えた集合体です、eBookを作る時、兄弟のような存在であるWebサイトの構築に使われているのと同じプログラム言語を採用することは理にかなっています。両者はほとんど同じものなのですから。

BiBカンファレンス
2010年

会場はインターネット・アーカイブの半地下にあるホールだった。全員で100名ほどの参加者だったが、そのほとんどが発言し、自分の活動のプレゼンテーションをおこなっていた。「No Amazon, No Apple, No Google」という言葉がここではつねに発せられていた。しかし、アマゾンからの参加者もいたし、その後グーグルに買収されたベンチャーもいた。

こう言及したうえで、この同一性が持つ旧体制の危機感を次のように言い当てている。

> 出版社はWebサイトとインターネットが怖いのです。同じものだと考えたくないのです。これまで音楽業界、新聞業界、映画業界の変容を見てきた出版社にとって、この恐怖は当然です。インターネットが既存のビジネスモデルを飲み込んではカオスを吐き出すのを見てきたからです。このようにインターネットが持つ出版業を激変させる潜在力を考えれば、出版社の恐怖は理解できます。
>
> 　この恐怖感に対する現在の対応策はeBookを「束縛」してしまうことです。しかしこれではネットのさまざまな常識がeBookには通用しないことになってしまいます。コンテンツをコピー&ペーストしたり、引用を友だちに送ったり、ファイルを他の場所に移すなど、他のデジタルグッズでは当たり前のようなことでも、DRMやデバイス、プラットフォームを私企業が管理していること、そしてEPUBフォーマット上の制限などの理由により、現状のeBookでは大きく制限されています。

私たちが今、現在、どこに立っているのかを見事に言い当てた言葉ではないか。そしてまた、こうも言い放っている。

> eBookとインターネットは同じ部品(HTML)で作られています。出版社はこれまで、ワイルドなインターネットと比べるとeBookを比較的おとなしく飼いならすことに成功してきました。
>
> 守るべきビジネスモデルを持っている場合、これはグッドニュースです。確かに出版社

と作家には現行のビジネスモデルを守りぬく正当な理由があります。

でも出版社はこの目的を達成するために、eBookを役立たずにするという代償を支払いました。つまりeBookをＷｅｂサイトではなく、紙の本のように動作させようと意図的に制約を課してきたのです。


はじめて真顔で向き合う仲間の存在を見た。手本のような一冊を探し当てたような気持ちだった。私たちボイジャーは日本語版の出版を申し出て、その翻訳に無我夢中で取り組んだ。私たちにとってこれは『解体新書』に出会った遠い昔の人たちのようだったのではないか。ここから何かの手がかりを引き出したい必死の思いだった。

まことしやかに喧伝《けんでん》するＩＴ拝金の夢のような言辞には反吐《へど》が出た。だから見果てぬ大海原に小舟を浮かべる蛮勇の行動に走っていた。けっして多くの人と一緒にはなれないけれど、自分たちは一人じゃないという気持ちが生まれていたことは確かだった。

二〇一三年にニューヨークでおこなわれたＢＥＡ(Book Expo America、このときＢ・ｉＢの多くの参加者がここに集まった)でのヒュー・マクガイアのインタビューが記録されている。彼はデジタル時代に出版に参入していく新しい世代としてこれからの時代を考えようとしていた。

従来からの伝統的な出版の経験を持たず、まったく新しいところから出版を考えていこうというヒュー・マクガイアのような人たちが生まれてきた一方で、伝統的な出版の世界から新たな時代へのチャレンジを展開しようとする人たちも現れてきた。そしてこれらの人々の行動についても、『マニフェスト 本の未来』は見逃してはいなかった。

ジョン・オークス(John Oakes)はその一人だった。パートナーであるコリン・ロビンソン(Colin Robinson)とともに頭文字をとって「ORブックス(OR Books)」という出版社を起ち上げた。オークスの「O」と、ロビンソンの「R」で「OR」としたのだろうが、ある意味で出版界への一種の疑問の投げかけとしての「OR」と考えられないこともない。

『マニフェスト本の未来』のなかで「出版再考――痛みを感じ、痛みを抑える」と題して、ジョン・オークスは伝統的な出版社、出版産業へのアンチテーゼを述べている。彼は冒頭に、

――痛みは目的をとげるための決め手である。痛い思いをしたことで、生き残った僕らは経験の大切さを学ぶ。もし何も学ばないなら、僕らの苦しみは続く――あるいは世界から消え去るか。

と言っている。そして、

――現代の出版について話し合うとき、たったひとつだけわからないことがある。教養があり知的好奇心も強い大人たちが、しかも自由に決済できるかなりの資金を持っているにもかかわらず、どうして失敗したシステムを生かし続けているのだろう?

とも。

では、ORブックスがどのように新しい方針を導きだしているのか、彼らが真っ先にとりいれた本の販売方法はどのようなものだったか。

――僕らは返本を受け付けない。第一のビジネスは消費者に直接販売することである。僕らはプラットフォームに囚われない。そして、印刷された版と同時に電子版も発行する。僕ら

は営業担当者を持たない。そして書店を勧誘しない。しかし、もし書店が受け入れるなら、前払いかつ返本不可で、均一の割引率(50%)の販売を行う。必要な場合のみ、第三者より販売する。僕らは1ヶ月程度自社サイト限定の販売を行った後で、アマゾンでも販売する。何か新しい特別なことを言っているわけではない。ごく自然に、時代の流れのなかで考えられる適応をさせていこうというリアリティに満ちた方法をとっている。

僕らは販売会議をしない。僕らの書籍は、広告、メール、抜粋、プロモーションビデオ、著者の出演などを通してWeb上にて販促する。〔中略〕たいていは著者と一緒に読者獲得のための仕事をしている。伝統的なモデルではだいたい、成功は最初の数週間の間に書店の棚に置かれるかどうかに依存するが、僕らの成功はそこには依存しない。

『マニフェスト 本の未来』
ボイジャー
2013年

2012年、米国オライリー社より出版された英語版を『マニフェスト 本の未来』と題してボイジャーから出版した。29名もの人たち(共著者を含む)によるデジタル出版での失敗といくつかの成功を例に、この世界を突き進んだ貴重な経験が語られている。出版にかかわったヒュー・マクガイアのインタビュー映像もあり、彼自身の経験談も合わせて知ることができる。

https://youtu.be/tVXy4wlQBTE
https://id.voyager.co.jp/binbReader.html?cid=24493

現在の置かれている環境のなかで方法を見いだし、挑戦する自分たち自身であろうという姿勢が見てとれる。そしてその方法とは、ネットありきの要素で成り立つことも明白だろう。時代の流れを注視し、やるべきことを考え、実行に移していく決定の速さが彼らにはあるという以上の特別なものではない。けれど、当たり前のことほどあとになって言えるものであり、直面している今とは、多分に過去から引きずった当たり前が支配しているものだ。

セルフパブリッシング（自己出版）の到来――これは技術のせいではなく、伝統的な出版の無力さが証明されたせいで、ここ数年活性化しているのではないかと僕は主張しているのだが――と、専門家を詰め込めるだけ詰め込んだリストのおかげで、読者は過去最多の新刊を毎シーズン見ている。何百万という新刊が毎年リストに加えられる。これは課題であると同時にチャンスでもあった。課題であるのは明白だ（どろどろの海を乗り越えさせないといけないのだ）。ほんの一握りの本しか、本気でマーケテイングされていないからだ。そして在庫と販売に対する健全なアプローチを採用することによりORが節約できた多くの部分は、そのタイトルのプロモーションに投入された。〔中略〕しかし、多くの場合、我々がやっていることは「先祖返り」なのだ。僕らはアイディアを実際の原稿に落とし込み、注意深く編集し、そして何より、完成品のマーケティングに多大なリソースを割くことに注力する、そんなプロセスを提唱している。これらの一連の仕事は、かつては出版社の独占的な領域だと考えられてきた。しかし、この20年ほどの間で、執筆や編集はエージェントのものになりつつある一方、マーケティングは著者自身の責任範囲になりつつあった。僕らは発注を受けた分だけ印刷することにより、無駄を最小化している。僕らは在庫、卸業者を避けている。さらには、少なくとも書籍の寿命の始まりの時期においては、アマゾンを含めた書店やネット販売業者での販売も避けているのだ。

この男は何者なのか？　彼が言っていることが本当にその通りなら、どうしてそれをみんな真似しないのだろう？　そこにはおそらく何かあるのではないか、と疑心を吐いているのではなく、本気にしたいけれど言葉だけでは信じきれない、それほどすばらしいやり方だ。

簡単には見えてこない実像をもっと知ろうじゃないかということで、さらなる取材を三年にわたっておこない、すべてのインタビューを整理し一冊の本にまとめていった。本の題名は『ベストセラーはもういらない』という。ボイジャーから印刷本も電子本も同時に出版されることになった（二〇一八年一二月）。副題として「ニューヨーク生まれ　返本ゼロの出版社」と付して

秦隆司
『ベストセラーはもういらない』
ボイジャー
2018年

https://youtu.be/epAo3AoBhd0
https://id.voyager.co.jp/binbReader.html?cid=24656

ニューヨークの出版社ORブックスの社主であるジョン・オークスを長期に取材し、そのインタビューをもとに1冊の本にまとめた。デジタル時代に生きる出版社のあり方を見ることができる。アメリカの新聞や出版の歴史、そして小規模ながら着実に成長するORブックスの新しい取り組みを明らかにし、出版社が生き残るための実践の鍵を示している。

いる。

ジョン・オークスの生い立ちから、過去の出版における経歴や関連する人間関係をたどり、どのようにして現在のORブックスのスタートに結びついたのかを率直に知ることができる。そのうえに、ベストセラーはもういらないという出版社がどういうものか、副題にある返本のないビジネスの実態が解き明かされていく。この出版社を継続、発展させていく責任者としての日々の現実を見ることになる。

この取材にかかわり、著者として、ニューヨーク在住のジャーナリスト、秦隆司が一貫して受け持ってくれた。私たちが一番知りたかった現実を取材し、聞き出した事実を自分たちの送り出す出版物として仕上げていった。

9 作家と出会うということ

読者のために、作家のために、役に立つデジタル出版をめざしながら、私は幾度となく挫折を繰りかえした。原因は多々あった。すでに述べてきたように、快適な閲覧環境を得るのは一番の問題であった。これは機器をつくるメーカーの力に多分に依存する。特定の機種や一部のOSに依存するがために、出版という普遍性からどうしても離れていく。これが最大の失敗だった。本を読む機械に頼らなければならないという宿命に近い。そして読書する端末としての基準がおおよそ固まるまでには時間もかかったし、便利機能を競い合う家電の戦場をくぐり抜けなければならなかった。

出版はハードを売るための道具ではない。そして私なりのいくつかの教訓が生まれた。
・できるだけシンプルに虚飾を排す。
・機種に依存しない、どんな環境でも閲覧できる。
・世界の共通性に基づき残る出版データであること。
こうした反省をもとに、ＢｉＢカンファレンスやウェブ・パブリッシングを推進する連中たちから学んだことを頼りに、自分たちなりのデジタル出版ツールにたどり着いた。最初はデジタルでつくられた本を快適に読むことからの取り組みだった。

インターネットの読み取り装置であるブラウザで簡単に、とくに日本語環境での縦書きで本を読むということだった。ブラウザはインターネットを利用する誰もが常備しているもので、みんなが当たり前に使っている。そういう当たり前のなかで本を読むスタイルも備わっていることが重要だろう。ブラウザそのものがある意味で十分読む道具であるのだから、そこに本を読むということが加わって不思議ではない。ＢｉＢカンファレンスは私たちにネット上の本のリーダーとしての日本語対応を推進させた。

一方で、そんなに読むことの自然さを言うのなら、誰もが本を出版できることだって一緒になっていなければおかしい。これも同時に備わっている必要があるだろう。出版がウェブにシフトすることを確信して、思いきった決意をしていくべきだ。何かに果敢に挑む気持ちを勇気づけることがデジタルではできるはずだ。ＢｉＢカンファレンスで知った米国でのいくつかの実例はあったけれど、やはり日本語を中心に考える必要があった。

私たちのつくったデジタル出版ツールには「ロマンサー（Romancer）」という名前が付けられた。とにかくこのツールをしばらく公開して、誰にでも自由に使ってもらおう。なんとか仕上げたばかりで、まだまだいろんな問題点が残っている。未完成品なのだ。だから余計な機能に手を広げず、デジタル出版データ（EPUB）が確実に書き出せる信頼性だけに集約した。

けっして特別なものではない。誰だって多少の知識があればできることだ。世の中に同類のツールもサービスもないわけではない。それなのに、なおやるのには理由がある。何度も思ってきたことだが、人がデジタルで出版しようとしているのだ。それがどんなことを意味し、何を必要としているのか、詳《つまび》らかに知りたいのだ。出版データがあるフォーマットに書き出されればそれで済むということではないはずだ。私たちが提供するのはデジタル出版ツールだとはいうものの、その背後にある課題をこの機会に見届けていきたい。

料金はいらない、けれどそこでつくられる作品を一年間にわたって見つめさせてくれ。出版を成り立たせる根本は作品であり、作品を生み出す作家だ。デジタルであるかないかは関係ない。ただ、今、私たちが作品を集めるとしたら、デジタル以外でそれができる状況にない。とにかく集めたい。すばらしい作品であるかどうかという勝負があるだけだ。では、ここが肝心だろう、作家は何に重きを置こうとしているのか。何か訴えようとするどこにデジタルは介在する余地があるのか。作家を知ること、そして作家との強固な連帯こそ、メディアとしての自立のはじまりだと信じたかった。

二〇一四年七月から一年間の試験運用ののち、ロマンサーは正式にサービスを開始した。試験運用から四年が経過した。二〇一八年一二月現在で、ユーザ登録会員数は六四〇〇人、出版データの書き出しは四万八五〇〇回、ロマンサーのサイトでの無料公開は一八〇〇作品にのぼる。一つひとつの作品が確かな声を発していた。

一九九二年、私たちにとってのデジタル出版がスタートしたとき、ここでも同じように出版ツールを開発していた。そのことを思い出してみると、何かを書こうとする人たちのことごとくが幸福から見放された人たちだった。何か書こうという人たちには、失業、破綻、老残、病気……という本人をとりまく世界があった。デジタル出版がはじめて向かい合った現実の姿を、まざまざと見せつけられる思いだった。通り過ぎてきた世の中を一皮めくってみれば、発する声はなんとも多いものだった。ずっと忘れることはできなかった。

そして、私はふたたびこうしてデジタルでつくられた作品の数々と出会うことになった。ちっぽけだが生きている実感がする……これが忘れていた大切な感覚なんだと我にかえる気持ちだった。どうであろうとも、ちょっと頼りなげな揺らめきを伝えている。ロマンサーをつくった一人として、私にとっては一条の光だった。

ある日、提供する私たちのデジタル出版システムに『トタン屋根の風景』という画集が公開されていることを知った。誰でも自由に無料で使えるシステムなわけだから、おそらく使い方の手引きなどを自分で読んで試してつくってみたのだろう。なにげない民家や商家をアクリル淡彩で描いた二五枚の絵から構成されるものだった。ページを開くと、ああどこかで見た風景だなど思うようなトタン屋根の家が現れた。

しばらくそれを見つめながら、添えられた一文を読んでいく。この言葉だけでも絵と調和して心打つものを感じさせる。けれど、付け加えられた最後の一行に目がとまって離れなかった——その後取り壊された、と。

この作家に注目した。加藤忠一さんという、すでに定年を迎えた、鉄鋼会社で研究職として働いた人だった。鉄板に表面処理する技術者である。化学の専門家で鉄に施す防蝕メッキを研究していた。会社に残ってくれと惜しまれながら、これからの人生を考えた彼の選択は、研究した鉄の防蝕……その原型であったブリキとトタンの歴史をたどること、ふるさと福井の機織りへの想い、そして歩いた全国の野辺に咲いた花の群落や酒蔵を絵筆にとどめることだった。これらのストーリーとアクリル淡彩の絵は、ことごとくデジタルの本となった。

質素な薄い鉄板に秘められた歴史、その鉄板と私たちの生活の深い絆。これらの話を誰かが書き残さなかったなら、知ることもなしに過ぎていったにちがいない。それはどこかの山奥に一瞬にして開花し、一瞬にして目の前から消え去っていく花の群落と同じ運命だったかもしれない。思い出の風景があり、過ぎ去った時間があり、トタンがあり、錆びない、朽ちない技術をもってしても潰え去ってしまうものの哀れを、彼は絵のなかに込めていた。その後取り壊された……の一言には、老いたるものの無力にして発した何かがあった。

加藤忠一さんには『ブリキとトタンとブリキ屋さん』という一冊があった。内容を見ると、ブリキとトタンの出現から発展、生活に生かされていく歴史、かかわった職人たち、製造技術の進化と変化、競合と共生、ここまで言及された大論文であることがわかってきた。また、『高度経済成長を支えた昭和30年代の工業高校卒業生』という著作のあることも付け加えておくべきだろう。

『トタン屋根の風景』をはじめて目にしたとき生じたハッとするなんとも言えない哀愁、この背景には作家のブリキとトタンに対する並々ならぬかかわりと想いがあったわけだ。

加藤忠一さんの絵、そして添えられる一文から構成される作品は、おそらく今の出版界が受け入れることのないテーマであった。「売れない」を理由に作品は拒否されたことだろう、ことごとく、きっと。しかし、加藤さんはデジタル出版という手段を利用して、一人で見事に作品を公表した。

加藤忠一
『トタン屋根の風景』

https://r.binb.jp/epm/e1_10743_09062015011658/

加藤忠一さんは、かつて鉄鋼会社で表面処理の研究開発に携わっていた。トタンは研究対象だった。アクリル淡彩で描かれた『トタン屋根の風景』には、自身の手による絵が多数収録されている。1枚1枚には短い言葉が添えられている。最後にある「その後取り壊された」の短い言葉は胸を刺す。故郷の風景や山奥の花の群落、消えゆく酒蔵や居酒屋の暖簾などを描き、デジタル出版を42作品も自力で公開した。

これを新しい創造と言わずしてなんだろう。できないことを一人で乗り越えた力。彼自身の持つ表現の力とこれを公表していく出版の力、賞賛すべき新しい私たちの力ではないか。華々しい拍手や喝采とは無縁であるかもしれない、少なくとも今はそうとしか言えない。とぼとぼと道を行く素朴で頼りなげな姿であるのかも。そんな姿にデジタルの出版が貢献できるのだとしたら胸を張りたいと思う。限りない声援を送る一人として協力を惜しまない。私たちが作家と出会うとは、こういうことだった。

10 何から何までデジタルに

有名な作家のなかにもデジタルでの出版に興味を示す動きは起こっていた。「売れっ子」としてどんどん書いて、どんどん売れた。そうした生活を続けて長い時間が経過し、ふと気づいて昔の作品のことを思ってみる機会が訪れた。その作品を話題にしてみた。けれど、書店の棚に該当の作品を見いだすことができない。もうないのだ。いい作品だったのに……。こんな話を私が聞いたのは、二〇一一年六月、講談社内でおこなわれた五木寛之自身による作品デジタル化発表記者会見の場だった。

古本だって、図書館だってあるのだから、ただ読むというだけならば読みたいという読者にはそれほど困ることはないかもしれない。でも、今ここで話題に出された作家の思い入れのある作品のひとくだりをすぐに目にしてみたい。こんな機会は誰にでもある。この時代にできないことのほうがおかしな話だろう。

ならば過去の作品をデジタル化すればいいのか。いつでも読めればいいのか。これだけじゃない。これほどまでに本がデジタル化され、アマゾンはその取り扱い点数を誇っている。それでもなお読者は、一冊という閉じられた本を、デジタルにおいても購入する消費者でしかない。

今のデジタル出版には何かが足りない。一定の進歩を遂げているのはわかるけれど、何かしっくりこないものがこびりついている。技術のことよりも、デジタル出版にかかわる姿勢が一つも読者に向いていない。紙の本を売る今までの姿勢から一歩も出られていない。

作家の片岡義男と会ったのは、二〇一五年の正月だった。明確な目的があったわけではない。名のある作家の代表的な作品を積極的にデジタル化して世の中に送り出すことは、私たちの毎日の仕事であったし、わずかではあったがすでに先例もあった。同じようなことで対応するというのなら、新たに有名な作家の作品が出ます……という話になるだけのことだ。これでは新鮮味もない。既存の出版界に新参者が割り込んで、電子化権の取り合いに作家側について勝利したという小さな話にすぎない。片岡義男はそんな話は一切しなかった。

デジタル出版をやりませんかと私が単刀直入に話したとき、作家はちょっと首をななめにジロリとこちらを見やって、ゆっくり「やりましょう」と答えた。「やるなら、何か面白いことをやりましょう」と付け加えてきた。私はいい気になって、「だったら全部やりましょう、何から何まで……」。言葉を受けて作家は深く考えるように遠くを見やり、そして話しだした。

自作を全部デジタル化していきたい。できれば年代順に、つくられた順に。小説だけじゃない。何でも。評論もエッセイもコラムも、翻訳だっていいかもしれない。さらにこうも言った。自分が書いたものと写真との組み合わせをなんとかやりたい。いくつも計画があったけれど、すべてができたわけではない。良かれと思ってやったけれど失敗したこともある。やれるならふたたびチャレンジしたい。「ご近所」というテーマでどうだろうか？「ご近所」とは便利な言葉だ。本当に近くという意味でもあり、はるかに離れたってこう言いくるめることもできる。やってみたい。

身を乗りだし、目玉をぐるぐるさせながら、けっして饒舌《じょうぜつ》にではなく、一語一語を噛《か》みしめるように発した。

私はおもわず顔を見つめた。現実なのかと確かめたい気持ちだった。

「えっ、本当に何をやってもいいんですか？」

私はにわかに信じがたく、言われたことが自分にとってどんな意味なのかさえとっさにはイメージできなかった。それほどに私はやってはいけないばかりの「束縛」のなかにいた。デジタル出版の歩んだ道のりを知る人ならば、ああしちゃいけない、こうしちゃダメだ、とやれないばかりを並べ立てられるのが常だったことを思い出すだろう。こんなに肩身を狭くオレたらやらなきゃいけないのか、何でもできるデジタルなのに……悔しさでいっぱいの気持ちで相手を見たものだ。ヒュー・マクガイアが言っていた、出版社はウェブサイトとインターネットが怖いのだということも、恐怖感に対する出版社の対応策はeBookを「束縛」してしまうことも、まだ明確には飲み込めていなかった。なにしろ相手のことごとくが私にとって仕事をいただくありがたい発注先でもあったのだから。

「何でもやってください」。片岡義男は私の質問を聞いてこう言った。そして、一拍おいてさらに決然と、「過去が大事だからデジタルなんです。大いにやりましょう」。

はじめて聞いた、何かを断ち切る作家の言葉だった。言われてみると一瞬どうしていいのかわからなかった。長い「束縛」の生活が身について、指図を待っている自分がそこにいた。やれる提案を考えることが素直にできなくなっていた。何でもやれと言ったって何からやりゃいいんだ、やるからにはお金だってかかる。どうすりゃいいんだ？　払ってくれるとは言わなかった。なんだ自分で払うのか……？

いつのまにか身に染みついてしまった汚れが見えてきた。断ち切るのか、とどまるのか。しかし、断ち切るなんて本当にできるのか、そのほうが問題だ。いつもここが問題になる。けれど誰かが断ち切ってくれるなんてことはない。

結局、私はなんとか言いながらデジタルによって突き進むことをしてこなかった。なによりも自分で、一人で向かっていくんだという、デジタルにもっとも希望した志向を自分で消し去っていた。巷間言われる〝電子書籍〟の中庸に安住していた。なんとかそこにとどまって時の過ぎゆくままにいた。だから「束縛」にも甘んじる心性を育んできてしまった。一人の作家の一言が、そんな私の現状をえぐってみせた。

作家・片岡義男の作品を必死に調べていった。いったいどれだけの作品を書いているか。初出やら単行本化された年代、文庫化、あとがきにいたるまで。そうしたなかで改訂が加えられた経緯……作品を単独に見ているかぎりでは把握しきれない時の流れがあった。同じ題名で内容のまるで違うもの。内容はほぼ同じで題名が変わっているもの、同じようであっても最後が決定的に違っているもの。一人の作家が書き残したなかにある動きがわかってきた。

片岡義男に詳しいスタッフを集めて、専門の推進チームを設けることにした。小説だけではなく、エッセイ・評論にも手を広げていった。『日本語の外へ』（筑摩書房、一九九七年／角川文庫、二〇〇三年）という本を目にしたとき、今まで私が自分で勝手に思い込んできた片岡義男像を根本から覆される経験を味わった。説明のために目次にあるいくつかの題名を引用してみよう。

「日本はアメリカとともにあります」と首相は言った
メモリアル・デイにまた泣く
第九条
キノコ雲の切手
頭のなかが日本語のままの英語
IとYOUの世界
現実のしがらみと「私」
動詞とは個人の責任のことだ
母国語の性能と戦後の日本
真の文化とは時間の蓄積だ

驚くような冷静な論考が記述されていた。書かれたのはまちまちだとはいえ、一九九〇年代を通してだ。そのときすでにこんな論考が発信されていたのだ。

今まで十分すぎるほど私は片岡義男を知らなかった。ハワイだ、サーフィンだ、オートバイだと、七〇年代に私が振り向きたくない言葉を連ねて正反対に生きてきた人だとばかり思い込んでいた。心のかさぶたがバリッと血を多少にじませて剝《は》ぎとられる思いだった。すっきりした。

よーし、と思って、今度は片っぱしからデジタル化の作業に取りかかっていった。最初の一作品から定期的にまとまった数量のデジタル出版をしていったのは、二〇一五年七月からだった。そして約三年かけて四一二作品の小説と八六〇編のエッセイの電子本を公開していった。

11 本はことごとく情報の格納に傾斜する

ある日、私あてに片岡義男からダンボールが届いた。前にもこんなことがあったなとふと思ったが、まあ大きい荷物が届けられるのは日ごろないわけでもないのだからさして気にもとめなかった。開けてみると切り取られた雑誌のページの束がぎっしり詰まっていた。一番上にあるそれに目をやると、あきらかにある本の書評だった。どこかの週刊誌に掲載されたものだろう。山のようにずっしり詰まっている。すべて切り取られた紙の束を目にして、そこに重きを置ける人がいるなら深い事情のわかった人だろう。そうでなければ、ただのガラクタ、ボロボロと感じてなんの不思議はない。

私は事情をすぐに飲み込んだ。これはただのダンボールなんかじゃない。作家の片岡義男が今までに書いてきた文章のことごとく。そのほとんどはいろいろな雑誌、新聞などに書いてきたもの。なかにはマイナーな雑誌の記事も含まれている。自分の書いた文章である以上、責任からこれを丹念に切り取り保管していた。何かあったら読み返すこともあろうかと。しかし、そんなことはなかった。ただ置いてあるだけのもの。もう誰も見ることもない、見ることもできない。私は二度目の同じ体験を目の当たりにしていた。かつて紙片の山を見たときのことがよみがえってきた。『デラシネ』の栗山富郎から送られてきたダンボールのことだ。

あのときの当惑はもう起こることはなかった。逆にまったく同じ状況が今ここに再現されていることが何を語っているか、何を伝えようとしているか、私には受けとめることができた。人の心情に通じている共通するもの、擦り切れたダンボールの箱が語りかけているもの、なかに詰まった粗末な紙片の数々が発しているもの。一緒じゃないかと思った。

私は開いたダンボール箱にすぐ蓋をした。手のつかなかった開封前の姿に戻した。そしてカメラを準備した。まるではじめて箱を開けるかのように、その作業の一部始終を撮影した。ダンボールが届き、よろこび勇んで蓋を開け、なかから紙の束が続々とこぼれるようにあふれだす。宝を見るような光景、その瞬間を目撃者のように見守る……この事実が、後日、デジタル出版の歴史における小さな出来事として、語り継がれるのかもしれない。無駄を承知で撮っておいてもいいはずだ。

じつは、ダンボールは他にも送られてきた。片岡義男が撮った膨大なスライド・ポジのフォルダだった。五〇〇〇枚はあったかと思う。これらの資料・情報はことごとくデジタルのデータとなり格納されることになった。

最初は一つひとつの単位でしかものを見ることができなかった。一つひとつの単位で向き合って対処した。前提となる単位を疑うことなどなかった。私たちの場合で言うならば作品が単位だった。それも小説だ。やがて小説以外の論考やエッセイ、さらにダンボールのなかに収められていた短い連載の記事、書評、コラム……そして写真などもデジタル化され格納・蓄積されていった。

相当期間が経ってみると、もはやそれは一つひとつの単位などというものではなく、まとまった集合をともなっていた。一人の作家を通した時代や社会との広い関係を持った文脈が流れはじめていたのだ。これらをつなぐキーワードや事件や人物という手がかりを介して、新たな読みものの世界をうかがい知ることができる。書き残された膨大な過去の作品とその集合・集積、この内部に入り込んでいく力がようやく発揮される段階に差しかかった。

デジタルとかデータとかビッグとか、とかく都合よく大きな、そしてパワフルなものとして捉えがちである。こうした目線から見下すように発想したがる。結果として膨大なデータが蓄積されつつあることは確かで、これをうまい具合に使いこなすにこしたことはないだろう。けれど蓄積してきた過程は何にでも付随している。過程を知ることから蓄積に目をやるべきことが重要だ。

アメリカ議会図書館での史料デジタル化計画、「アメリカの記憶(American Memories)」プロジェクトというのがある。二〇〇〇年に創立二〇〇周年を迎える議会図書館が一九九一年ごろから取り組んでいたものだった。あまりに膨大な情報量を一気呵成《いっきかせい》に力ずくでデジタル化したのではなかった。デジタル化すべき内容をテーマごとに輪切りにして、ある一定の関連する項目に即して年間のデジタル化作業をしていった。移民、南北戦争はもちろんのこと、アフリカン・アメリカン、グラハム・ベルの電話にかかわる記録等々……。

私が『本とコンピュータ』という季刊雑誌の編集にかかわっていた二〇〇〇年のころ、この話を毎晩のように編集部で話し合っていた。一番熱心に話していたのは、そのとき編集長でもあった津野海太郎だった。筑摩書房の松田哲夫、デザイナーの平野甲賀、編集の河上進、仲俣暁生、ときどきは出版ニュース社の清田義昭、共同通信社の松本正という面々が集まっていたと思う。

「アメリカの記憶」プロジェクトがおこなっていたテーマごとに輪切りにする、このことと、片岡義男という一人の作家が書き残していく小説やエッセイ、記事、書評も……というすべてのデジタル化が妙に調和して思えた。一人の作家というきわめて局限された世界にはちがいないが、だからこそ逆にわかりやすく、見やすく、集合と集積の大きさを見通すことができた。

どうなるのか正確には言い当てられない。けれど、この方向の先にある期待感だけは伝わってくる。デジタルの持っている力が発揮できるのはそこだろう。今までにない何かを見るような気がする。どう見ても〝電子書籍〟じゃない。書籍という考えの範疇《はんちゅう》を超えている。いや、従来の本というものが商品として成り立たせるために確保してきた一冊という境界を破壊しているのかもしれない。

データに付記される関連情報は、自分たちでやれるかぎりの入力は施してみた。えらいやっかいで報われない作業のようにも見えた。当然にも十分には手が回らない。ミスや誤りも生じる。

資料・情報は公開され、誰もがアクセスを許され閲覧できる仕組みが準備されるべきだろう。誰もが利用できる。許諾可能であるかぎりにおいて必要あるものが転用できる。その代わりに利用者はデータの更新には協力する。情報のミスや誤りについて知らせたり、不明部分についての情報を入れたり、と。ここに一作一作の本を買うという作家／出版社と読者の関係には収まらない、読者の参加性が現れてくる。読者に計画の支援を呼びかけてみたらどうなのか。

計画といったって、誰一人としてその全貌を正確に言いきれる者などいなかった。こんなことだろうと感じているだけだ。ただ、過去が大事だということがわかったからデジタルなんだという作家の一言に賛同して、これから続いていくデジタル化の集積に対する支援を広く読者に呼びかけることはできないことじゃない。それを支援しようという人の存在は、日々頻繁に交信されるコメントやメッセージを見れば十分感じとれる。支援とは何だ？　募金か、いくらもらえばいいんだ？　支払いに対する特典があってしかるべきなのだろう。これは何なのだ？

12　読者から支援者へ

とにかくやってみよう。デジタル時代の出版に生きようという世代にやれることは何でもトライしよう。本を一冊ごと、作品ごとに単位として固定化して、定価をつけて売っているだけの時代に私たちはもはや生きてはいない。

思いきって固定化の皮を剝がし、横断的にすべてがつながっていく集合に生きる提案をしてみてはどうか。とはいうものの、計画を正確に言い当てられない段階である以上、当面はまことしやかに振る舞うことは避けて、一言で計画の支援者＝サポータとしてみることしかできない。それでもやってみよう。一口一万円で何口でもいい。「片岡義男全著作電子化計画」と言いきって、これを呼びかけてみた。

二〇一五年七月一日、片岡義男の小説をはじめて一〇〇作品導入したとき、支援者＝サポータへの応募も同時にスタートさせた。その時点ではサポータとはいうものの、できることは公開された一〇〇作品を無制限に読めることと、記念のTシャツがもらえることぐらいしか伝えることはなかった。これがサポータかよ、何を支援しているのか、一口一万円というお金のことか、世間で流行りの「クラウドファンディング」とどこが違うのか、体《てい》のいい集金じゃないか？と言われそうで内心忸怩《じくじ》たるものがあった。

二〇一八年一二月時点で、サポータ参加者は三〇〇名を超えている。日々新しい参加者が着実に増えている。なかにはどうして参加したのかのコメントを書き送ってくる人もいる。当然にも私たちとの交信がはじまっていく。こちらもサポータへ向けて情報をより濃密に発信していくことになる。相互のやりとりはお互いを励まし、両者のあいだに流れている河を渡る勇気を与える。明確に両岸に隔てられていた送り手と受け手が、河に飛び込み泳いでいく、つぎつぎと。もしかしてここに橋がかかる日もくることだろう。

出版社だといって中味をつくることだけに精を出し、届けることは旧態然とした流通を頼り、デジタルは快適な販売の仕組みを構える書店に全部委託し、売れるからといってますます依存度を増し、手数料はジリジリと自分たちを圧迫し、おまけに売上の数字以外の何ものも情報として手にすることもできず、読者を彼岸に追いやっていく。こんなことをしていたら出版社は終わりだ。

サポータの数が徐々に増していったころ、状況を説明するために私は片岡義男と話をした。予想に反し、その顔には腑《ふ》に落ちない様子が浮かんでいた。よくわからないと。単純に数が増えたことによろこぶ私を諭すように水をかけている。サポータになればTシャツがもらえる、それはわかった。それだけか？

しばらくして返事がきた。何かしよう。お金を払って支援してくれる読者に何かを報いたい。サポータだけが読めるものを書こうと思う。「その人たちだけに私が書くんだよ」。そう言って、ある書き下ろしの短編小説がどうつくられたのかを、書いた作家自身が振り返る、一種のメイキングをやってみたらどうかというのだ。

講談社から刊行された『この冬の私はあの蜜柑だ』(二〇一五年一一月)という小説集のなかに、書き下ろされた二編が入っていた。そのうちの一編「蛇の目でお迎え」がいいだろうということになった。

この小説には、背景に実在する舞台があった。東京のある場所の喫茶店、住宅街を走る私鉄路線、駅、古本屋、コロッケが人気のお惣菜屋。これらの配置図の上を小説の主人公は動く。本人が歩くことも、電車が走っていくことも。何よりも私が一番引きつけられたのは登場する二人の主人公、小説家の男性と漫画家の女性、その女性の名前だった。片岡義男は名前をどのようにして決めていったのかを本文のなかで書いている。

「お題」と誰もが呼ぶひと言を、いつも編集部から受け取っていた。そのひと言が物語のなかに、どのようなかたちにせよ登場し、物語の展開に少しでも影響をあたえることがあればそれで充分という、編集部による「遊び」だ。

『蛇の目でお迎え』の場合、それはwildernessだった。手つかずの自然、という意味でのウィルダネスです、と編集部は言っていた。せっかくだがこれから書く物語のなかでは使いようがないだろう、と僕は思った。しかし工夫することは続けていき、女性の主人公のペンネームを荒地三枝子とすることで、荒地という名前のなかに、ウィルダネスを取り込むことが出来ることとなった。

ある小説のメイキングという目的で書かれた、小説とは切っても切り離せない別種の読み物が生まれていた。これが書かれていく一部始終に私は立ち会うことができた。主人公たちの出会う喫茶店、踏切、駅、コロッケを売るお惣菜屋、住宅街を走る二両の電車……舞台となるとごとくを追体験することになった。小説の上を歩くような不思議な経験をしながら、私は荒地三枝子という言葉の響きに共感する気持ちが湧いていた。

なぜ今、私がここにいるのか。過酷な現実から逃れようとしたとき、たどり着いた荒地のそこにデジタルがあった——私はいつもそう思ってきた。自分の歩いてきた道と小説の主人公の歩く道をなにか近しい間柄のように親しんでいた。荒地という言葉にこんなところで出会うと

片岡義男
「『蛇の目でお迎え』はこう作られた」

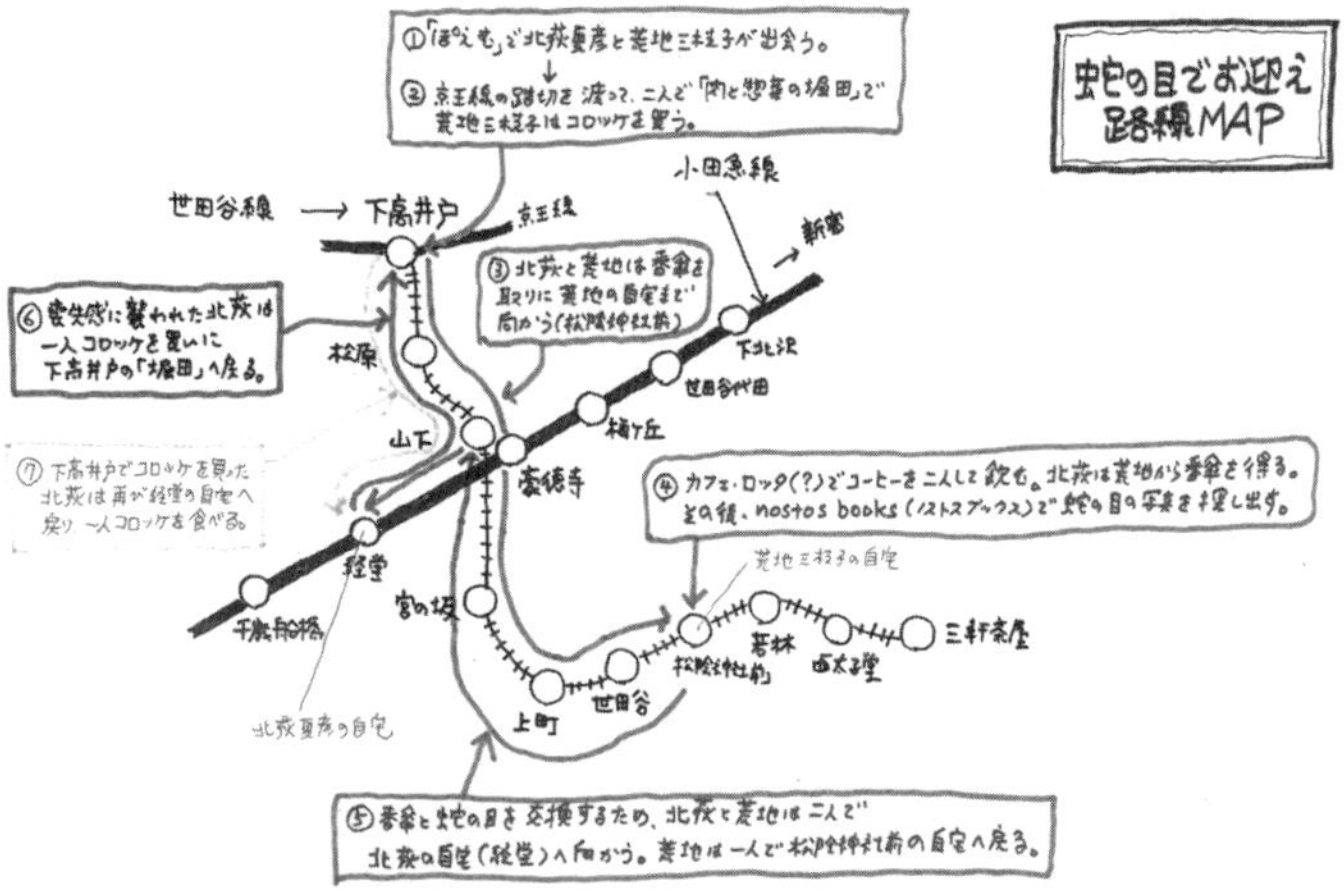

スタッフがつくった「蛇の目でお迎え」の舞台を明らかにする地図。小説の舞台を鳥瞰することができる。2つの電車路線が主人公の動きに重要な役割をしていることを明らかにしようと試みられたもの。

デジタル出版された、小説のメイキングという目的で作家自身が試みた読みもの。プロジェクトの支援者に真っ先に届けられた。その後一般にも公開され、現在は誰でも自由に読むことができる。

は……という勝手な思い込みに溺《おぼ》れている自分を見ているようだった。

何かが生まれていく、今の現実に、もしかして私は立っているのかもしれない。もともと何かを生むということは、こんなプロセスのなかにあるのだろう。べつにどうという特別なことではないと言われてしまえばそれきりだ。少なくとも荒地のデジタルにはまるでなかった世界を見ているのか、やっとのことで差しかかっているのか、きわめて特別な出来事にはじめて遭遇しているようであった。

片岡義男が書いた〝書き下ろしメイキング〟は、『「蛇の目でお迎え」はこう作られた』と題されて公開がなされた。これを引き出すための〝前座の読み物〟とでも言ったらいいのだろうか、舞台裏とも言えるさまざまな出来事を綴ったものを私も書いてみた。すべての動きを盛り立てるように携帯電話に付いたカメラを使って、動画まで撮ってみた。これがプロモーションだなどと言えるシロモノではなかったろうが、一切を形式ばることなしに気軽に手のひらにある道具を使ってトライしていく気持ちの爽快さはなんとも言えなかった。荒地に育った青い苗のそよいでいる光景を見ていると、例えることができるのかもしれない。

出版されたあとにさらに執筆は続いていく。そうである以上、読者が出版プロセスの重要な一部にならざるをえない。もしかしたら、出版が本当にはじまるのは本の刊行後なのだ……ヒュー・マクガイアの言葉が浮かんでくる。だから読者がこれからは主役なんだと。

本の単位である一冊が消えて、作家に属する全体がもたらされるという新しい本の単位に注目する。支援者になれば……支援者と認められれば、何でも許される広場に来ることができる。

この支援者がきっとデジタル出版の中心になっていく。その萌芽がここにはあるという確信を見たようだった。

　情報には確かな番地がある。デジタル時代に生きる世代にとって、貴重な記録、価値ある映像、これらの格納された情報はいとも簡単に手元に引き寄せることができる。一方で、貴重も価値も移ろいやすい。何をもってそれを価値あるとするか、無価値であるかを判断することはできない。ある人にとって価値あるものが、ある人にとって無価値である。それも、今日と明日では揺れ動く。

　情報とは、使う人によって、状況によって価値を生むものだということを物語っている。この場合の使うとは、情報を送り出すことを職業とするメディアの住人だけを指しているのではない。自由に情報にアクセスして、これを利用するあらゆる人を指して「使う」と言っている。だから情報には確かな番地が必要だ。そこを誰もが訪ねることができるように。

　この仕組みが基準として備わる時代がすぐそばまでやってきている。今はそれぞれがある意味勝手気ままに端切れ共布をいじっている状態かもしれない。けれどそれらが有機的につながっていくにしたがって、バラバラな切れ端が輝くパッチワークの大きな模様を私たちの前に呈してくるときがあるのだろう。

　デジタル出版は誰のものでもない、私たちのものだ。そう言わなければ、メディアはきっと私たちの手からもぎとられてしまう。かつてのように。言うとは、やるということだ。言うだけじゃダメだ。メディアの創出に大きな仕組みが必要だった時代は終わった。誰もが送り手になれる。こんなことは今までになかった。それなのに時代は逆に回っていく可能性を十分に持っている。

やらせないことがメディアだったことも、私たちの多くが知っている事実だ。メディアが代弁、代行するような顔をしてきた。そんなことはなかった。真っ先に時の権力に身体を捧げたのはメディアだった。誰を代弁、代行したのだ、考えてもみてほしい。もちろん目の敵にされたからだということはわかっている。でもメディアは抵抗できなかった。抵抗するよりも従う道を選んだ。この歴史はどんなことがあろうとも消し去ることはできない。

むしろ、私たちはそういうものだという前提で自分に言い聞かせておくべきだ。そして何よりも小さいことから出発を自覚すべきだ。「ない」ことからはじめる健全さを、人はさまざまな局面で身につけてきたはずだ。その自分を思い起こそう。その自分に勇気を与えよう。デジタル出版は誰のものでもない、私たちのものだ、と。

第2章

なぜ出版、どうしてデジタル

海を隔て遠く距離をおきながら、ある目的のために意思疎通を図り長期にわたって新しい事業にエネルギーを費やしていくということが本当にあり、その当事者に自分がなっていたとは、とても信じがたい思いがする。相手は外国人。顔貌《かおかたち》も違っている。今日までの成長の背景・環境が異なる。どう理解し合うか、言葉が違う。ふつつかな英語を通してコミュニケーションするしかない。まだるっこしい。でも、けっして即答を求めない。なんとなくわかるけれど、念のためメモにしてあらためて書いて送ってくれ。こんなことをしながら長い年月をともに過ごしてきた。

日米、それぞれのボイジャーをはじめた創業者、米国のボブ・スタインと日本の私。一九八〇年代のはじめに出会い、ボブ・スタインによる米国ボイジャーの創業時からの急成長を私は見つづけた。

両者がともに深くかかわったレーザーディスクの企画・制作・販売。ロサンゼルスの質素なしもた屋から出発して、道を隔て向かいの作業スペースが生まれ、近隣からいかがわしい商売かと通報されたほどに若い男女が毎日行き来する繁盛が生まれていった。そしてサンタモニカの海岸に面した、古色蒼然とした三階建てのビルに移転する。かつて軍人の社交クラブに使われたというレンガ造り。白砂との調和を考えてか、レンガは白いペンキに塗りこまれていた。

やがて自分の事業が「ビデオ屋」ではなく、出版業であることを意識したボブ・スタインは、出版の中心であるニューヨークへと事業拠点を移していく。ドイツの世界的な出版メディアグループ、ホルツブリンク(Holtzbrinck)の資本参加。ボイジャー・パリのオフィス開設、ボイジャー・ジャパンの設立。こうした拡大の勢いの先にやってくる米国ボイジャーの解散と三分割。そのとき、一銭にもならなかったボイジャー・ジャパンの株式を引き受けたボブ・スタイン。

二人のやりとりのいくつかを通して、どんな関係が形成されていったか。二人はデジタルの出版ということに強く反応し、普通では考えられない急接近をしていった。そこにまるでなかった商売の匂いに、なぜあれほどまでに寛容でいられたのか。二人の愚か者がいたというだけでそれを片付けてしまうにはあまりにも情けない。私たちが世の中に出したプロダクトの失敗に言及したいというのではない。私たちのコミュニケーションにあった真顔のやりとりを振りかえってみてもいいのではないか。いくつかの局面での事実を記録しておきたい。

1 不思議な引き合い

ボブ・スタインは日本ボイジャーのパートナーであり、創業者であった。デジタル出版の同志とも言える。一九九二年、私たちはお互いの出資によるジョイント・ベンチャーを日本に設立し、関係を決定的に深めていく。米国での主だった活動をローカライズする形で、ジョイント・ベンチャーは日本でのマーケティングをおこなった。翻訳にかかわる仕事と、日本語化への対応を処理していく労力は避けられないが、開発コストのすべてを米国に依存して、いわば

「濡れ手に粟」のデジタル・コンテンツ輸入商売をはじめたと言ってもよかった。

日本での会社設立に先立って一一年間、私は日本でレーザーディスクのビジネスにかかわった。レーザーディスクを立ち上げたのはオーディオ・メーカーのパイオニアだった。私はその子会社に所属していた。一九八一年、ソフト制作とコンテンツの調達担当として働きはじめた。

レーザーディスクは映像の画像品質を評価されていた。さらに、従来のフィルムやビデオテープというリニアな帯状巻取の記録媒体から、ディスク盤面を非接触のレーザー光線がスキャンして、該当箇所をサーチする機能を保持していた。この機能を生かして受け入れられるコンテンツは何なのか、もっと言えばどうすれば人々に受け入れられ儲かるのか、この部門を担う一員として雇われたことになる。

私たちが出版を意識するはじめの契機は、レーザーディスクが映画の任意の一コマを瞬時にサーチし表示することにあった。基本、レーザーディスクは動画映像を見せるものとして想定されていた。しかし家電新製品の市場への訴求には、高画質だけを売るのではもの足りなかった。もっとなにか新しさを訴える必要性に迫られていた。ここでの必要性とは、利用する側のものとは言いがたい。送り出す側にとっての押し出しとして宣伝文句が欲しかった。

盤面を非接触に情報を得るという技術には、これからの時代変化を感じさせたり、今までの土台を揺さぶり、脅しをかける効果が含まれていた。これからどうなっていくのかわからないゾ、と。パターンはいつになっても変わらない。今になってさえ、新技術の導入は同様の振舞いをとっているように思う。

なにかびっくりさせる刺激的なレーザーディスクの利用法はないものか、それを探して右往左往する私の目の前にボブ・スタインは現れた。二人は新技術に関心があったわけではなく、新技術が表出するパフォーマンスに注目していた。レーザーディスクが一コマのサーチを容易にできることから、その機能をさかのぼり、たぐり寄せるように本にこじつけて、本の一ページの持つ意味へと拡大解釈しようとするアイデアがここに生まれた。本の姿とはまるでかけ離れた電気製品にしか見えないけれど、やっていることは本を開き読んでいること、そして読んでいる一言が気になって前に戻ったり巻末の注釈に飛んだりするのと同じであることに深い関心を示していたのだ。

ボブ・スタインと私との都合三五年の長きにわたる交流、二人の出会いは本当に偶然だったのだろうか？　刺激的な訴求のヒントを求めていた者が、いつしか刺激のきわめて少ない、古風なメディアとしての本へと引きずり込まれていく。たしかに本は、任意のページを瞬時に開くもっとも素朴で確実な機能を備えていた。

私たち二人はすでに面識はあったものの、はじめて立ち入って会話したのは一九八四年、ちょうど夏がはじまろうとするころだった。ジョージ・オーウェルが書いた『一九八四年』とマッキントッシュの市場導入時期が一致していたことはすでに前章でも触れたが、二人の本格的な活動のスタートも一九八四年だった。

ボブ・スタインは独自のビジネスをスタートさせたばかりのころであり、ＲＫＯ（RKO Home Video）から名作映画のいくつかの権利を手にして営業活動を活発化させている時期であった。

私は、当然だろうが最初は自分のビジネスチャンスという観点からボブ・スタインに接触しようとしていた。そしてビジネスの相手としては、いくつもの不安材料を見いだしたにもかかわらず、彼が言うことに不思議な興味を持つようになっていた。誰が何をしているか、業界でどんな動きがあるか、誰々の作品は見ておくべきとか、有益なカンファレンス等々、彼がつかんでいる重要な情報にも驚かされた。強く引きつけられもする、と同時にとても怖いような、まったく相反する二つの気持ちが私のなかに混在していた。

引きつけられる要素を考えてみた。時間、コントロール、映像、本、というキーワードがあることに気づいた。たとえば彼がよく発した「映画がはじめて本になれるかもしれない……」という言葉は、私には気になって仕方ないものだった。

世の中には、映画を語る本というのはいくらでも存在する。そのどれもが当たり前のことだけれど、対象の映画を見ている、知っていることを前提とする。見ながらその本を読むというのは、今のご時世だからやれないこともないだろうけれど、普通はそんなことはしない。

『世界一美しい本を作る男』(新潮社、二〇一五年)というDVD付き本と言うべき作品が、今、私の目の前にある。本と映像が一緒にパッケージされている点では特別な例だろう。これをもって「映画がはじめて本になれるかもしれない……」と言えるような気はしない。映画が本になるという言葉のなかにある未知なもの、未開拓なもの、そこに時間やコントロールという考えが絡んでくるはずなのだ。

私は映画の世界から「ニューメディア」と騒がれたレーザーディスクの世界に入ってきた。しかし、いったいそれでどうしたというんだ、何も変わってなどいなかった。どこがニューなんだ。やっていることといったら、すでに上映が終わった映画を並べるだけだ。むしろ後退したんじゃないかとさえ思った。

何かあるはずだ。すがる気持ちで探し回っていた。けれどチンプンカンプンな話は近づきがたい。やはり自分がわかる手がかりがあっての話だろう。「映画がはじめて本になれるかもしれない……」は私を引き込む象徴的な信号を送っていた。ここには同じテーマの「映像」と「本」が個別に並んでいるだけでなく、両者が「時間」や「コントロール」という関係で一歩進んだ次世代につながる橋渡しの語句が潜んでいるようでもあった。けっして奇異な一言ではない。「映画が本になる」という、受け入れやすい親しき意味合いが存在していた。

怖い要素はやはり「ビジネス」だった。はたして儲かるのか、という不安だ。こんなことにかかずらって、とんでもないことになりはしないか。とはいうものの、これからの新しいメディアに与《くみ》そうという自分が、メディアについて何の知識もなく、きちんと考えることさえ怠って平然としていたことに愕然《がくぜん》とした。もしかしたら、少し整理してみるのもこの際自分にとって大事なことじゃないのか。そう考えたか考えないか……進むべき道はとてつもなく大きく二つに乖離《かいり》していった。長い時間を経た今、思い知らされる。

よく知っていること、言葉はその最たるものだろう。利用している道具のような、日常親しんでいる平易なもの、普通のものだろう。だが少し視点を改めて、あるいは一歩離れてみることによって、当然だと受け入れる路線をあえて外してみることもできる。屁理屈のような無理を承知の上でやってみる、そういうタイプの人間としてボブ・スタインはいた。

オーソン・ウェルズの映画『市民ケーン』(一九四一年)のあるシークエンスを早回しして、彼は私に主人公であるメディア王邸宅の窓の明かりが、シーンの変化にもかかわらず不変に一定位置に灯《とも》りつづけている事実を指をさしてこう言った。

「窓をよく見て……」

オーディオ・ビジュアルなメディアにとって時間は不可欠な要素である。時間にそって走る静止した一コマの連続という条件のもとに動きが生みだされている。同じように、時間にそって走ることによって音声の再生は可能になっている。音声では画像こそないが、信号が延々と連なっている。両者とも、走り去る時間という要素がなければ、静止したまま動きや声を失ってしまう。この時間を動かす歯車を誰が回しているのか? これはメディアにとって重要な問題だ。

ボブ・スタインは、『市民ケーン』の映像を単に何倍速か早回ししていただけだ。早回しでより明確にわかる邸宅の窓の明かりの位置を、さも大発見のように私に宣《のたま》った。早回しで映画を鑑賞する者などまずいないだろう。早回しはオレがやっているんだ! そんな行為のせめてもの報酬のごとく理屈を付け加えた。

私たちはなんとなく気の合う二人であったことは、お互いに認めていることだ。そう、ひとめ見て好意を持ったという不思議な引き合いだ。そこから少し前に進んで、お互いのなかに潜んでいたものが何であったかを詳らかにしていきたい。

引き合うものの背景には、必ず時代や考えを共有する普遍的なものが潜んでいるはずだ。これをお互いが語ることで、私たちが海を隔ててともにデジタル出版という一つの課題に向かった理由を明らかにできることだろう。それはまた、ボブ・スタインと私の共有した考えを再認識することでもあるだろう。

私たち二人のあいだでは、言葉のやりとりに終始することはけっしてなかった。つながりが生まれたのは、多くは相手の表情や反応の明快さのためであった。プロセスでの発想や手法が何よりも相互の理解を引き出してきたと確信している。口先での関係で処理できるものなど一つもなかった。その意味では重く、ノロい、どんなに間怠《まだる》いものであったろうか。

今となってはっきり言えることは、私たち二人にはわかっていることは何もなかったということだ。夢中に希望を追いかけてきた。効率的にコトを進める余地などはそもそもなかったのだ。言葉の問題よりも何よりも、やろうとすることをお互いに話し合うという部分は、何もない荒野に立っているのと同じだった。それもポツンとそれぞれに。

ボブ・スタインは孤立していた。その理由が今ははっきりと言える。そんな孤立した男におまえはどうしてついて行ったのか？　その理由も今ならばはっきりとわかる。人が何かをおこなうとき、必ずそこには理由がある。最初からわかっているというものではない。自分が背負ってきたさまざまな歴史、経験……そこで受けた人の感情がひねくれたように屈折を生み、思わぬ行動へ走らせる。大勢の人が動いていく流れに、あえて自分は逆らって逆方向をめざすようなことだ。自分が行く方向に確信があるわけではない。なんだか体が動いていってしまうというようなものだ。

ボブ・スタインと私とのあいだにつねに挟まるように存在していた、社会への反抗意識というものが挙げられるだろう。離脱志向とでも言うべきか。この出どころを考えたい。その頑なな癖がきっとデジタル出版へと向かわせていった、その一つの道筋を明らかにしておきたい。

2 共通してあった戦争の影

私の家は東京の下町、墨田区本所亀沢町にあった。私が生まれる直前の一九四五年三月一〇日、この地域は米軍の空襲によって焼き払われた。よく言われる東京大空襲である。死亡・行方不明者は一〇万人以上、罹災者は一〇〇万人を超えた。わが家も焼失、その罹災者だった。母は火炎のなかを逃げまわった。

そのとき、私の母は、隅田川を越えて飛来する火焔や火の粉に向かって自分の逃げ道を選択した。多くの人々は火勢を避けるように風下《かざしも》へ、亀戸、小岩、深川方面へと逃げていった。その道は家財を背負った人でごったがえした。人々の群れは行く道を塞ぎ、流れは遅々として動かなくなっていった。追い風に乗る火の粉は飛来して、人の背負う荷物に飛びうつり、つぎつぎと発火した。

とっさの判断から、母は逆を行くことを選んだ。風上《かざかみ》へ、火焔や火の粉に向かったのだ。不思議な強風に煽られた。火災旋風という現象による、渦を巻いて上昇する熱風が道路を走るさまを目撃した。命からがら隅田川の堤防までたどり着き、コンクリートの壁面にへばりついて火勢を避けた。

結果として、逆を行った選択は母の命を救った。風下に逃げた大勢は飛び火と火焔に追いまくられて多くが焼死した。三月一〇日を忘れるな。母は死ぬまでこの一言を言いつづけた。

父は一九四二年、兵隊として招集されていた。最初は中国東北部(満州)のソ連との国境にある孫呉(現・中華人民共和国黒竜江省)に送られた。高射砲隊に所属し、砲の仰角を受け持った。その後、日米間の戦争拡大によって、夜間、秘密裏のうちに貨車に乗り込み、朝鮮半島を南下した。部隊の移動をソ連軍に察知されたくなかったのだ。

釜山から関門海峡を素通りして、南太平洋のヤップ島へ上陸させられた。父を運んだ日本郵船の貨物船(ハンブルグ丸)は、その数カ月後に米国潜水艦の攻撃で沈没した。硫黄島、サイパン島、グアム島での戦闘では日本軍は全滅だった。これらの島々からさらに南に離れていたために、ヤップ島での戦闘は比較して弱く、日本軍は全滅をまぬがれた。父は一命をとりとめたものの、部隊の半分は戦死し、残った兵隊もことごとくが極度の栄養失調に陥っていた。

一九四五年八月一五日の敗戦後、二カ月ばかりで父は復員したが、たどり着いた故郷は見渡すかぎりの焼け野原だった。物資は不足し、燃料はもちろんなかった。復員する父に家族の居場所を知らせる立て看板さえ、たちまち誰かに持ち去られてしまう現状だった。父も残された家族も、もっとも過酷な、何もない現実に立っていた。

私の幼少期の記憶として残るのは、この焼け野原に急いで建てた木造平屋のわが家と周囲の焼け野原である。やたらと広い野原があった。野原かと思うと、鉄製の機械がいくつも放置されてあった。それは焼け跡に夏草が生い茂った姿であり、鉄の機械は焼きつくされたかつての工場の名残であることを物語っていた。

私の家では終戦後の何年間か、丸い御膳を囲んで、裸電球の下で家族が夕食をとっていた。そんなときに、たまに父親が戦地での思い出を語った。私たちに語りかけるというよりは、独白のようなものだった。敵機の襲来、敗走、機銃掃射、匍匐《ほふく》前進、飢餓、その極限の過酷な現実が何も知らない幼い私にまで伝わってきた。戦争の悲惨さ、無力感、兵隊、ぼろくずの姿。それは悲惨をくぐり抜けた父の、いわば自慢話のように聞こえた。

「どうして戦争をしたの?」

私の兄が父親に尋ねた。

その問いに父はしばらく考えていた。軍隊帰りの張り手の一つも食らっておかしくない兄の問いだった。おそらく強い意志を持って、兄は父の話に反抗したのだ。

「どうしてなのかな……どうしてなのかわからない……」

それが父の答えだった。あんなに怖かった父親の、あんなに弱い姿を見たのははじめてだった。このとまどう姿はずっとあとになって、私の目に浮かぶことがたびたびあった。

どうしてああなったのか……わからない……その契機や決断や出発点がわからないことがあったのだ。結果は言いやすい。今ここに及ぼし招来させた現実をともに眺めているのだから。今となれば、その結果を後付けでなんとでも言うことはできる。でも正直に思い返してほしい。

今、なにか行動をとることの理由や意味合いは曖昧なものである。的を射たものではなく、理解に基づくはっきりとしたものなどではない。それが現実であり、今、というものだ。

やがて朝鮮戦争がはじまり、近くの繊維工場や鉄工所は激しく稼働しはじめると同時に、景気は目立って好転していった。隅田川に面して両国の近くに米軍が接収した同愛病院という今も運営している病院があり、多くの戦傷者が運びこまれる情景を私は目撃した。

赤十字を堂々としるした軍用のトラックが行き来し、近くには米兵らしき姿が目立っていた。あれが朝鮮戦争だったと知ったのは、その後ずっと時間が経ってから、当時私はまだ五歳になったばかりの時期だった。

両親の戦争体験は、私に多くの影響を及ぼした。父母の話を聞いて育った私は、どこかにアメリカを憎む気持ちを育んでいた。アメリカに依存した貿易は、日本を飛躍的な経済成長へと押し上げていった。一方で、朝鮮半島の軍事的対立状況、中国の共産化、台湾の蔣介石国民党政府、東南アジア地域の独立後の混乱、そしてベトナム戦争という時代の背景がそこに存在した。こうしたアジア近隣の不幸な諸状況は、日本にとって未曾有の幸福をもたらした。幸福に深くかかわる影響をアメリカは日本に与えつづけた。かつて憎しみの相手であったアメリカに対して、多くの日本人は態度を豹変《ひょうへん》させていった。

幼少の体験と戦争の話に対して、ボブ・スタインは自分の父親の戦争体験を私に話した。彼の父は戦時中はB17爆撃機の操縦士で、ドイツ上空で撃ち落とされた。父は乗員を救おうとしたが、その最中に深い傷を負ってしまった。なんとか脱出し、ベルギーの農民たちに匿《かくま》われた。

そして生還することができた。その傷は生涯、父親の人生に残りつづけた。この農民たちとその後ずっと父は付き合いつづけているという。

国へ帰って、父は祖父の宝石商を一緒に手伝うことになる。最終的には自立して、中級の宝石と真珠の輸入をしていくことになった。

母には小児麻痺があり歩くのが少し不自由ではあったが、それ以外は何の問題もなかった。彼女は大企業に贈り物を一括して売るビジネスをはじめた。誰もが贈り物をするものだが、大きな企業のそれは桁違いの大口であり、これを引き受けるポジションは、今でいう「B to E」の商売であったと言えるだろう。その後、マンハッタンのアッパー・イーストでたいへん成功したみやげもの屋をはじめた。

私はボブ・スタインの両親をよく知っているわけではないが、出会ったことは何度もあった。米国のボイジャーが出展したイベントの売店コーナーなどで、先頭に立って販売をきりもりしていた両親の姿を覚えている。みやげもの屋をやっていたのなら、采配ぶりはさもありなんと今になって思えてくる。両親ともどもこんなところに出てきて参加している姿は特別なもののように思えて仕方がなかったが、話を聞けば納得できることだろう。

でも、父親が第二次世界大戦のヨーロッパで墜落した爆撃機の操縦をしていたとは、はじめて知ったことだった。ドイツの捕虜収容所から脱獄する映画『大脱走』(ジョン・スタージェス監督、一九六三年)の話をしたときに、自分の父親もまさにそんな体験をした一人だというような話を聞いた覚えがあったけれど、それとは少し違っていたことを今回確認した。

先祖は、一九世紀中ごろのドイツから合衆国への移民、脱出組ユダヤ商人の一人であった。そしてボブ・スタインの両親はともにニューヨークで育ち、有名大学へ進んだ。彼らはどう見ても知識人ではなく商人であり、世界大恐慌が彼らの商売を形成させる出来事でもあった。

3 海を隔て六〇年代を生きる

私の経験してきた時代を、断片的にではあったがボブ・スタインに話しかけた。そして生い立ちについて質問を投げかけた。このやりとりを何度かにわたって繰りかえした。一度にすべてを網羅することはできずに、部分部分に分けて語り合った。家族の歴史も交えることもあった。私は何よりも母から受けた思い出話として、身に降りそそぐように入り込んでいる戦争中

ボブ・スタインと両親

ボブ・スタイン。1946年生まれ。ドイツ系移民の第4世代。宝石商を営む中流上の家庭に育った。1985年、来日した際にある講演会でスピーチをした。使いふるしのヨレヨレのシャツを着て、当時注目を集めたマルチメディアについて、今のメディアは必ず滅びると壇上から説いた。

両親の在りし日の姿。母親は2017年1月28日死去、93歳。父親はその8日後の2月5日に95歳で亡くなった。

の話を伝えた。私たち二人はともに一九四六年生まれ、同い年である。

私が大学生活を送ったのは一九六五〜一九六九年である。大学時代を挟んでの一〇年、この時代がどんなものであったか、当時は知ろうともしなかったが、振りかえることによってとんでもない背景があったことがわかってくる。

ボブ・スタインと私は、米国と日本という別々の国に生きていたとはいえ、いくつもの共通する世界情勢のなかにいたことになる。

一九六二年　キューバ危機。

一九六三年　中ソ対立激化。ケネディ大統領暗殺。

一九六四年　東海道新幹線開業。東京オリンピック。

一九六五年　北爆開始。日韓基本条約締結。

一九六六年　早大全共闘、大学を占拠。ビートルズ来日。文化大革命、中国全土に波及。

一九六七年　美濃部亮吉東京都知事誕生。公害対策基本法成立。フーテン族、アングラ。

一九六八年　テト攻勢。日大全共闘結成。キング牧師暗殺。プラハの春。パリ五月革命。

一九六九年　東大安田講堂占拠。アポロ一一号月面着陸。全米にベトナム反戦デモ。

一九七〇年　万国博覧会。よど号ハイジャック事件。三島由紀夫割腹自殺。

一九七一年　沖縄返還協定調印。ドル・ショック(ドル売り殺到)。

一九七二年　連合赤軍浅間山荘事件。ウォーターゲート事件。日中国交回復。

まさにベトナムでの戦争がエスカレートした時代であった。日本に駐留する米軍は、一九五〇年に勃発した朝鮮戦争と同じ考えのもとに、日本を戦争の前線補給基地としていった。近隣他国における戦争は、物資の供給源となる日本の経済を飛躍的に成長させていった。

一方で日本は、対立の激化に加担する当事者としての役割も十分に演じはじめていた。日韓基本条約の締結がなされ、戦争責任に対する賠償請求の放棄を条件に莫大な経済援助を韓国に投じることになった。韓国軍事政権とつながりを持つ産業資本に対して多額の資金が流れたことで、韓国は飛躍的な経済成長を遂げていった。事実上、韓国のみの終戦処理であることから、北朝鮮とのあいだにある溝は当然にも深まった。

同じ生まれ故郷、同じ学窓……いわば局限されたなかで時代を共有することはごく自然である。この区分けされた範囲を広げていけば、地球的な規模にまで枠は広がっていくはずだ。だが、普通そんなことを人はしない。広がることで、見えるものも感じるものもはっきりした実像から遠ざかってしまう。リアルなものとは違う、ある種の想像力が必要な世界だからだろう。局限された枠を広げることなど考えずにいれば、静かに通り過ぎることであったのかもしれない。でも一九六〇年代はけっして平穏な時代ではなかった。この時期に青春時代を迎えた世代の、ある典型が私たち二人には植え付けられていたと思う。

それを言いくるめる言葉があるだろうか。適当に思いつくままに挙げてみる。敵視、対立、不服、不寛容、分離・分割、順応、拒絶、破壊、創造、繁栄、虚脱……なんとでも言えるだろう。一様に現状を良しとせずに、次なる新しいものに期待し、希望を託す、そのために自分が担うべきものを見いだしていく。あるいはあきらめていく。

あまりにも単純すぎるかもしれないが、簡潔にまとめればそんな風潮のなかに老いも若きもみんながいた。戦争を前線で身をもって体験した人たちに囲まれて私たちは生きていた。親、親戚、兄弟姉妹、町のおじさん、おばさん、そして教室の先生までもが。私自身が戦争を目撃してきたわけではない。けれど、戦争にかかわった多くの人から受ける影響のもとに私は成長し、大学生となっていった。

ボブ・スタイン自身は両親のもと、ニューヨークのマンハッタン、アッパー・ウェスト・サイドで育った。家は中流上の家庭、とても良い暮らしをしていた。有名な私立中学校に通った。クラスではとくに良い成績の生徒ということではなかったという。一九六三年にコロンビア大学に入学した。ベトナム戦争やキューバ危機が起こったばかりのころだった。

コロンビア大学で一九六三年から六七年、ボブ・スタインは心理学科で行動心理学を専攻した。彼はそこで近くの地区にコミュニティ・センターを開設し運営していく。コミュニティの子どもたちの家庭教師として、一三五人ものコロンビア大学の学生を募ったりもしたことがあったという。コロンビア大学を出たあと、ハーバード大学の教育大学院に入学し、教育学の学位を取得している。

一九六六年の夏、コロンビア大学ソーシャル・ワーク・スクールのリチャード・クロワード(Richard Andrew Cloward)のコースをボブ・スタインは受講する。クロワードは従来の支配的見解に、黒人は文化的に恵まれなかったので貧しいのだと反論した。われわれは米国社会の生態系に対し、焼き込まれた人種的な抑圧によって、黒人を圧迫する帝国主義の国に住み、利益を引き出してきた、と。これはまた、米国が帝国主義の影響を保護し拡大するベトナムに関与した理由にもつながっていた。これらすべては、重大な体制変革が必要であることを示唆していた。

秋に学校に戻ったとき、SDS(Students for a Democratic Society)はコロンビア大学で支部をつくっていた。SDSとは、新左翼の全米学生活動家組織だった。一九六〇年代半ばに急速に発展し、全米で組織された学生による民主化運動を推進した。六〇年代後半には全米一〇〇以上の大学で五万人以上の学生が参加していたと言われる。公民権運動、貧困、無知、人種差別に抗議し、ベトナム戦争に反対する活動をおこなった。

SDSはボブ・スタインを左翼に近づける大きな影響を与えた。反帝国主義の視点からインスパイアされた彼は、SDSコロンビア支部の設立メンバーとして入会していった。

左翼活動と当時の学生、黒人を中心とした諸運動とベトナム戦争反対運動のなかで、ボブ・スタインの立場はどのようなものだったか？　彼は昔を振りかえるようにこんなことを話している。「一つの運動だよね、そうだとも……」と。

「私が抵抗した初期のころは、反戦運動あるいは時には黒人解放運動の傘下にいたと思う。もしこれらの運動に本当にかかわったなら、それはきっと人生でもっとも重要なことであっただろうけれど……ただちに、即座に、アメリカとその価値基準に反対することを悟ったはずだ。誰もがはっきりと言えるわけではないが、運動にかかわる本を読んだり音楽を聴いたりすれば、それは明白じゃないか」

そして次の一言を付け加えた。

「悲しいのは、われわれがやったことの先へ、何一つ到達できていないことだ」

一九七二年のジョージ・マクガバンとリチャード・ニクソンとの大統領選挙は、ボブ・スタインの左翼への傾斜をより強固なものにしていった。マルクス主義者、おもに彼も加わった中国共産党に連帯する連中は、誰が選挙に勝とうとベトコン(南ベトナム解放民族戦線)は勝利する、だからベトナムでの戦争は終わるのだと明快に言った。その通りだった。あのニクソンが戦争を終わらせたとき、ボブ・スタインはマルクス主義が社会的、政治的にすべてを説明できる強力な科学であると理解しはじめていた。

自分をラディカルな革命家だと思っていた。ボブ・スタインはそう何度も話している。その彼が、資本主義打倒が無理な大義名分だと思うようになっていく。どうしてだったのだろう。どんなプロセスをもって自分自身の変化が起こってきたのか。けっして深くは語ろうとしていない。ただこんなことは述べている。


自分の毛沢東=マルクス・レーニン主義への傾斜と確信は、一九七四年までに完了したと思う。そして、革命的共産主義者党の前身である革命的同盟に加盟した。一九八〇年ごろまでには、帝国主義を終わらせる革命は不可能であると言わないまでも、自分たちが思うよりずっと遠くにあるのだと感じるようになった。帝国主義はきっと終わるとまだ信じているが、それは終了に向かって着実に歩みを進めていくというようなものではなく、人間をまったく異なる二つに分離させていくだろう。富を掌握する一パーセントの、あるいはほんの一握りの人間と、これを支える人間たち……一握りの一人ひとりに仕える連中たち。

これを五億人だと(萩野注:根拠はよくわかってはいない)想定すれば、それ以外の残りは(萩野注:世界の人口を七六億と仮定して七十数億人)、すべてを収奪されて、使い捨てにされていくだろう。

私は一九六五年に大学へ進学した。当時日本はどうであったか。日本での大学進学率は男子でも二〇パーセント、女子では一〇パーセントいくかいかないか(現在は男女ともに五〇パーセン

SDSの集会

University of California, Berkeley,
on Dec. 7, 1964
©Robert W. Klein/AP

1964年12月7日、カリフォルニア大学バークレー校のキャンパス。こうした集会やデモが、アメリカにおいてもおこなわれていた現実を知っていた当時の日本の学生は少なかっただろう。全学連(全日本学生自治会総連合)に国際部があったことだけは記憶しているが、名前があったというだけで、誰が何をしていたのか、まるで知ることもなかった。

トを超えている)、そんななかで、大学へ行く以上、世の中の不正に声をあげるべき一人としての自覚を抱いていった。私はアメリカに追随する日本の姿を良しと思えない若者の一人だった。そのことが左翼思想と一致したとはけっして言えないけれど、現実の社会を否定する革命思想がどういうものであるかを知る気持ちは十分にあった。これらすべてがベトナム戦争のエスカレーションとともに、戦争に反対する一切の気持ちに集約されていった。

それとは別に、左翼勢力の主導権争いは、そもそも劣勢にある左翼に分裂をもたらした。どの主義主張に従えばいいのか、何を理解すればいいのか、まるでわからなかった。とにかくいがみ合っていた。勢力を拡大させる余地もなく、少数の党派がお互いに角逐しあう争いを繰りかえすようになっていった。この争いはついには他党派への殺人にまでなり、さらには同じ党派内でのリンチ殺人事件にまでに至ってしまった。

暴力行為を目の前で見る衝撃はとてつもない動揺として胸に跳ねかえってきた。物体であるかのごとく容赦なく人の頭にゲバ棒を振り下ろす行為が平気でできる、その現場に居合わせたこともあった。にらみ合い、脅し合うことはあっても、実際に人に棒を振り下ろすことはできるものではない。でも、平然とおこなう者もいたのだ。敵なのか、味方なのか、仲間なのか、まるでわからない烏合《うごう》の衆の一人に成り下がるのをどうすることもできなかった。

自分の感じる社会正義と、左翼運動の党派の主義主張が大きな違和感となって飽和に達したのもこのときだった。私は教条的なイデオロギーから離れて社会の変革を求めていた。もっと自然に、人間としての当たり前の感覚からこれを推進できる道があると信じてきたが、虚妄だった。普通の人間として生きようと就職を決め、私は高度経済成長まっただなかに社会人となっていった。

4 主義主張は何も与えなかった

私とは違い、ボブ・スタインは大学を出てからさらに三四歳になるまで政治的な運動にかかわった。その運動を通して出版や学習ということを考えていた。私には、そんな彼が左翼活動から離れていったさまざまな理由(けっして一つではないだろう)を聞かせてもらいたかった。主義主張がどう変わっていったのか。彼は私にこう語った。

「私が革命的共産主義者党を離れる決意をしたのは、ある部分でイデオロギーであり、またある部分で現実的なものだった」

彼が共産主義者だと聞いたことは何度もあった。もちろん、最初からそうだと知っていたわけでもないし、それを知って付き合ったわけでもない。普通のアメリカ人とはずいぶんかけ離れた男だなとは感じていたが、つい昨日まで政治的な活動にかかわっていたなんて思いもしなかった。

ただ、彼の仕事場だということでロサンゼルスの自宅を訪ねたとき、とにかく家族ではない、仕事を手伝うスタッフでもない、正体不明な人が何人も出入りしていることがよくあった。母親なのか、子どもを連れた女性もいた。おそらく、何かの事情があった人々に対して援助をする活動は続いていたのだろう。食事や部屋などを提供していたのかもしれない。個人的な気持ちからそうしていたのか、どこかからの指令でそうしていたのかは、私にはわからなかった。援助という手を差しのべる活動は終わってはいなかったということだろう。

あるとき、会話のなかで今晩パーティーがあるので来ないかと言われたことがあった。どんな集まりなのか深く問うこともなしに、あまり行くつもりもなく、私はただ聞き流していたのだと思う。会話の拍子に、それが「レッド・パーティー」にかかわる集まりであることが判明した。レッド・パーティーって、そりゃいったいなんのことか。わだかまる私に、ボブ・スタインは不可解そうな顔をして即座に「知らないのか?」とバカにするような見下げる態度で私を見た。

かつて共産主義の現役だったとは知ることになったけれど、その実態が何であったかは追求したわけではなかった。私たちが政治の討議をしたこともなかった。しかし彼が身を置いたのが「革命的共産主義者党」という具体的な名前を持った政治結社だとまでは、ずっと今の今までわかってはいなかった。彼の話はこう続いた。

一九八〇年に党は、矛盾が激化しているという分析から、第三次世界大戦を回避するために革命は可能であり必要だという強力な打ち出しをした。その分析が間違っていたことが明白になった。私は革命的共産主義者党への信頼を失った。近い将来、資本主義が解体されることもないことに気づいた。私は非常に個人的に、率直に利己的に、党を離れる決断をした。そして、成長する子どもを抱える家族を支えるために、即座に報酬を得るべく何かを探すことになったのだ、と。

ずっとあとになってのことだったと思う。一九九〇年のころだった。シアトルでおこなわれたマイクロソフト(Microsoft)が主催したカンファレンスの帰り道、市内から飛行場へ向かう電車のなかで、ボブ・スタインは私に、昔シアトルで皿洗いをしていたと話したことがあった。私にはピンとこなかった。彼は政治運動をしながら生活のために皿洗いをしていたという。私以外に空港まで一緒に帰る知り合いの仲間は、みな平気な顔をして彼の話を聞いていた。あたかもみんな政治運動の仲間だったかのように、当然そうにしていた。どんな姿で皿洗いをしていたのか、その姿を私なりに思いながら車窓を眺めていた記憶がある。

政治活動と生活を支える報酬とは、いったいどんな関係を持っていたのか？　成長する子どもを抱え、家族を支えるために……。ボブ・スタインはきっぱりと私にこう言った。「自分は離れていったが、党に生活を支えられたことなど一度もなかった」。そしてこうも付け加えた。

「党は革命がまさに手中にあるという考えにおいて重大な間違いを犯した。ということから、革命運動をやめていったのは自然なことだった。自分にはそのとき三人の子どもがいた。そしてもし革命がずっと先のことならば、もっと具体的なものに、自分自身の生活の可能性にこそ人生を捧げようという自分本位に立った決定をしたのだ。賢明で理想主義的な多くの友人たちと喧嘩することになった。そんな困難はある程度覚悟しなければならないと知っていた。もちろん自分が正しいことをしているという確信などは一つもなかった」

ここに出てくる三人の子どもについて触れておく必要があるだろう。

ボブはそのとき、アリーン(Aleen Stein)と結婚をしていた。二人には三人の子どもがいた。長男はアリーンの前夫との子どもだった。次男と長女はボブとアリーンのあいだに生まれた。

一九七七年か一九七八年、党はボブ・スタインをシアトルからロサンゼルスへ移動させた。アリーンはそこで同じ「細胞」にいた同志だった。ウェスト・バージニア州の鉱夫による進行中のストライキを支援するために、非常に重要なミッションであることを伝えられ、教宣活動をする任務に二人はついた。そこでの活動を通して友情を育んでいった。

あとになって、米国ボイジャーから『地の塩』という映画のレーザーディスクおよびCD-ROMが出されている。この映画はマッカーシー旋風で業界から追放されたハリウッド・テンと言われた一〇人の反骨映画人の一人、ハーバート・ビーバーマン(Herbert J. Biberman)が自主制作している。ウィキペディアを見ても、ニューメキシコ州の鉱山労働者のストライキの模様を描いたとだけしか書いてない。

映画には、ストライキに入った男たちがいくつもの妨害に直面して挫折しそうになるところを、彼らの伴侶である女たちが前面に出ることによってピケラインが復活していくという盛り上がりのシーンがある。鉱山労働者という荒くれた男のストライキが、結局は女の力によって支えられるという物語のなかにこの映画の真骨頂があったのだろう。一説によれば「革命進行中の人民中国でもっとも見られたハリウッド映画」だと言われる。この映画が持つ、鉱山労働者のストライキ、そして男を支えてピケラインの前線に出ていく女たちという二つの要素が、背後にあるボブ・スタインとアリーンの存在を意識させる。

余談ではあるが、『地の塩』のCD-ROMのなかには、ハリウッド・テンがメッセージを述べる記録映像が入っている。この一〇人のなかにダルトン・トランボがいる。私はレーザーディスクでダルトン・トランボが監督した『ジョニーは戦場へ行った』（一九七一年）を担当した思い出があり、彼の名前を忘れることはなかった。

のちに映画『トランボ』（ジェイ・ローチ監督、二〇一五年）で、ダルトン・トランボについての隠された一部始終が一般にも知られることになるが、そのなかでも衆目を集めたのは、アカデミー賞に輝いた『ローマの休日』（ウィリアム・ワイラー監督、一九五三年）の脚本を書いたのは彼だったということだろう。もちろんハリウッドを追放された彼が実名を出すわけにもいかず、自分の名前を隠して書いたものだった。それがまさにハリウッドの頂点をなす映画となっていた事実を、私たちはトランボの死後に知ることになる。彼はまた一九四四年制作の『東京上空

映画『地の塩』
レーザーディスク
1987年

「赤狩り」という嵐のなかでハリウッドを追われた10人の映画人の1人に、この映画を監督したハーバート・ビーバーマンがいた。ボブ・スタインとアリーンが起こした会社ボイジャーは、この作品をリリースした。2人の属した政治活動と深い関係があったからだろう。題名は知っていても見ることはなかった。葬り去られた映画だったと言っていい。レーザーディスクで出ていることに驚かされた。丘にピケを張る女性たちの群像を写したこのジャケットは、今でもボイジャー・ジャパンに保管されている。

三十秒』(マーヴィン・ルロイ監督)の脚本を書いている。B25爆撃機によってはじめて東京を空襲した作戦を描いたものだった。

5 モノと人との関係、人と人との関係

ボブ・スタインとアリーン。私が彼らと直接話を交わしたとき、すでにここでずっと触れてきた革命運動からの一線を外れて、彼らは新しい生活の糧を求めて働いている最中だった。私が訪れたロサンゼルスの住宅で、三人の子どもとも私は出会うことになる。長男はもうかなり大きくなっていたが、下の二人はまだ幼児で、私たちの話し合いの最中に部屋を走りまわったり、そのあたりのソファの上で眠っていたりのありさまだった。当時、はたしてボブとアリーンの転身がその先どう進展していくのかどうか、なんとも言えない不安な要素に満ちていたことだけは確かだろう。しかし、どうあろうと出版とか学習とか、それを伝えていくメディアとか、しがみつかんばかりの迫力で彼らが私を見ていたことは忘れられなかった。

出版や学習、それを伝えていくメディア、このこととボブ・スタインがかかわった革命運動との関係をもう少し彼の体験に即して聞いてみた。

大学時代の早いころから、いかに学ぶかを含め、人間の精神活動についてすべてを理解することに興味を持っていたとボブ・スタインは話す。フルタイムの活動家になって、プロパガンダの生産や流通、出版活動はその一つだったと自分は思っていたと。そうしたことが自分は得

意であることにも気づいていた。

十数年して、ラジカルなフィールドからやってきた自分ではあったけれど、学ぶことの興味に本への愛情と素朴な出版への理解を加えていきたいと思った。マルクス主義者としての結論として重要なことの一つは、長い時間の物差しで理解するということだと彼は言った。この言い方にはある種の挫折感がともなっていた。理想の実現を焦ることより、理想は遠くに置いておくことで現実に生きる自分を肯定していこうというご都合主義でもあったのではないか。

重要なことのもう一つは、とくに未知なる分野に対しては、協調的思考と意思決定への堅固な信念が必要だということだった。どういうことか？　コトを起こすには人と人との協力が欠かせない。協力するにはお互いの考えに対する理解が必要だ。相手を理解しようという寛容な気持ちを持っていなければならない。それでいてやるべきことはやるという決意と、決意に至る十分な考察があってしかるべき——そういうことだろう。

この一言こそ、彼の転身をデジタル出版へとつなげていく根拠となったのだと思う。理想を掲げること、その理想は簡単には実現できない、学ぶことへ不断に向きあう意志がいる。学ぶことへの興味、本への愛情、素朴な出版への理解、この三拍子が昇華する形で彼の進む道を拓いていった。

一九六九年、私は大学を卒業して社会に出て、建設会社の労務担当として一年半ばかり、それから映画会社の演出職を一一年経験することになる。そして一九八一年、私はレーザーディスクに出会う。ちょうどボブ・スタインが左翼との関係を絶って、アタリ(Atari)やブリタニカ

(Encyclopaedia Britannica)でのコンサルタントをしていた時期だった。

ボブ・スタインが未来の百科事典とはどうなっていくのかなどと考えていたころだったと思う。そして彼がニコラス・ネグロポンテ(Nicholas Negroponte)のＭＩＴ（マサチューセッツ工科大学）のアーキテクチャー・マシン・グループの研究室（ＭＩＴメディア・ラボの前身）を訪れたりしていた時期にもあたっている。たしかにそこでは先進的な研究プロジェクトが数多《あまた》進行していた。

私がこれらのＭＩＴでの先進的な試みを見るのはしばらくあとになってからだった。どのように私に届けられてきたのか詳細はすっかり忘れてしまったが、ＭＩＴの研究紹介のレーザーディスクが手に入り、貪《むさぼ》るようにこれを見つめた思い出がある。このレーザーディスクには、研究室でおこなわれるさまざまなプロジェクトが紹介されていた。そのなかで私が注目したのは、コロラド州アスペンの「ムービー・マップ」と「オイル交換」の指導マニュアルというものだった。このデモを実際にＭＩＴで見たボブ・スタインは、私と同様に「ムービー・マップ」と「オイル交換」に言及している。

本当に奮い立ったとボブ・スタインは率直に感想を述べている。アスペンの「ムービー・マップ」は、今でいうグーグルマップそのものだった。ときどき街中を撮影しながら走るグーグルマップの撮影カーを発見することがある。あれと同じようなことを当時は16ミリ・フィルムのカメラを使い、コマ撮り(time laps)で処理をしていた。交差点で直進か、右折か、左折か、その選択で次なる映像を取捨選択させていく。そこに何層もの重なる情報を置き、読者（ユーザ）の求めに応じて必要なものにアクセスさせることができた。「オイル交換」は音声と映像を加味したページの概念を拡張するものであった。紙の印刷では不可能な本文に即した映像の表示を基本にしていた。

そのときボブ・スタインがかかわっていた未来の百科事典に関して、彼が考えていた構想をメモした記録が残っている。そこにはこんなことが書かれていた。

一九八一年、アラン・ケイ(Alan Kay)はボブ・スタインに、未来のインテリジェント百科事典のアイデアを継続するために一緒にアタリで働いてくれないかと言ってきた。彼らは、アタリの親会社であるワーナー(Warner)の役員に対して詳細な説明をするために、将来の百科事典はどのように使われるのかというシナリオを作成した。わかりやすくするためにイラストに起こ

「ムービー・マップ」

https://youtu.be/2Ytd12d6qNw

コロラド州アスペンの町をベースに、交差点の分岐で進路を選択することを想定した、一種のナビゲーションだった。見ているレーザーディスクから、任意の進路が選択されると、別のレーザーディスクが投影される映像をスタンバイする仕組みを備えていた。こうした先回りの対応によって、いかにも瞬時に、スムースに進路が選択されるように映っていた。舞台裏ではメインモニターに映る映像とスタンバイする映像とがつねに並走して、任意の選択に備えている。これらのメカニズムは、複雑に接続されるケーブルで成り立っていた。

してみたが、絵に描いてみることは詳細を具体化することでもあり、簡単なことではなかった。未来に対する洞察が必要であり、誰にでも描けるものではない。イラストはディズニー(Disney)のアニメーターとして有名なグレン・キーン(Glenn Keane)が担当した。グレン・キーンはのちに、『リトル・マーメイド』(一九八九年)や『美女と野獣』(一九九一年)、『ポカホンタス』(一九九四年)の作画監督をおこなっている(二〇一二年、グレン・キーンは三八年間働いたディズニーを退社し独立している)。

今になって、これらのイラストを見てもっとも興味深く思うのは、とボブ・スタインは強調するように次の点を指摘している。人々が情報にワイヤレスでアクセスすることを予見していたこと。にもかかわらず、自分たちはネットワークのもっとも重要な側面、つまり人と人とを

❶自然史博物館で恐竜の展示を見学する子どもたちは、オーディオテープ・プレイヤーの代わりにヘッドホンを備えたインテリジェント百科事典を持っている。恐竜の生活のインタラクティブなシミュレーションがインターネット・ブラウザを通じて壁のモニター上に映し出されている。

❷1960年代のロックンロールについて、ある父親が息子にわかってもらおうと、『エド・サリバン・ショー』のビートルズの映像を見せている。インテリジェント百科事典から必要な映像をその場で引き出している。

❸カリフォルニア北部の醸造業者は、ワインの生産からこれを日本酒に変えるにはどうしたらいいかと思っている。馬に乗って、インテリジェント百科事典に、米を栽培するための土壌と水の必要量を尋ねている。

❹真夜中の地震に夫婦は飛び起こされた。インテリジェント百科事典はオンラインのサービスに接続されており、地震の情報を知らせ、安全に関する知識をすぐに利用できるようにしている。

❺ニューヨークに行く途中のビジネスマンは、機内で株式市場の動向を見ている。あまりにも現在の状況に調和した光景である。1981年に想像して描かれたものであることを思い起こしてみてほしい。

❻小学3年生の授業では、宇宙旅行のさまざまな側面について研究している。右のグループは火星着陸のシミュレーションを体験的に実行しているし、左のチームは宇宙船を設計し、なにやら計算らしきことをやっている。

❼バーでは、右の2人の男性が、フットボールをスクリーンで見ている。カウンタートップのインテリジェント百科事典で仮想シミュレーションを実行している。左のカップルは、ワイン愛好家のための即席インストラクションを受講している。

❽ニューヨークでは建築家の彼が取り組んでいるプロジェクトのために日本的なモチーフを取り入れようと研究している。一方で、東京の先生は、教室で西洋の建築様式について話している(これが日本の姿だというのだろうか)。

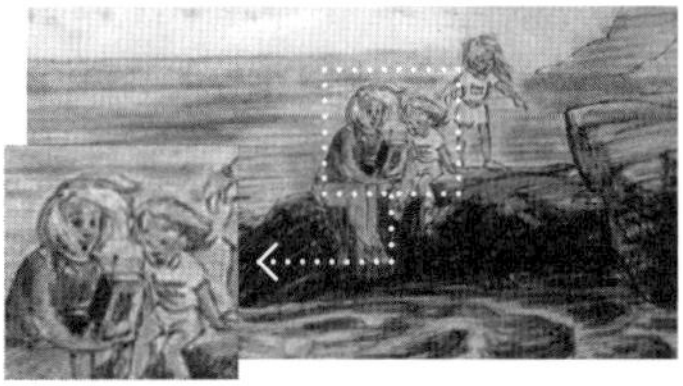

❾潮溜まりの母親と子どもたちは、インテリジェント百科事典を使って、今見ている海の生物を表示させている。(その当時、想像で描いたことだったが、すでにモバイル通信のためのアンテナがあることに注意!)

お互いにつなぐということを完全に見逃していた、と。

技術革新によって生み出されるモノと人との関係はなんとか想像することができた。しかし、モノを経由し、モノを越えて、その先にある人と人がつながっていく世界があることをイメージすることは難しかった。未来がやってくることはわかっていたけれど、どんな形で、どのようにやってくるかは、人とモノとの関係でしか語られることはなかった。わかりにくかったのは、人間同士の関係性だった。人間同士がつながるとは、デジタル出版を考えるうえできわめて重要な私たちの未来だったろう。私たちはまだここに手が届いてはいなかった。

6　本の概念を根本的に再定義する

ＭＩＴへ行ったときボブ・スタインと一緒だったのはチャールズ・ヴァン・ドーレン(Charles Van Doren)という、そのときブリタニカで編集担当役員をしていた人だった。ボブ・スタインは、ブリタニカのコンサルタントだった。

チャールズ・ヴァン・ドーレンは、一九五〇年代のテレビでスキャンダルを起こした人だった。人気のクイズ番組で一人の男が勝ちつづけ、人々に飽きが生まれて視聴率が下がってきていた。悩んだプロデューサは、コロンビア大学の教授であり見た目のいいチャールズ・ヴァン・ドーレンに目をつけ、彼に答えを教えて意図的に勝ちつづけるチャンピオンを追い落とす工作を企てた。のちに発覚して大きな事件となった。彼は結果、それにかかわった。その後は作家活動に専念し、『A History of Knowledge』、『How to Read a Book』などの著作を残している。ブリタニカの編集者にもなっていた。

二人はMITでのデモを見て、とくにそのなかでも「ムービー・マップ」と「オイル交換」の指導マニュアルから、「本」の概念を根本的に再定義する可能性があるものだと直感する。

ここで言われている彼らの直感と、MITのデモで「ムービー・マップ」や「オイル交換」を伝えてきたレーザーディスク自体の可能性をすっかり混同していたのは私だった。たしかにどんなことができるのか、それを明らかに見せてくれたのはレーザーディスクそのものだった。しかし、ここでデモされる構想がレーザーディスクで具現化されているわけではなかった。

これは「デモ」であり、「デモ」がレーザーディスクに入っていただけだった。

私は自分がレーザーディスクの仕事にかかわったことに大きな希望を抱いた。映画とは違う何かもっと別なもの、知を突き進めるときに必要となるだろう何かがここには秘められているような感覚を持った。今までの映画での仕事とは違う表現の可能性を過大に評価していた。自分ではよくわかっていないが何でもできるのだろうと。先進的なアメリカの研究室ではそれを実現している……そういう思いだった。だからアスペンの「ムービー・マップ」が示す、この先にある何かをレーザーディスクは実現可能にする役割を持っているのだと錯覚した。ボブ・スタインが本の概念を根本的に再定義する可能性があるものだとデモを見て直感したこととは、大きな落差があった。

グレン・キーンは当時、大胆にも先の世界をイラストで示していた。インテリジェント百科事典の未来像とは何なのかをイメージするには、このイラストは大いに役立った。一歩進んでもう少し実態をともなって説明できる、まことしやかなリアリティが研究段階では必要だった。あたかも実在の、あるいはきわめて近未来の現実として示すには、よりリアルな映像表現でなければならなかった。これを偽装する道具として、複数台のレーザーディスク・プレーヤーが動員されていた。

私たちが目をやったのはモニター上のデモ映像だった。しかしこの背後には何台かのレーザーディスク・プレーヤーが存在し、複雑に絡み合う配線でつながれていたのだ。そしてマイクロチップで制御される仕組みが隠されていた。適宜、瞬時にレーザーディスクのランダム・アクセスによって必要な映像を取捨選択させる仕組みだった。人はモニターの映像が示す世界に目を奪われて、背後にあるものがどのようであるかを見ようとはしなかった。ボブ・スタインが言った「そこに何層もの重なる情報を置き、読者(ユーザ)の求めに応じて必要なものをアクセスさせる」ことの現実は、デモのための非現実的なシステムの上につくられていたと言っていいだろう。誰も隠された背後を見ることはなく、モニターに表示される架空の世界を今のことのように驚きを持って釘付けになっていた。

何かができる……その可能性。この言葉は私をしめつけるような殺し文句だった。できることに飢えていた。それだけ何もできない世界に浮沈しているような毎日だった。短編映画という二〇分とか三〇分とか、長くてもせいぜい五〇〜六〇分のなかに、起承転結をつけ、適当なドラマチゼーションを演出して仕上げていく予定調和が我慢ならなかった。

映画がはじまり冒頭に音楽が鳴るだけで反吐が出る思いだった。止めてくれ、音楽を、頼む……人の気持ちを撫《な》で摩《さす》ろうという意図を感じて心のなかでそう叫んでいた。

できることは限りなく小さくなっていく。まるで自己満足のような些細な部分をいじくりまわし、溜飲を下げる。映像の持つ素朴な驚きに徹するように、カメラの機能を駆使した特殊撮影にうつつを抜かす。素朴ではあるが自分のコントロール可能な世界に価値を見る。自分がどんどん隘路《あいろ》に追い込まれていく気持ちだった。

私のいたフィルムで制作する映画の現場は、効率性、合理性が追求されるメカニズムに従って進行する驚くべきプロの世界だった。予見と段取りは何にもまして重要だった。どのような状況にも応じる対処を想定して、あらかじめ下準備を考えておくなどということは、将棋の指し手を考えるごとき熟練の仕業だったと思う。

これを体得し現場に出る。天候、時間、設定、屋外／室内、そのうえに俳優のスケジュールを考慮した集合時間まで、すべてに臨機応変に向かい合う。細かい要求、要素の噛み合わせを瞬時に解決していくメカニズムというほかなかったろう。しかし、そのうえにおいてなお阿吽《あうん》のような人の息の合わせ方までもが存在していた。

陸上競技一〇〇メートル走のスタートを二〇倍のハイスピード・カメラで撮影したときのことである。「ミリケン」という工業用実験に使われる特殊なカメラだった。どこかでレンタルしてくるのだが、使い慣れないカメラほど失敗の確率がある。ましてや超ハイスピード撮影。スイッチを押して、速度が二〇倍速に上がるまでには微妙な時間が要る。

撮影の対象は一〇〇メートル走の一〇〇分の一秒を争うスタートだ。「ヨーイ」とピストルを上げた瞬間にカメラが押されたのでは、回転が十分に上がらないうちにスタートが切られてしまう。「ビューン……」という回転音の上昇具合で失敗か成功かがわかってしまう。スターターの動作を冷静に観察し、「ヨーイ」の直前に押すタイミングは撮影スタッフの腕というきわめて感覚的な判断一つなのだ。

メカニズムなどとは縁遠い阿吽の呼吸を持った一人の撮影スタッフがいた。この男のスイッチ・タイミングは絶妙だった。私たちは「ミリケン王」と、少なからぬ尊敬の念で彼を呼んでいた。カメラという機械、それをハンドリングするさまざまな付属機材、大勢のスタッフを動かしていく段取り。メカニズムにプラスして呼吸を合わせるタイミング。人間臭い潤滑油を仲立ちに、私たちは撮影という歯車を回していたのだ。

このようなかで、一九七八年、私は結核撲滅運動の日本の団体がBCG（結核に対するワクチンの一つ）や医薬品をネパールの山奥まで届ける様子を記録するドキュメンタリー映画に制作スタッフとして参加した。ネパールの青年ボランティアが、日本から運ばれた医薬品を背負って海抜三〇〇〇メートルもある山岳地帯へ入っていく。これを密着取材したのだ。

村に入った青年ボランティアは、結核の予防と対策を人々に訴える。そして結核患者と思われる人々へ医薬品を配布していく。青年ボランティアは必ずそのとき、村人の手を取って持参した冊子を渡していく。文字の読めない村人のために絵でわかりやすく説明された本だ。

私は世の中でもっとも粗末とも思えるその小冊子を見て驚いた。結核という病気について、絵を多用してわかりやすく説明がなされている。結核菌を含んだ空気を介して人から人へ伝染する。だいたい一〇〇人中四～五人は結核菌の感染者がいる。でも発症するわけではない。症状である咳や痰、微熱、怠さ、息切れ、減量、血痰……をすべてイラストで明示する。薬を飲みつづけなければいけないと絵は伝えている。

このシンプルな本の伝えている強《したた》かさと、若いボランティアが呼びかける説得のなんと頼もしいことだったか。ハンドマイクを片手に一語一語はっきりと、ゆっくりと語りかけていく。私は村人の生活と若いボランティアの行動のすべてをまざまざと目撃した。

そのとき私たちが握っていた映画という手段は、重さ五〇キロもある35ミリの生フィルムを担ぎ、カメラや三脚などの撮影機材を装備し、照明のための発電機（一キロワットの小さなもの、

ネパール結核予防会が発行した小冊子

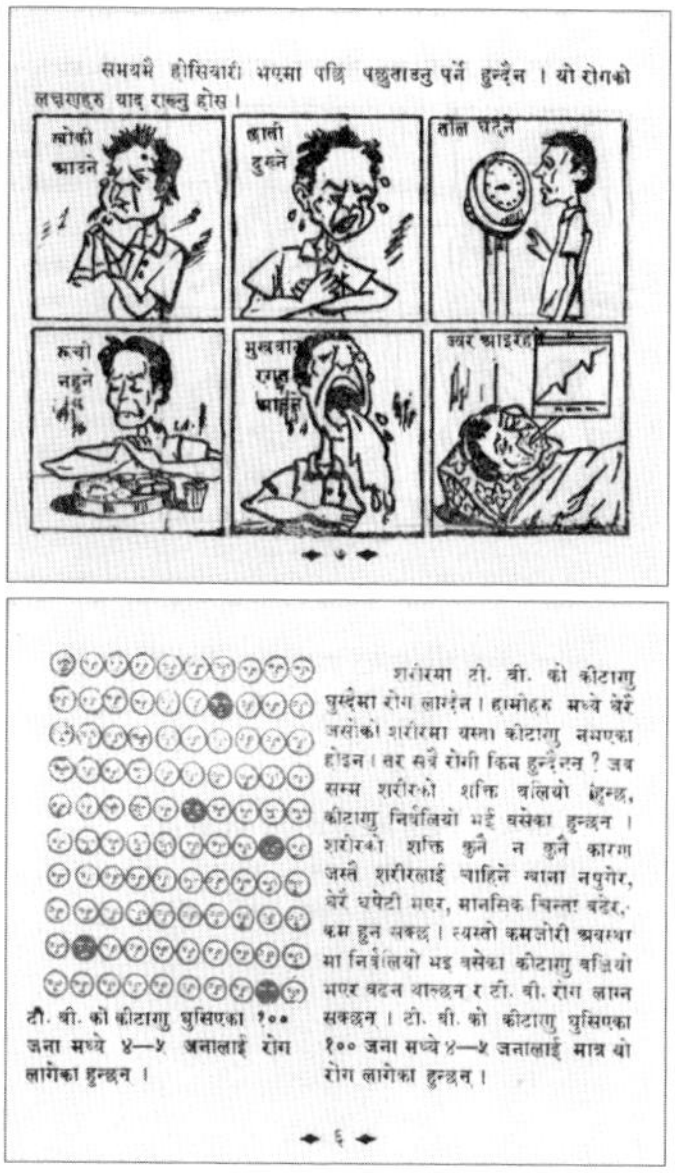

手のひらに入る小さな、そして10ページほどのザラ紙に刷られた質素なもの。文字を少なめに、イラストを多用して、字の読めない人にもわかる症状の説明がなされている。100人中4～5人の結核菌保有者がいることを説明するために100の人の顔を丸で表現するなど、実情を知らない人にはとても理解できないだろう。このパンフレットは40年も私の手元に保管されていた。

それでも二〇キロほどの重さはあっただろう）をともなって成り立っていた。これらの重量を持ちながら三〇〇〇メートルの山道を行くためには、担いでいく人力が列をなすほどに必要だった。

これほどまでの大荷物を携行し、その手段を使ってできあがった映画の恩恵を村人は何一つ受けることはない。山岳地帯に結核で苦しむ誰一人として見ることもない映画……プロジェクターも電気さえもない場所。私たちはこの映画をいったい誰のためにつくっているのか、それに比してあの質素な小冊子の堅固さはなんだろうか、私はこのことに強い衝撃を受けた。

豊かさのなかにあるコミュニケーションの姿と、貧しさのなかにあるコミュニケーションの姿がここには対比的に浮き彫りにされている。ボブ・スタインがMITを訪れて見た最新の技術と、かたや電気もない場所におけるザラ紙を束ねた小冊子。薬の継続的服用を頑なに伝えるだけの本。どちらが良いとか悪いとかいうものではない。どんな状況においても人はコミュニケーションの必要があること、置かれた状況において最善を尽くして人はコミュニケーションの道を探ろうとしていること。けっして一つのあるべき姿に集約されることなどない。必要とされるコミュニケーションは状況のなかで選択されていくものである、あるいは生み出されていくものである、という単純素朴な事実を私は映画制作のなかで知った。

この話をしたとき、ボブ・スタインは次のように言った。

「そうだね、あなたがネパールで体験したこと……これは私にとっても強く同意できることです。私たちが過去三五年間に何かを学んだのならば、与えられた環境・状況のなかで理解し合う一番いい方法について、すべての前提を疑問視し、再考することで選択の余地を広げたということだったのではないだろうか」

本に対する私の素朴な尊敬の念は、あのネパールの山奥で見たとても粗末な紙の冊子と深くつながっていると思う。だから逆に、飽食した書籍の現状に対して、私はあきれかえる気持ちはあっても心が動くことはない。むしろ、書籍の現状に安住した出版ビジネスから脱却した新しい希望をデジタルに見いだしたいと思ってきた。その究極としてMITでおこなわれていたアスペンの「ムービー・マップ」や「オイル交換」の試みに注目したのだ。広い意味で現状を打破していく一例として受けとめていたのだろう。

7 アイデアを売り込む日々

視点の違いはあったものの、ボブ・スタインと私はレーザーディスクに深くかかわっていく。ブリタニカやアタリで働いたあと、ボブ・スタインは一九八四年に独立し起業する。これが米国ボイジャーのスタートだった。

一九八四年の起業のころ、レーザーディスクは美的にも評価に足る媒体の一つだと考えていたとボブ・スタインは語っている。問題は、本の世界には数百年にわたるデザインの伝統があり、そこから出てきたものにはある種の美的なセンスが付属してくるのだが、その時点でコンピュータで本の美学を実現させることは無理だということだった。

マッキントッシュが発表になる直前のことだった。でもレーザーディスクならグラフィックに関しては何でもでき、出発点としては適当だと彼には思えていた。ボブ・スタインはまたこうも述べている。

今のテレビやビデオゲームがメディアの長期展望を独占しているように、六〇年代には映画がそれを独占していた。だから当時、メディアの世界で名を成したいと願う人はみんな映画産業へ行った。したがってNYU(ニューヨーク大学)のフィルム・スクールに行って映画監督になった私の親友と比べたら、私は「映画屋」と言われるような人間ではない。でも私は映画が好きだった。カリフォルニアに引っ越したあと最初にやろうとしたプロジェクトは、クラシック映画を見せるケーブル・チャンネルの設立だった。その種のチャンネルはまだなかったけれど、著作権の関係でちょっと無理なプロジェクトだった。残念ながら私には数年後のテッド・ターナー(Ted Turner)のような影響力はなかった。でも、一番最初にやろうとしたプロジェクトはそれだった。

また、アタリでアラン・ケイと働いた関係などからワーナー・グループの人たちを多数知っており、そのなかにワーナーの音楽部門の戦略責任者だったスタン・コーニン(Stan Cornyn)がいた。スタン・コーニンはCD-ROM技術の将来的な取り組みを画策し、革新的なアイデアを生み出すために大金をつぎ込んでいた。そうした提案をするための要員として、ボブ・スタインも雇われることになった。

これは一九八二年のことであり、CDの本格的な市場導入は一九八四年、低廉なプレーヤーが発売開始されたときのことだった。結果として、ワーナーはアタリのその後の経験からリスキーなイノベーションに対する貪欲さをなくしてしまう状態になった。これらに投資する道は絶たれてしまった。

スタン・コーニンとしてもどうしようもなく、提案したアイデアの所有権をボブ・スタインに戻してくれた。結局はこうした将来へのアイデアしかボブ・スタインに残るものはなかった。誰から投資を得られるかは疑わしかったけれど、話を聞いてくれる人には誰でも自分のアイデアを売り込みはじめるしかなかった。なんとしても投資家を見つけ出さねばならない状態に追いやられていた。

RKOの社長とミーティングを持ったのもそうした売り込みの一つだった。彼は米国におけるJVC（日本ビクター）のビデオディスク導入・普及の責任者だった。ちなみにこの日本ビクターのビデオディスク（VHD方式）と私のいたパイオニアのレーザーディスク（レーザー方式）は、日本で激しい競争の渦中にあった。

RKOの社長はボブ・スタインの将来のアイデアにはまるで興味を示さなかった。退屈な会議だったとボブ・スタインは言っていたが、この会議の終わりぎわに、ダメでもともとの気持ちで『市民ケーン』と『キングコング』（メリアン・C・クーパー／アーネスト・B・シェードザック監督、一九三三年）のCAVの権利を売却しないかとサラッと尋ねてみた。彼はボブ・スタインの将来のアイデアには何の興味も価値も示さなかったが、二つの映画のレーザーディスク化に対しては「いいよ」と言った。

CAV（Constant Anglar Velocity）とは、完全な静止画像を表示できるレーザーディスクの方式で、これだとレーザーディスクの片面三〇分(両面で六〇分)に映画の一コマ単位のフレームを静止画像で表示することができ、「映画が本になるかもしれない……」を実験するには欠かすことのできない方式だったと言える。片面に三〇分の五万四〇〇〇フレームは、見方を変えれば五万四〇〇〇ページの本だと言えたのだ。

RKOは一九五〇年代までは、MGM、パラマウント、二〇世紀フォックス、ワーナー・ブラザースとならぶ一大メディア映画会社であり、『キングコング』と『市民ケーン』はRKOの代表作とも言える映画史上に残る重要な作品だった。「いいよ」の一言でとんでもないものが手元に転がり込んだ。ボブ・スタインはその日の出来事を興奮気味に次のように述べている。

私たちのスタートアップにとって、じつに貴重なことだった。私は『市民ケーン』と『キングコング』の権利を五〇〇〇ドル(各二五〇〇ドル)で買った。社長の彼がRKOにとって価値がないと思ったことこそが、私たちが模索する次なる時代のメディアにとってのとっかかりへとつながったのだ。『キングコング』のオーディオ・トラックにあるシーンの解説をするコメント・トラックや、付録として予告編や資料の関連情報を備える道を開いたのだ。

ボブ・スタインが起業した米国ボイジャーの最初の作品は、レーザーディスクによるクライテリオン・コレクション(The Criterion Collection)の導入だった。

クライテリオン・コレクションは、その後つぎつぎと斬新なアイデアを盛り込んでレーザーディスクを発売していった。私が驚いたのは『市民ケーン』と『キングコング』に続いて出された『偉大なるアンバーソン家の人々(The Magnificent Ambersons)』で、これもオーソン・ウェルズが監督した問題作であり、歴史的に語られるRKOの代表的作品（一九四二年）だったが、映画全編のストーリー・ボード（絵コンテ）が収録されていた。

CAVレーザーディスクの静止可能な一フレームに、一コマの絵コンテを入れている。非常に緻密に描かれた撮影用の絵コンテだった。あらかじめ準備される制作体制がこのように現場では動いていたことが如実にわかる貴重な証拠だったろう。部外者の誰もそんな貴重な資料を目にするようなことはなかった。

実写の映画でもアニメーション映画と同じように、これほどまでに厳密に絵コンテが起こさ

『市民ケーン』

1984年、米国ボイジャーが最初に発売したレーザーディスク『市民ケーン』のジャケット

「すべてのなかで最高の版は現在は絶版になっている——ヴォイジャー社によるクライテリオンの最初（1984年）の『市民ケーン』のレーザーディスクだ。これはRKOのベット・レヴァイン、ヴォイジャーのボブ・スタイン、それにロサンゼルス郡立美術館の故ロナルド・ハーヴァーがニューヨーク州アルバニーのRKOの倉庫で発見した、可燃性ネガからトランスファーされた1インチ・ビデオテープを原盤としている。トランスファー作業はハーヴァーにより緻密に監修された。アルバニーのネガはその後失われたと報告されている。このレーザーディスクは全部で3000部しか流通していない」（ロバート・L・キャリンジャー『『市民ケーン』、すべて真実』藤原敏史訳、筑摩書房、1995年）

れていたことに、私は驚いた。それだけではなく、静止の一コマをあたかも本のページのように格納して、さらにそのうえに関連情報のドキュメント……映画の制作予算表までもが入っていた。

どこからこんな情報を手に入れたのだろうか？　とにかく遮二無二何かを探しだしてくる作品に対する執着とか愛情とかを引っ張りこむメディアの力がそこにあったことは確かだったろう。つくる自分とそれを見る誰かとの距離が大きく狭まっていく気持ちになっていたのだと思う。これは単に映画を鑑賞する以上の何かを与えようというものだ。

もう一つ、一九三六年に制作・公開されたフレッド・アステアとジンジャー・ロジャースの『有頂天時代（Swing Time）』は、クライテリオン・コレクションのなかでもトップレベルの仕上がりではなかったろうか。白黒映画の再現がレーザーディスク上であれほどまでに高品質に仕上げられた例はなかったろう。また、ダンス・シーンとそれを詳細に解説する巻末資料とがリンクする仕組みとなっている。映画のある場面を止めて、解説のチャプターへ飛び、当該シーンの解説を読む。読んでさらに当該シーンへ戻りたいなら、表示のフレーム・ナンバーをサーチさせる。手順の無骨さ、煩雑さは露骨に残っていて、現在私たちが使っている機器のスマートさには及ばないものの、原理原則はすでに確実に存在していた。

『有頂天時代』の情報調和（リンク）は、後世への語りぐさになってもおかしくない。映画に対する並々ならぬ知識と愛情、情熱があってこそ可能だったことだと私は思う。今思い出しても胸が高鳴る、すばらしかった！

フィルムからビデオへの変換はアートだとボブ・スタインは言う。『市民ケーン』と『キング・コング』の変換にはロナルド・ハーバー(Ronald Harver)という男が担当した。彼はロサンゼルス郡立美術館のフィルム・キュレーターで、非常に良い男だったと。彼にニューヨークに来てもらって、変換の監督をしてもらった。

暗いビデオ・ラボで、カラーコレクションをフレームごとにおこなうという非常に大変な仕事だった。ロナルドと一緒に作業をしていた人にピーター・クラウン(Peter Crown)とジェニファー・スキャロン(Jenifer Scallon)がいた。そのどちらかがレーザーディスクの余っている音声トラックに、ロナルドのフィルムに関するコメントを録音するというアイデアを出したのだ。ロナルドが一番好きなフィルムは『キング・コング』だったので、第二音声トラックに彼のコメントを録音することを依頼した。ロナルドはそれほど乗り気ではなかったが、マリファナでハ

『偉大なるアンバーソン家の人々』

クライテリオン版レーザーディスクは映画の1コマの完全静止画像を得ることができた。そのうえに付録として、全編の絵コンテを見ることもできた。ストーリーボードの1枚1枚がレーザーディスクの1コマ1コマに収録されていた。

イにしたら徐々に機嫌が良くなり、ロナルドはコメントを録音した。コメント・トラックはこうして生まれた。

いったい誰がこのような関連情報を付加するやっかいな作業を推進しようとしていたのか？　きっと執着した一人か二人の人間だったのではないか、そう思って問いかけてみたところ、こんな答えをボブ・スタインは返してきた。

「嫌味に聞こえたら困るんだけど、導入初期のころは全部自分でやったよ」

もちろん、私が言いたかったことをボブ・スタインは十分わかっていた。いろんなスタッフがいたということは確かなことだった。

作品を担当した映画エキスパートであるロバート・キャリンジャー(Robert Carringer、『偉大なるアンバーソン家の人々』『市民ケーン』)や、ジョン・ミューラー(John Mueller、『スウィング・タイム』)と協力してやったということだ。コメント・トラックはロナルド・ハーバーだけだったかもしれない。しかし、別の多くの仕事を支えるチーム・メンバーがいたことは事実だろう。そのなかで関連情報のリンクをレーザーディク上に徹底して推進していった張本人は自分であったことを付け加えておきたかったにちがいない。

「創造的な制作環境から生まれてきたんだよ。そういうだけで十分だろう。じゃ、その環境は誰がサポートしてきたのか……オレだった」と。

クライテリオン・コレクションの最初のロゴマークを、私は深いシンパシーとともに思い出す。冊子からディスクへとシフトすることをイメージしたデザインだった。

「本は形を変えていくという私の確信を表しているものだ」と、ボブ・スタインは言った。アイデアのすべては自分自身だと念を押したかったのだろう。

8 ページに飛ぶのか、ページに浮かぶのか

レーザーディスクを契機に、これをメディアとして独自のコンテンツをめざすための手段にしたいとボブ・スタインは考えていた。私は彼の動きに注目していった。ともに新しいメディアの機能を利用して、より深く、より広く、学ぶことへつなげていける希望を見ようとした。もし、本当にそれができるなら、メディアとして発展させ、再生産のサイクルを回していきたい。こういう思い込みがともに基底に流れていた。

クライテリオン・コレクションのロゴマーク

本のページがディスクに変化していく流れを意図していた(上)。「A Publishing Company」とわざわざ表記しているのも興味深い。しかし、このロゴの命は長くはなかった。米国ボイジャーの3社分割後、レーザーディスク時代のロゴマークは消し去られ、新しいものに変更された(下)。現在のロゴマークと比較してみていただきたい。

そのもっとも粗野でシンプルなとっかかりがランダム・アクセスだった。あるものをあるものと関連させて理解するために、レーザーディスクの盤面上の任意な場所に自由に飛んでいける機能をランダム・アクセスといった。本文に付す注釈のような関連付けの方法として、これがはじめてオーディオ・ビジュアルなメディアで実現できることになった。私たちは目を見張った。

今までの映像表現ならば、時間軸にそったリニアな提示をしていくしかなかった。流れていく時間を停止したり、戻ったり、先へ飛んだりするコントロールをユーザが握る世界など、今までにない新しい世界だった。私たちは興奮した。レーザーディスクを見ながら、そこに本を読む「読者」の存在を夢見ることができた。ページをめくるように映画を見るという体験だ。つぎつぎとイメージが飛び込み、刺激として消え去っていく時間の消費とは異なり、今消えていったイメージやセリフを、ページを戻して追体験できるのだ。ディテールまで穴のあくほど見つづけて、自分の記憶にとどめていくことができる。映画が本になるのかもしれない……〝見るように読む〟、〝読むように見る〟だった。

今、これを言うなら単純に「リンク」の一言だろう。インターネットに存在するある情報のURLをリンクとして付すことだ。当時はそのリンクをレーザーディスクに格納されたビデオ情報(一秒間に三〇フレーム)のどこに飛ばすのかをフレーム番号から導き出していたのだ。

レーザーディスクはセットされた盤を再生するプレーヤーだった。だから、できることは盤面上の情報に限定された世界をランダムに行き来することだけだった。セットされた盤を離れて、その外へ飛躍することはできなかったし、盤の外の情報とリンケージすることもできなかった。レーザーディスク自体が保持するオーディオ・ビジュアルの情報を出力する以外は、外部へとつながる出口も入口も一切、備わっていなかった。少なくとも民生用という一般に市販されたハードではそうであった。つまり、やろうと思えば、そこに外部へとつながる把手《とって》を備えることは可能だっただろうが、「把手」の必要性を訴える想像力にも現実にも、当時はまだ手が届いていなかった。

ボブ・スタインは、想像力において突出していた。レーザーディスクから発したメディアの可能性を感じ取る能力は、はるかに他から抜きんでていた。それだけレーザーディスクに深くかかわったということだろう。

『市民ケーン』、『キング・コング』、『偉大なるアンバーソン家の人々』……そして『有頂天時代』にいたる、ボブ・スタインや彼とともにあった米国ボイジャーのスタッフたちの献身的な努力を、私はこの目で見ることのできた一人だった。

ランダム・アクセスによってレーザーディスクの機能を誰にもわかる形で伝える方法として、私たちは一コマ編集に注力した。NTSC方式のビデオでは映画の一コマに相当するフレームは一秒間に三〇フレームあり、レーザーディスクの片面三〇分には五万四〇〇〇フレームのキャパシティがあった。本になぞらえて四〇〇ページ、三〇〇ページを想定するなら、一〇秒から一四秒を割いて与えれば済むことだった。

もっともこの例えは言いすぎだろう。アナログ・ビデオのNTSC方式の解像度では、静止一フレームに表示できる文字数は本の一ページとは比較にならず、おそらく本の一ページの一割か二割が読める限界だった。その意味では、絵コンテの一枚、資料写真の一枚の静止イメージは、文字を読ませる静止ページをはるかに上回る表現力に見えていた。

一方で、一フレームの映像編集をするために私たちがしなければならないことは多岐にわたり、その一つひとつを実現する手段や方法には多大な労力を費やさねばならなかった。道具がないわけではなかったが、それらは高価であり、映像編集スタジオに装備されて私たちが利用できるようなものではなかった。もし映像編集スタジオを使用して処理しようとするなら、一時間に五万円ほどの使用料を覚悟しなければならなかった。スタジオを駆使して一フレーム編集をしたなら、一日八時間(四〇万円)で一〇〇フレームの静止画像編集をするのがやっとだった。四〇〇フレームの一コマ編集をするには四日間、スタジオ使用料として一六〇万円の費用を見込む必要があったのだ。

こうした費用の負担をパーソナル・コンピュータが飛躍的に軽減していった。やるべきことの一つひとつを自分のデスクで解決していった。スタジオで消費する時間がどんどん削減されていった。高価な機械を備えた手の届かない編集スタジオでの肩身の狭い作業から、私たちは次第に解放されていった。自分のめざすべき作品内容と自分たちを助ける手段が何であるかに向き合うことができるようになっていった。デジタルを援軍の到来と思い、そこに限りない未来を描いてみたいと願うのは、長いあいだ手段も与えられず手作業で対応する酷使された日常を経験した者にとって当然の気持ちだった。

これからは自分にとって必要なものを、自分の金と力でやっていくことができる。誰かのために使役され臥薪嘗胆《がしんしょうたん》して明日を見ている日々は終わっていくんだ。デジタルという技術がそうささやいているように私は感じた。

ボブ・スタインは、クライテリオン・コレクションの視聴者を、平均的に知性を持つ、フィルムについてもう少し知りたがっている人たちだとつねに思ってきた。最大の問題点はレーザーディスクの制作費だった。最初のころ、米国ボイジャーは、3Mかパイオニアにディスク一枚の製造コストとして一〇ドルを払っていた。『市民ケーン』のような三枚組みはボックスを入れて製造コストが三五ドルかかることになった。自分たちの卸売価格は六二ドルだったから、小売価格は『市民ケーン』で一二五ドル、二枚組みの『キング・コング』で一〇〇ドルだった。

クライテリオン・コレクションは発売の初日からすばらしい評判を得ることができたが、この価格では大量のディスクを売ることは難しく、したがって大した儲けにはならなかった。利益はそれほど出なかったということだ。

その後、レーザーディスクからDVDに時代が移行したとき、これは高利益を生むビジネスになっていった。製造コストは大幅にダウンし、材料費から製造工程にいたるさまざまなものが改良されていた。大きな工場や機械を構え、それに額《ぬか》ずくように人が働かされ、これに応じる大枚な対価を要求されて文句も言えない仕組みが崩れていくことによって、中味をつくることへの価値は徐々に上昇した。

監督や関係者のコメント・トラック、予告編や資料映像、絵コンテ、写真などを付録として備えることはレーザーディスクではじまった。これが次世代のＤＶＤでは当たり前の定番となっていった。何よりもＤＶＤ製造にかかわるコストは、大きな利益還元を制作者側にもたらした。しかし、ＤＶＤの時代になったとき、ボブ・スタインはもうそこにいることはなかった。

9 すぐにやってきた訣別

一九九二年、私は米国ボイジャーと、日本でのジョイント・ベンチャーを設立する。ここに至るまでのレーザーディスクを通した出会い、相互のやりとりなどを経て、新たな関係を結ぶことになった。季刊『本とコンピュータ』一九九九年冬第七号に、以下のような私が書いた記述が残っている。ここにはクライテリオン・コレクションの導入によって拓かれていったメディア状況に加わっていこうとする三者が書かれている。

一人は先頭を切って走っていたボブ・スタイン。またボブのクライテリオン・コレクションの構想を最もよく理解し、自分たちの保持する古典や海外秀作映画（ハリウッド以外）の市場展開を考え、米国ボイジャーをバックアップしてきたジャナス・フィルム（Janus Film）の二人、ビル・ベッカー（William Becker）とジョナサン・テュレル（Jonathan Turell）。そして、彼らと手を組んだボイジャー・ジャパンの私だった。

――雨に濡れた石畳が街灯に反射して、いぶし銀の輝きを生んでいる。いままで来たこともないようなニューヨークの路地を、私はボブ・スタインの後をついて歩いていた。たどりついたのはグリニッチ・ビレッジの小ぎれいなあるレストラン。奥のテーブルには私たちを待っている二人の男がいた。ビル・ベッカーとジョナサン・テュレル。この二人は、ボイジャーのパートナーであるジャナス・フィルム(Janus Film)のオーナーである。ビルはすでに六十歳をとっくに越え、落ち着きと威厳をもったベテランという感じである。その昔、彼とジョナサンの父ソール(Saul Turell)がボストンの映画館の地下室を借りてはじめた映画配給会社がジャナス・フィルムだった。ソールが亡くなったあとを継いだジョナサンは、まだ三十代の若さである。

近づいてきた私を二人はかわるがわる抱きしめた。抱く腕にひときわ力を込めてビルがこういった。

「よく決心したな!」

これがボイジャー・ジャパンがスタートするはじまりだった。今まで経験したこともない震えるような出会いだった。決心とはこんなことに繋がっていたのかと思わずにはいられなかった。

(季刊『本とコンピュータ』一九九九年冬第七号)

そうだったものが、わずか五年も経ずして雲散霧消していく。深刻な事態がやってきた。米国ボイジャーは解体し、事実上三つの組織に分裂していった。

デジタルは着実に浸透してきていた。レーザーディスクというアナログ映像に頼った情報処理は徐々に時代から遅れをとるようになり、次なる次元へメディアの趨勢《すうせい》は移動していった。

私たちが見るモニターは、映像品質ではまだまだテレビ画面に頼るしかなかったが、その映像自体がパソコンのモニターに取り込まれていくと、表示サイズはまるで小さく、画像品質は取るに足りない劣化したものだったけれど、その情報性だけに着目するなら、大きさや品質などを超えて、語りかける発信力が十分に備わっていくことが想像できた。まさにMITの実験的デモの際に語られていた映像上に「重層的」にダブる情報の表示、また本のページを再定義するかのように文字、写真、その他の画像などをレイアウトしていくことを可能にしていた。とてつもない世界がもっとリアルに姿を現してくるように思えた。

映画に焦点を合わせ、単なる鑑賞から映画の理解へと発展形を考えようとすることで連携できていたボブ・スタインとジャナス・フィルムのオーナーであるジョナサン・テュレルやビル・ベッカー(すでに息子のピーター・ベッカーが前面に立っていた)のあいだに、この先のめざす世界をめぐって対立が明らかになっていった。あくまで映画に基準を置くジョナサンやピーターと、映画をワン・オブ・ゼムと考えて、音楽も含んだ本の次世代へ強く舵を切ろうとしていたボブ・スタインの路線との反目だった。映画路線か、本の次世代路線か。わかりやすく区分けしてもいいと思う。

米国ボイジャーの財務上の、ビジネスとして確実に売上計上できるものは、クライテリオン・コレクション以外にはなかった。これらの利益をボブ・スタインが主張する本の次世代路線はバリバリ旺盛に食いかじっていったばかりではなく、スタッフはこの不採算部門につぎつぎに投入されていった。

一方でボブ・スタインは次世代のメディア、情報世界のあるべき姿を大いに吹聴《ふいちょう》することで注目を集めていった。この反応として、彼はいくつもの投資話や研究財団からの資金供与を獲得していった。

いっときは資金に満ちあふれているように見えた。熱気と活気は仕事場のすべてにあふれていた。その場の雰囲気と経済的な実態を人は錯覚するものだ。お金を投じる人にはれっきとした理由があり、理由のなかに厳然と存在するものは結果だった。結果を示すその期限は無慈悲にやってきた。すべては途上で終わるものでしかなかった。その意味では、映画路線を掲げてきたクライテリオン・コレクションの推進派は、ボイジャーからの分離訣別を主張していった。レーザーディスクのランダム・アクセスの可能性はみるみる精彩を欠いていた。そのときまさに時代の波がDVDへ切り替わる絶好の時期であった。さらに映像を鑑賞するという観点からなら、ディスクの大きさ、重さ、製造コスト、映像の品質という面からいってDVDはレーザーディスクを超える技術革新に到達していたのだ。

ボイジャーは三つの組織に分裂した。ジャナス・フィルム(実際はクライテリオンという名の子会社が当事者となる)、ワーナー・ニューメディア(Warner New Media)、それにボブ・スタインが独立する形で新設した会社、ナイトキッチン(Night Kitchen)だった。それぞれが米国ボイジャーの資産を分割保持することになったが、ジャナス・フィルムが映画関係の素材やらノウハウ、関連資料などの権利を押さえたことは言うまでもない。ワーナー・ニューメディアはCD-ROM関係で開発したゲームソフトやインタラクティブのいくつかの作品の権利を取得した。

ボブ・スタインのナイトキッチンは、米国ボイジャー時代のいくつかの権利を持つことになったけれど、特筆しておくべきことはボイジャー・ジャパンの持株をすべてを引き受けたことだ。

米国ボイジャーはボイジャー・ジャパンの五〇パーセントの株主だった。米国との深い関係を持っていたことによって、ボイジャー・ジャパンは米国で開発されたコンテンツのことごとくを手に入れることができた。「濡れ手に粟」と言ったのを記憶されていることだろう。そして、私たちジャパンは、これら代金を売上のなかから支払っていた。

当然のことにも、売れればいいが、売れなければつねに不払いが起こることになった。売れなければ払わない、払えない……というような状態が徐々に恒常化していた。米国に支払うべき債務は徐々に膨らんでいった。それがいつのまにか数千万円にまでなってしまっていた。

この金額は、三者の分割にあたって資産の評価額となった。まだ支払われていないけれど、払われるべき見込み資産と考えられたわけである。そんなアカウント・ペイアブルの数字を信じて引き受ける者など普通はいない。いわば不良資産の部類に振り分けても不思議ではない。これを知ったうえで受け入れたのはボブ・スタインだった。

どうしてそんな債務を引き受けてまで、彼はボイジャー・ジャパンの株式を継承したのか？あのとき、ボブ・スタインが引き受けてくれたからこそ、ボイジャー・ジャパンは生き延びることができた。訳のわからない連中が経営権の半分を握り、もめていったらとっくに終わっていたことだろう。

理由をボブ・スタインは語ろうとしない。言っても過ぎたこと、あまり意味をなさない。そこに思い入れの尾ヒレ背ビレをつけて語ったところで何になると思ったからだろうか。あるいは、これは一つの結果であり、当初はけっこうそこに欲の渦巻く計算もあったかもしれない。そもそも計算に長《た》けた人でないゆえの間違いだった、こんなはずじゃなかった、ボイジャー・ジャパンがどんどん大きくなって、どうだ、ほらっ、というような幻想を持っていたかもしれない。まことに申し訳ないかぎりである。

支払われるべき私たちボイジャー・ジャパンの債務は、米国ボイジャーの分割問題がしずまってのち、十数年をかけてボブ・スタインに支払われていった。長い時をかけて少額の分割払いを続けていった。はたしてこれが完済にあたることなのかどうか、首をかしげる人もいるかもしれない。利子はどうしたのか？　多少はあったがないと言われても仕方ないほどのものだった。通常のビジネス感覚ではありえないことだろう。

これを成り立たせてくれた背景にあったものは、なんだろう。信頼というものの存在……相互に思い違いがあったとしても、はじめて、私は身にしみる思いで信頼というものの重みを経験した。ボブ・スタインは不良資産と言ってもいいボイジャー・ジャパンの株を買い取り、その分、今に生かす資産を米国ボイジャーからは取りっぱぐれながら、前を見て、未来を見て、進んでいったことになる。

クライテリオンは、大きなビジネスチャンスをつかむことになる。米国ボイジャーがレーザーディスク時代に試行錯誤のうえに生み出したコメント・トラックや付録の各種資料などのノウハウを、ＤＶＤ時代へ適応させて新しいチャンスをつかむことになった。レーザーディスクの時代に普及を阻んでいた製造コスト、生産の迅速化は解消され、ここから生まれる大きな利益は、より積極的な市場展開につながっていった。これらすべてがクライテリオンに還元されることになった。

クライテリオンは大きな発展を遂げた。クライテリオンがDVD時代に入り勢いを増して市場に問うたクオリティ・ピクチャーのなかには、多くの日本の名作も含まれている。黒澤明、溝口健二、小津安二郎、成瀬巳喜男……、トリュフォー、ゴダール、ベルイマン、サタジット・レイ……、そして台湾のエドワード・ヤン監督の『牯嶺街《クーリンチェ》少年殺人事件』までもが入っていたことをここに記しておきたい。

当初、ボブ・スタインが考えたというクライテリオン・コレクションのロゴは、ジョナサンとピーターによってその後あっけなく変えられてしまい（139ページ参照）、かつて本のページが変化していく流れを意図したという、メディアとしてのディスクや本の面影の一切は払拭されたものになってしまった。

「私は失望した……けれど、彼らがメディアの将来という意味を消し去ってしまったことには驚くこともなかった」

ボブ・スタインは私にポツリとそう言っていた。

ワーナー・ニューメディアのことについては詳細がわからない。この会社の社長を、すでに触れてきたワーナーの音楽部門の戦略責任者だったスタン・コーニンが担っていたことだけは知っている。当初は東京にまで資産の裏付けを取りに担当が派遣されてきたけれど、それもいつのまにか途切れてしまった。

10 本はアナログ、そして人間的なもの

あなた自身は初期のレーザーディスクでの仕事と、その後の仕事とのあいだに何か関係を見いだせるのか？　と、私はボブ・スタインに問うてみた。

インタラクティブ機能はチャプターぐらいだった。それ以外にインターフェースと呼べるものはあまりなかった。テキストが連なった何枚かのフレームで構成されるチャプターと、映画での未使用カットなどアウトテイクがあるチャプターがあったが、重層的に情報を配置するレイヤーは無理だった。スクリーンの一部をクリックすることにより何かを起動する、そういった機能は考えられなかった。それでも、起こってくる可能性を見いだそうという立場において、私たちは同じだったと思う。早い段階での二、三回の開発時点では確かにそうだった。

このように語りながら、ボブ・スタインは続けて次のように述べている。

あなたがここで言っていることは、私たちが見たあのレーザーディスクの可能性を見事に特徴づけていると思う。そして、あなたが言うように、既成のあらゆるものからの決定的で重要な離脱を意味するものだっただろう。しかし、ＭＩＴのアーキテクチャー・マシ

ン・グループで見たアスペンの「ムービー・マップ」などの実験的な試みを知ることによって、私たちはランダム・アクセスを超えるさらにもっと先の何かを知ったのだ。

過去三五年間、ボブ・スタインの仕事には一貫したテーマとアイデアがあった。彼はつねに、何が言われているのかへの理解が大事で、手繰るように理解へ近づくことだと説明した。「すべてはコンテキストにある」と言い換えてもいいかもしれない。わかり合えることへの執着、彼はそのことに前向きになっていくことを強く支持した。

本当の学習とは、つねにテキストと頭脳とのイマジネーションの相互作用であると考えてきた。もし何かを読んでいる最中に考えが浮かんだら、人はその考えをたどれるべきだろう。頭のなかに疑問が浮かんでこない学習などというものには、それほどの意味はない。でも、疑問が浮かんだら、人は解答が欲しいものだ。

ボブ・スタインは自分の息子との思い出として、こんな例を挙げている。その当時、彼には一一歳になる長男がいた。天才レベルのＩＱを持っていたと。じつは妻アリーンの連れ子で、彼にとっては義理の息子だった。だから平気でそんな言い方をしたのだろう。その子がある日、プラモデルの飛行機を買ってくれとせがんできた。お金もなかったので「飛行機のことを少し勉強しろ、そしたら買ってやるよ」と言った。読書好きの子ではなかったが、息子は図書館で本を借りてきて勉強をはじめた。それを見ていて、息子に必要なものは単純なテキストではなく、風の流れが翼を持ち上げている様子を説明するアニメーションのようなものだと感じた。違うスタイルの学習法を取り入れることができる教材を生み出せたらすばらしいと気づいたのはそのときだったと。ちょうどＭＩＴのアーキテクチャー・マシン・グループを訪れたころのことだったと思う。そしてまた、一九八一年、ブリタニカにボブ・スタインが「インテリジェント百科辞典」と呼んだ未来の百科事典像についての論文を書いていた時期でもあった。

論文で彼が提起したモデルは、今日のグーグル検索のように疑問を直接百科事典に質問するというものだったが、一つ違っているところがあるとすれば、百科事典が読者と同じレベルで適当な対話に実際に参加するというものがあった。いつかはこのようなものが出てくると思いたかったのだろう。私たちが日々使っているグーグル検索ともほど遠いものでもある以上、一九八〇年の時点では架空としか言いようがなかった。

ボブ・スタインがつねに考えてきた疑問は、アナログ文化が生み出した作品をその特性が損なわれない形で、また、レーザーディスクなどが提供した理解や拡張性を簡単に活用できる形で、どうデジタル時代に持ち込むかということだった。そこに本のもっともアナログな部分があり、もっとも人間的なゆるい親和性というものがあった。この「人間的なもの」こそ、堅固で深く、私たちの前に立ちはだかっていたと言うこともできた。

最初のころに気がついた本に関する重要な点は、デジタル時代以前、本はユーザがコンテンツを吸収する順序をコントロールできる唯一の媒体だということだった。それをボブ・スタインは「ユーザ主導媒体（User Driven）」と一九八一年から呼んでいた。二〇世紀を代表する媒体であるラジオやテレビやフィルムのような、ユーザがコンテンツを吸収する順番をまったくコントロールできない「プロデューサ主導媒体（Producer Driven）」と対峙するものだった。

気がついたのは、映画やテレビのようなプロデューサ主導媒体のミックスにマイクロプロセッサを追加すると、それらはユーザ主導媒体に変換してゆくということだった。ブリタニカのために論文を書いている際、ボブ・スタインは「本とは何か?」、「本が電子化すると何が起こるか?」といった疑問と格闘していた。そのときにわかってきたのは、未来はすべてが本のようにユーザ主導で、コンテンツとのインターラクションがユーザ体験の重要な一部を構成するものになっていくということだった。

このころ、マクルーハンについてボブ・スタインも私もあまり知識は持っていなかったが、その後徐々にわかってくると、マクルーハンのたどった道がとても近しいものに見えてきた。新しいメディア状況に人はどう対処していくのか、手探りのような推量と仮説から導いた点と点を線で結ぶようなことを繰りかえしていたのだ。

うす暗がりのなかで目をこらすと、私たちの歩く道のずっと先に見えてくる人影があった。背をかがめた男の姿があるような気がした。マクルーハンだった。

「おーい、おーい」と私が思わず声を出すと、私をさえぎって、そんな無礼は許さないとばかり諭すように、ボブ・スタインが明瞭に「マーシャル・マクルーハン!」と叫びかけた……こんな映画の一シーンを演じている気がしてならなかった。

ボブ・スタインがあるインビューで答えている言葉をここに引用しておきたい。

すべては六〇年代に始まった。そのころはみんなハングリーで、世界についてあらゆることを知ろうとし、学習へのあらゆる制限に抵抗していた。当然のことながら、教材がワン

セットで配達されるようなものを望んでいたわけではない。

六〇年代について考えてみるのは面白いことだ。純粋さがある一方で、私たちは、真実がすべて語られることはない現実を知り、また物事の境界線はなくなってゆくものだということも学んだ。でもこの知識は大学院で学んだ、世界をわかりやすく説明するプレゼンテーションのように整理されたものではない。私たちはそれが真実ではないことを学び、すべての塀を倒し、すべてのものを提供しようと欲したのだ。

かつてはこんなふうに考えたこともなかった。それは学びの出発点だった。最初から、そこから取り出すことができるものはすべて取り出すべきなのだ。知識への冒険と、社会・政治は深くかかわっている。私はその二つをあまり区別しない。私は、私のすべての仕事は六〇年代と七〇年代の政治観点から影響を受けたものだと思っている。そこから学んできた。私が若いころに学んだ政治的な観点は、私がやってきた創造デザインに関する決定と非常に強いつながりを持っている。でも私が実際に過去三五年間一緒に働いた仲間の大多数は、私より若い世代であり、私とは違った環境で育った人たちだった。もし私たちの最近の研究に価値があるとしたら、それは私の展望とソーシャル・ウェブとともに成長した聡明な若者たちとの融合の結果だろう。

すべての塀を倒していくうえで必要だったものはなんだったろうか？　ボブ・スタインの言葉は、まるで気ままな主観にすぎない言い方であったと思わざるをえない。現実にフェンスだろうと金網だろうと一つも私たちは倒してなどいなかった。願望だった。だとしても、そうした願望にすがった明日を自分自身にかざしていかなければならなかった。すべての塀を倒した地平に描いた願望が、学ぶこととか、理解することとかにつながっていた。その手段が本であり、本が根源的に持ちつづけてきたメディアのユーザ・ドリブンだったと私は思う。

しかしそうであるならば、目の前に現存する本の世界との対立も辞さないのがデジタル出版の姿だった。もっとも激しくデジタル出版に攻撃を繰りかえしたのは、伝統的な本の世界の住人だったことも事実だろう。すべての敵と向き合い、たった一つの味方とさえも対峙していかなければならなかった孤立無援のありさまを、ボブ・スタインは子どもじみた素直さであらわにしていた。だから、私は黙って見ているしかなかった。敵を睨《ね》めつけてボブ・スタインの側に立ち、彼の手を握りしめていた。

私たちはそっくりだとよく言われた。日本でも、驚くことに海の向こうでも「looked alike」としばしば言われていた。私たちの「兄弟愛」などという言い方をされたこともあった。けれど、やっていること、言っていることにおいて、ボブ・スタインと私には親子ほどの差があった。だから私の気持ちはいつも一人っきりに立たされる彼の姿に寄り添うことだった。六〇年代、七〇年代の政治観点などというものとは無縁だったと言っていい。

『自転車泥棒』(ヴィットリオ・デ・シーカ監督、一九四八年)という映画にあった親子のことを記憶している人はいないだろうか。戦後すぐのイタリアの状況下、失業者であふれ仕事につくことが困難な社会で、自転車を保持することを条件にやっと仕事にありついた一人の男。その自転車を無慈悲にも盗まれてしまう。自転車と人間とどちらに価値があるか、両者は限りなく同等に、あるいは逆転するかのように、人の価値の下落する悲しみを実感する。

私はボブ・スタインがどことなく自転車を失ったあの父親のように見えてならなかった。そして、盗まれた自転車を求めてただあてもなく街中を捜しまわる父親にずっとついて歩く、私はあの子どものようだった。

11 本の未来についての研究所

二〇〇五年からボブ・スタインが中心となって「The Institute for the Future of the Book」というシンクタンクがウェブ上に運営されてきた。「本の未来についての研究所」とでも言えばいいのだろうか。「think and do」のタンクだとも言っている。まさに、これからの本がどうなっていくのかを考え、実際に試していく場と捉えていた。ここで公開された記事、論文、インタビューには興味深いものがあると思う。そのなかのマシュー・ゴールド(Matthew K. Gold)によるボブ・スタインへのインタビューから要点を自由に引き出して、考えられていた将来の問題点について語ってみたいと思う。

本というものが私たちの大きな助けとなった歴史的な事実をここで言う必要はないだろう。しかし、思いきったこの先をいくうえにおいて、本に付随するいくつかは障害となっていくこともありえた。とくに、本を読むという一人で向き合う読書体験について、これがいいのか、失われていいものかどうか。読み書きはもっとソーシャルなものになりつつあるだろう。本は読者が交流するコミュニティの場になりつつある。そうした将来を予見するインタラクティブな体験を持ち出してくると、批判する人は大勢あらわれてくる。ノーと言う人の観点もさまざまに広がっている。そのように批判する人たちの意見にどれほどボブ・スタインは注意を払ってきたのか？

マシュー・ゴールドは、コンテンツと読み書きの過去の慣行との関係を忘れていると主張する。そして、こうも続けている。

> 見識のあるノーと言っている人たちは、非常にシリアスな問題を提起している。「人には、何が重要で、何かを捨てても維持すべきものかを考え、互いに理解しようとする側面がある」という主張だ。ボブ・スタインが問題視しているのはノーと言っていることではなく、彼らの懸念を無視している人たちだ。アナログからデジタル・メディアに移行する際に失われるものに対してよく認識することの重要さだ。

テクノロジーがすべてを解決すると主張する人たちがいる。その人たちはテクノロジーの開発をひたすら続けている。これはとくに、すべてが利益のためにおこなわれる資本主義の流れのなかではそうであり、破滅への道のように見える。あるべきものがそこにはない。

「どのような世界に住みたいか？　そのような世界を実現させるためにはどのようなマシーンをつくるべきか？」という問題を提起するのではなく、逆に「マシーンをつくって、それがどういう世界にたどり着くかを見てみよう」という主張をしている。これは、とくにマシーンがスマートになるにしたがって、大惨事の方程式になる可能性を持っている。

デジタルの大きな可能性を理解し、実現のために解決しなければならない摩擦について見識を持ったデジタルの専門家が何人かいる。緑青《ろくしょう》が生《は》えた進歩主義だ。こういう進歩主義者の問題は、資本主義を既定のものとして受け入れているがために現状の調整にとどまり、デジタル技術が提供し、最終的に必要とする人間関係の根本的な変化を考えることはないということだ。

そして、ここでボブ・スタインは資本主義を受け入れる現実と自分自身との関係を振り向くようにこう言う。「左翼に私は非常に落胆している。コンピュータやモバイル技術の発明を想定に入れた分析や拡張をとりこむ左翼の能力に失望した。左翼の文章を読むと、そのほとんどは四〇年前でも書けたようなものばかりだ」と。

そして、なかばあきらめたかのように、問題全体を頭のなかに取り込むことができる人が世

ボブ・スタインの講演記録

https://youtu.be/UEXMnOmf4go

2012年5月16日、パリのLabo de l'éditionでおこなわれたボブ・スタインの講演記録が残っている。このころから盛んにソーシャルという言葉を使うようになっていた。人とモノとの関係を離れ、人と人との関係を意識して、人間的なことへの傾斜を深めていった。

の中にはあまりいない。ノーと言う人たちと進歩主義者たちとの議論は狭すぎる。今、私にできることがあるとしたら、それはもっと広い議論を推し進めることだろうと吐露する。
マシュー・ゴールドは、オープンソース運動やクリエイティブ・コモン・ライセンスはコミュニティにおいて資本主義に対する第二の道を開くと思うかと問いかける。ボブ・スタインはこう答えている。

そうなるとは思わない。私はローレンス・レシッグ(Lawrence Lessig)のプロジェクトのファンだが、クリエイティブ・コモンズ(Creative Commons)は重要な意味で問題の核心には迫っていない。クリエイティブ・コモンズは近代社会のさまざまな団体やメカニズムが変化の障害になっていると事実を認識している。印刷の時代に確立された著作権という概念が、新たな表現方法への抑止になっているというように。
　問題を認識することは、原因への攻撃と同じではない。クリエイティブ・コモンズは大企業による著作権法の操作への攻撃をしているのだろうが、長期的に根本的な変化をもたらすためには、強くなりつつある多国籍企業による文化の管理へもっとオープンに反対することが必要だ。

もしそこにディズニーのコンテンツとは違う方法で共有できる道があったら……いわばリミックス・カルチャーが新しい種類のコラボレーティブでクリエイティブなプロダクトの基《もと》になってゆくのではないか？　とマシュー・ゴールドが質問をすると、ボブ・スタインは次のように言う。

リミックスはもちろん新しい非企業家文化創造のキー・ファクターになりえる。でも巨大なメディア企業のコントロールが続くかぎり、新文化は支配的な地位を確立することはできない。もし私たちが重要な変化を求めるとしたら、ある時点で社会の巨大企業による独占に挑戦する必要がある。

そして、コーリー・ドクトロー(Cory Doctorow)の小説の例を引き出している。

コーリー・ドクトローはすばらしい語り手だ。彼は私たちが直面している問題を非常にうまく説明するのだが、実際に違いを生む抜本的な改革という最終段階になると身を引いてしまう、コーリーに対して不満を持つ点はそこだ。彼の最近作『Makers』は、ディズニーに対してリミックス・カルチャーのエッセンスを推進することで反抗を試みる若者の物語だ。しかしながら小説では、ディズニーの弾圧が始まると若者は隠れてしまい、革命を真の変革にまで持っていくことができない。コーリーは社会改革に必要な的確なデジタル・テクノロジーの応用であるとの大前提を持った「進歩主義者」の代表だと思えてならない。

ボブ・スタインは自分の意見として、大きな技術シフトは変革へのお膳立てはするだろうけれど、実際に社会がどう発展するかの大きな要因は、私たちが新しい社会のビジョンをイメージできるか、またそのビジョンを実現させるために必要な行動を起こせるかにかかっている、と言う。

結局はみずからも幻影だと白状した革命運動への道へとつないでいくのかとややうんざりとしてくるが、おおむねにおいてこうした論理の道をたどるのがボブ・スタインだ。それを聴きながら私はただ黙ってしまう。そこまでだった。心のなかに改革の意思を秘めながらも、ただひたすら現状に耐えていくしかなかった。

「それはすばらしいことだろうが、そのようなものは現行の資本主義システムのもとでは存在不可能だ」というようなことをボブ・スタインはよく言った。そんなことを言って自分自身の仕事と、そんな態度とのバランスをどうとっているのか？ ラディカルな過去がビジョンにずっと影響を与えているように見える。じつは過去から前進できていない、自分こそ乗り越えてはいないのではないか？ そうマシュー・ゴールドが食い下がって聞いている。ボブ・スタインの答えは次のようなものだった。


これはちょっと複雑な質問だ。私も社会的良識のかけらを持っている上位中産階級の白人の男性として、まさに指摘された矛盾とともに生きてきた。アメリカは毎年全世界で使われるリソースの二五パーセントを消費している。私には貯金や引退ファンドや株式はないけれど、この社会の恩恵を受ける一員として非常に良い生活をしている。裕福なアメリカ人の問題は、そのライフスタイルを維持するために世界がどれだけ苦しんでいるかを認識しない、それが自然なことと受けとめる傾向があることだ。

私は大きな財団からの寛大な助成金を受け取る立場にいた。私はその仕組みのなかから心地よく働いている自分の立場に対して幻想を抱いているわけではない。でも私はその心地よい生活が、私が運よく生まれ育った場所と時代の機能の一部であり、私の権利ではないという事実を理解しようと努めている。毛沢東主義者としてのバックグラウンドから私が学んだもっとも重要なことは、長期的な社会変革の展望だったかもしれない。この見方によって、私はすぐに成果が生まれようもないプロジェクトにもあまり抵抗なくかかわることができた。私が三五年前にインタラクティブ・メディアに対して興味を持ちはじめたころ、すぐに何かが起こるとは期待してはいなかった。もしかしたら私は自分を安心させようとしているのかもしれない。

いまだに挑戦的な発言を続けている自分がいる一方で、現行社会の基本原則を疑問視する発言がいかに困難かということの象徴だと思う。

12 読むことの意味の拡張

本をめぐる環境が本格的なデジタル時代に入り、ウェブ・パブリッシングという考え方も浸透していくなかにあって、出版の仕方はもちろんのこと、作家にとっても読者にとっても本というメディアの変化はリアルな課題となってきた。いくつもの論議は起こってきた。そのなかでボブ・スタインは盛んにソーシャルということをテーマに挙げた。SNSは「ソーシャル・ネットワーキング・サービス」がもとの言葉であったのだが、ソーシャルという言葉に特段の注目が注がれたとは思えない。めずらしい言葉、異質な耳障りということではSNSのほうがむしろ当たり前のことのように吹聴されていた。

デジタルによる市場での成功をもくろむ業界では、新奇な言葉が好まれてきた。その言葉が引きずる過去からの流れや関係性、歴史などは意味をなさなかった。むしろ、誰も知らないキャッチーな言葉が突然持ち上がって、気になる言葉を振り回して、スワッと無闇にしがみつく無数の顧客を手中に取り込んだ。何も知らないことにしておくことが商売の手であって、言っている当人でさえ定かに知らない。すべてこの手の繰りかえしで生きていく一攫千金《いっかくせんきん》の投機的パターンが真新しい市場にはついて回った。

ボブ・スタインの提起したソーシャルは言葉としては異質なものではなかったが、社会的な関係性というあまりにもまともに正面からの捉え方をしている点で新奇性に欠けるものだった。デジタル出版に対する長い経験のなかで、彼が非常に気がかりにしていた、突き詰めざるをえない課題を見ようとしていた。

それはインテリジェント百科事典のところですでに垣間見えていた。技術革新によって生み出される人とモノとの関係はなんとか想像できたが、モノを経由し、モノを越えて、その先にある人と人のつながっていく世界があることについては想像が及ばなかったと、彼は述べていたのだ。彼が言うソーシャルは、今になってわかってきたという口惜しさが述懐させたものではなかったかと思う。これを念頭に彼が言ったソーシャルの四つの定義を見ていただきたい。

ソーシャルとは、
本の余白上で知りあった人と会話することだ。
ソーシャルとは、
その本を読んでいるすべての人のコメントにアクセスできることだ。

ソーシャルとは、
本に専門的な注釈をあとから付加させて読むことができることだ。
ソーシャルとは、
作家の本のなかに、非同時にあるいは同時にかかわることだ。

ボブ・スタインはこれら定義を基準として、みずからがかかわるべきデジタル出版を再考していった。

彼の推進した「本の未来についての研究所」が中心となってマッケンジー・ワーク(McKenzie Wark)の『ゲーマー・セオリー(GAM3R7H30RY)』を、「ネットワーク化された本」として出版したとき、そのようなグループ・ソーシャル・リーディングの実験をはじめていた。二〇〇六年のことだった。

「本の未来についての研究所」は、米国のマッカーサー財団の支援によるものだった。出版されたページから、オン・スクリーンのネットワーク出版へどのように進展するかを探るために、大きな助成金が授与された。ウェブ社会の時代がやってくるちょうどその頃合いに、大学を卒業する若者たちのグループとともに、ネットワーク化された〝本〟という課題のもとで数々の実験がおこなわれた。

ボブ・スタインは実験について、とても簡単なポイントを次のように言っている。

ウェブ上でコメントというと、いつも最下段にあるか、ほとんどが文脈にリンクすることからかけ離れた場所になにか意見を書き込めるような対応で済ませていた。それを単純に本文の横に持ってきた。そして本文とコメントの関係を考慮して、本文を意味のまとまりを単位として段落で切って、それを単位としたページ立てをした。そのことによって、付記されるコメントは本文の意味内容に即した形で切り分けられるようになった。こんな小さな観点の変化によって、コメントの数は驚くほど増加し、なおかつ焦点のあった論議の展開につながった。

ボブ・スタインはあわせて次のようにも発言している。

私たちはみな、読み書きは孤独な作業と思いながら育ってきた。これは個人に焦点をあてる時代では当然のことだった。ネットワーク化されたデジタル文化はコラボレーションの向上につながっていく。時期は熟している。現在、私たちが直面している問題は非常に複雑で、解決するには個人の努力では不十分だ。人類は一つの問題を、多数の目で見ることを学ぶ必要がある。オンラインでの共同読書は人々の共同思考を可能にするものだ。けっして相互に朗読した時代に戻ろうと提案しているのではない。ソーシャル・リーディングは同時進行である必要はない。一人で本を一時間読み、マージンにノートを取り、友人や同僚のコメントに返答することができる。

まさに人とモノとの関係を論議してきた長いデジタル出版の経緯から、ネットワークをテコにした人と人の関係に視点を移していこうとする姿勢が明らかだろう。ボブ・スタインはさらに実験的なコメントの必要性を実証していく。

ノーベル賞を受賞したイギリス人作家ドリス・レッシング(Doris Lessing)の『Golden Nctebook』を一緒に読むように七人の女性たちに依頼した。彼女たちの議論が進行するのを注意深く見守りながら、自分はその本をよく知っていたけれども彼女たちの議論から学べるものの多さに驚いたと言っている。彼女たちは自分が気がつかなかった視点を持ち、考えなかったような意見を持っていた。二〇〇八年のことであった。

これらの試みは「コメント・プレス(Comment Press)」と名づけられた。そして多くの教室での試験的利用をおこなった。試用した先生たちは、全員が教室の境界線が変わったと報告してきたという。教室で始まった対話は、生徒が放課後に共同でマージンの上で宿題をするとともに続けられ、次の日に教室で続けられたとも。

新しい時代になり、本といえどもそのあり方は今までのものとは様相を変えている。問題はその変化が確実なものとして定着するかどうかだ。デジタルによる出版が切り拓こうとしてきた「つくる」という課題があったと思う。これさえもいつのまにかどうなったのか、揺れ動いている。現実は定着どころか変化のほうが激しかった。だからすべては試作として提案されたという域を出ることはなかった。

ボイジャーでの初期のプロダクションのころから、プログラミングにかかる高い経費は将来の出版者にとって障害になるであろうと予測できていた。「つくる」ことに、なんといってもコストの問題が深刻化した。個々のプロジェクトに専属プログラマの必要性は二つの大問題を生み出した。一つはコスト。コストは出版物に反映され高価格とならざるをえないためにマーケットのサイズが非常に狭くなる。次の問題は、重要な開発プロセスの一環に作者がかかわれないということだった。したがって、デジタル出版が紙の出版文化のように多様性をともなったものになるためには、なんとしてもデジタル・プロダクションの過程に作者自身がかかわり合える仕組みが必要になる。

それをボブ・スタインは「つくるツール」だと考えてきた。映像も音も写真もテキストも、リッチと言われるさまざまな情報を作家が自力で操作でき、本の基本原則であったユーザ・ドリブンの仕様で世の中にパブリッシュしていくことができる。これを追求した。

「つくるツール」としてボイジャーが経験したもっとも極端な一例と言ってもいいかもしれない『WHO BUILT AMERICA?』を例にとってみよう。『WHO BUILT AMERICA?』はCD-ROMによる新しいデジタル出版の試みだった。歴史学者のロイ・ローゼンツウェイク（Roy Rosenzweig）、ステファン・ブライヤー（Stephen Brier）、それにビジュアル・エディタのジョシュア・ブラウン（Joshua Brown）らが中心的にかかわって考案され、「アメリカ社会史プロジェクト＝ASHP（American Social History Project）」と協力してボイジャーから出版された。これには四時間三〇分以上のオーディオ（口述の歴史、現場音声の記録および音楽）、四五分のアーカイブ映像、五〇〇〇ページ以上の歴史的文書、七〇〇以上の写真、数十のグラフ、地図、その他多くの情報提供を備えていた。この〝本〟の特別な機能のなかには次のようなものがある。

映画

二〇以上の映画クリップ。そのなかには、初期の無声映画『大列車強盗』、エリス島に到着した移民、一九一二年大統領選挙の候補者、五番街を行進する女性たちなどが見える。

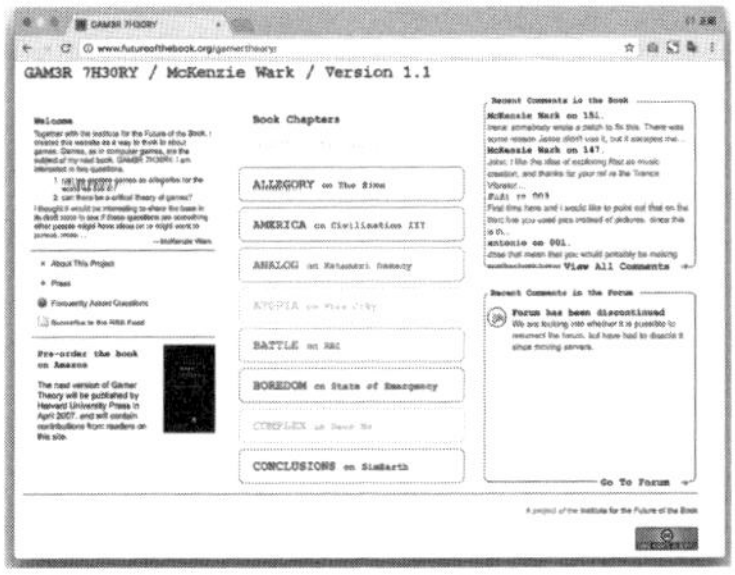

マッケンジー・ワークの『ゲーマー・セオリー』の目次。ネットワーク化された本ということを意識してか、従来の本の体裁をウェブ・コンテンツに近づける意図を表している。

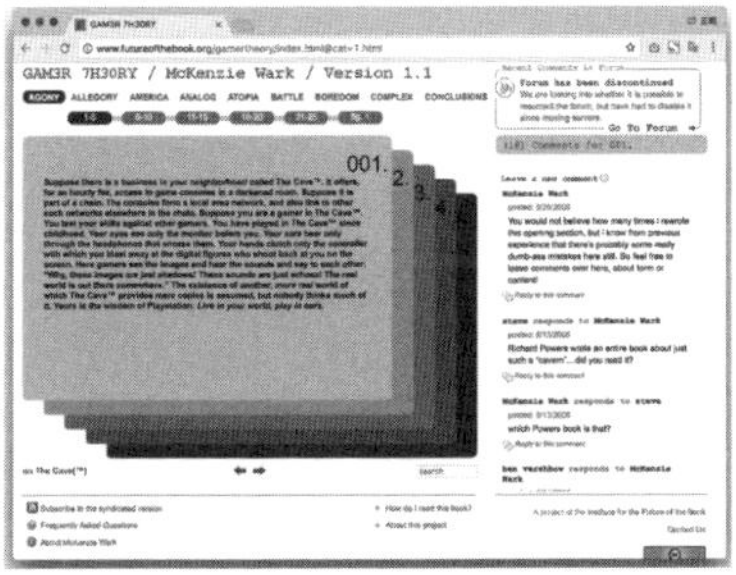

文章は段落ごとに区切ったカードに割りつける。これを従来の本のページと考えた。コメントは、カード（ページ）のすぐ右横に表示され、カードの文章に即して書き込まれていく。

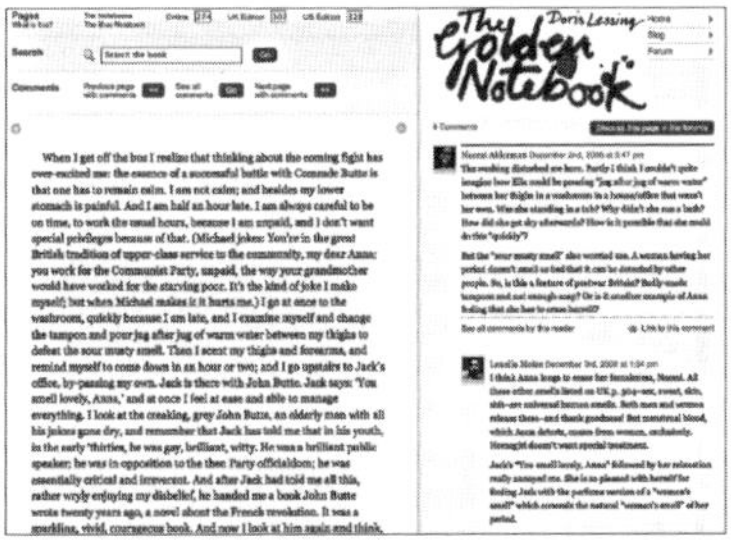

作家ドリス・レッシングの『Golden Notebook』。7人の女性たちのコメントが本文に即して書かれている様子。

口述の歴史

移民、小作人、先住民、石炭鉱夫などとの三〇以上のインタビュー。ここではマンハッタンの製縫工場トライアングル・シャツウェイスト(Triangle Shirtwaist)大火災の生存者の証言や、一九〇六年アトランタ人種暴動の目撃者の証言を聞くことができる。

音楽

この時代の二四以上の音楽を聴くことができる。抗議と労働の歌、黒人のスピリチュアル&ワーク・ソング、ティン・パン・アリー(Tin Pan Alley)のヒット、カントリー・ミュージック、ブラス・バンドの曲を含む。

アーカイブ音声

ブッカー・T・ワシントン、アンドリュー・カーネギー、セオドア・ルーズベルト、ウッドロウ・ウィルソン、ウィリアム・ハワード・タフトなどのレア・レコーディング、初期のボイス・ビル・スターのユーモア。

ドキュメント

移民からの手紙、議会の証言、新聞の決算書類、裁判所の判決、有名なエッセイ、フィクション、詩、社会学的研究など、主要文書の数千ページ。

イメージ

再現された何百もの写真には、ジェイコブ・リースとルイス・ハインの作品を含む新聞、雑誌イラスト、絵画、まれなドキュメンタリー写真などのアニメーションや広告が含まれている。

これら膨大な資料情報を一枚のCD-ROMへ格納する作業が付随する。的確に処理していくための「つくるツール」が必要とされた。処理の中心的な課題は情報のリンケージであり、ランダム・アクセスとしてレーザーディスク時代から培ってきた米国ボイジャーの本領が発揮されたと言ってもいいだろう。しかし、これだけの量の情報処理のためのツールを処理して、作家自身がデジタル・プロダクションにかかわり合えるのは一部であり、すべてではなかった。

ボイジャーの三社分割のあと、ナイトキッチンを起業したボブ・スタインは、作家自身がプログラマなしに編集できるようになる方向性が正しいだろうと思い、さらに追求していこうと考えた。学術書で熱烈にデジタル技術の導入を推進してきたロイ・ローゼンツウェイク、ステファン・ブライアー、ジョシュア・ブラウンに対して、『WHO BUILT AMERICA? 2』を企画した。しかし、最終的に『WHO BUILT AMERICA? 2』を彼らは書くことはなかった。それほどまでに「つくるツール」を使う当事者として「作家の不在」はついて回った。デジタルによってなんでもできるという幻想や願望は、結果としてできることは限られており、誰もができることではないということに落ち着いた。デジタル出版における「つくるツール」は後退した。ボブ・スタインはこう言っている。

私たちの社会は人々を有能なつくり手としてではなく、良い消費者に育てようとしている。おまえがつくるのではなく、オレがつくったものをおまえは買え、それでいいんだ、楽だろう、と。

もし、有《あ》り体《てい》にそう言われたら誰もが怒るにちがいない。でも、現実はそうだ。早い時期から子どもに表現させることの価値を、（これは「私にとって」は歴然としたものなのだと強調したうえで……）親たちは認めようとしていない。すばらしい教育を生徒に与えている例はいくつもある。でも社会が早期マルチメディア教育の価値を認めないため、幾多の成功にもかかわらず、同じ学校の他の先生たちは誰もツールを使おうとしない。これはすべての生徒がMacBookを与えられる学校での話だ。

ボブ・スタインのコメントから適宜引用してみよう。

だから、なんとか簡単に誰でもすぐに学べる人間的なものをつくりたかった。私が子どものころ、先生たちは鉛筆やペンの使い方を教えるのに時間を費やすことなどしなかった。表現をするための基本的なツールはほぼ身に備わっていた。先生たちが時間を費やしたのは文章を書く技術や歴史の教授だ。だからと思って完璧なものを開発しようとし、実際にはそれは不可能なほど難しい作業だった。小さなサブセットを公開し、そのベータ版を改善する道を選んでいたら私たちは成功していたかもしれない。

出版の現実はプリントする前に完璧な原稿を用意することだった。私は出版者として完璧な初稿を整える現実のなかで生きてきた。でもそのアプローチは、デジタル・ネットワーク時代のソフトウェア開発には間違ったものだった。そこそこの第一バージョンをリリースして、できるだけ早く改善するのを目的とするべきことだった。リッチメディア・オーサリング・ツールの開発に私はかかわってきたが、プロジェクト開始から一年ほど過ぎたころ、研究所でのネットワーク化された本に関する実験が遠因となり、ユーザがマージンで対話できるソーシャル・コンポーネントを持たなくてはならないことに気がついた。この直感は正しいものだった。けれど、直感を実現することに力を注ぎ、基本的機能の実装をバージョン1・0から取り込もうとした。何カ月も開発期間を延ばす結果を招いてしまった。

こうした長い苦渋の経験があったからこそ、「つくるツール」という意気込みから比してはるかに容易とも思える、作家の作品を前提とした「コメント・プレス」という道ができていった。すでにあるか、あるいは誰かによって新しく書かれているか、そういった作品があり、これに読者がコメントを付していく。もちろんコメントがコメントを呼び、ときに専門的な注釈が加わるようなこともあるかもしれない。だがけっして新たな創造ができあがっているとは言いがたい。そこにあるのはコメントであり、そのなかにリッチな要素を含まなければならないことはない。大切なことは、人と人を連携していく関係が〝本〟によってできあがっていくことだ。これもまた〝本〟の新しい時代における大きな力となっていくことだ……ボブ・スタインの論点は人と人との関係を視野に入れた世界に大きく変化していった。

13　本が与える情報の加工の糸

二〇一三年三月にイタリアの新聞『Corriere della Sera』に書いたボブ・スタインの寄稿がある。「本の未来は、社会の未来である(The Future of the Book is the Future of Society)」と題した文章のなかで、当時三〇年を超える過去のデジタル出版との取り組みを経験して「本」の定義は大きな変化を遂げたと書いている。

はじめは、単に物理的性質の点で「本」を定義していた。紙の上にインクがのっているとか、冊子体として綴じられているとか……。しかし、一九七〇年代後半には、新しいメディア技術の登場により、ページの概念は音声および映像を含むように拡張して、オーディオ、ビデオを構成要素として備えた書籍を想像する可能性が見えはじめた。「本」とは、綴じられた紙の上のインクなどではなく、読者が内容へのアクセスを完全に制御するユーザ主導の媒体だということがわかってきた。レーザーディスク、その後のCD-ROMのユーザ、読者と言うべきなのかもしれないこれらの人たちは、映画を「読む」ようになった。椅子に座っているだけの体験だった映画を、完全にユーザ/読者主導のメディアに変身させたのだ。この定義は、レーザーディスクとCD-ROMの時代を経て成立したが、インターネットの台頭によって完全に変貌していった……。

ずっと語ってきた彼の持論を前提にして、そしてまた特有の持論でもある長期的展望が続くのだ。時間と空間のなかで人がアイデアを動かすための乗り物として、「本」というものが語られはじめた。現実的な対象もないままにこんなことをボブ・スタインが言い出すと、他人の理論へのタダ乗りのごとき勝手な言い分だと反対表明が挙がっていった。言い当てる言葉というか、確固とした新しい表現はまだなく、これらが出現するには数十年、たぶん一世紀を要するかもしれないという説明になった。明確なものが現れるまで、今は、継続的に「本」の意味を再定義していくしかない。

出版されたページから、オン・スクリーンのネットワーク出版へどのように進展するかを探るために、いくつかの財団から大きな助成金が授与されるチャンスをつかんだ。「本の未来についての研究所」の設立にそのお金は投じられた。ネットワーク化された「本」という課題のもとで数々の実験がおこなわれることになった。すでに触れてきたマッケンジー・ワークの『ゲーマー・セオリー』を使った実験の内容が、ボブ・スタインのこの新聞寄稿にはより詳細に報告されている。

この本の構造は、ページ番号ではなく、むしろ文章の段落の番号で成り立っており、読者がページではなく段落にコメントを書き込むことを可能にする革新的なデザインが要求された。解決策として、そのとき、単にグラフィック・ユーザ・インターフェースのように作家マッケンジー・ワークのパラグラフの右にコメントが書かれるようにしたのだ。今までの標準では、作家の文章の下にコメント欄が置かれてきた。

『ゲーマー・セオリー』をオンラインに上げて数時間のうちに、マージンに活気のある議論が浮かび上がった。

マッケンジー・ワークは議論を展開するうえで非常に積極的な役割を果たした。『ゲーマー・セオリー』のテキストとコメントを横並びに、併存するレイアウトになると、著者と読者は突然同じ視覚空間を占めていることになり、両者の関係ははるかに大きな平等なものに変わっていった。時間が経つにつれて、著者と読者は彼らの相互理解を高めるための共同作業に従事していたことが明らかになった。最初は、伝統的な印刷物の階層構造では著者の作品があくまでも頂点であり、「読者のコメント」は、そこに従属する役割以外のものではないとさえ思っていたのだ。この考えは間違っていた。

私たちは、人々が集まり自分の考えやアイデアを見つけ出す「場」としての「本」について語りはじめていた。その後、教室や読書グループで実験がおこなわれたが、著者がかかわっていなかったとしても成功しており、著者と読者の関係がはるかに変化していることをこの目で見て実感していくことができた。

私たちの文化は、読むことと書くことを個々孤立した行動としてみなしている。だから考えを印刷物に具現化したページからスクリーンへのテキストの移動は、それが社会構造を前進させ価値を増大させることを可能にするほど大きな影響を持つものとは思われてはいなかった。

けれど、いったんソーシャル・リーディングの経験を積んだら、価値は明らかだった。新しい電子メディアの独特な意味合いの活用を学ぶにしたがって、表現の形式は劇的に変化してきた。読者が知識やアイデアの生産においてより積極的な役割を果たすにつれて、読むこと、書くことの境界は、はっきりと分かれるものではなくなるということだ。

私たちは「印刷物の時代」は一四五四年からとしている。小説が目に見える形で現れるまでにそこから一五〇〇年以上がかかった。新聞や雑誌は、登場するまでにさらに時間がかかった。グーテンベルクと彼の仲間の印刷先駆者たちは、イラストで描かれた文字を再生産することからスタートしたのだ。そして、現代の出版社は印刷されたテキストを電子的なスクリーンに移していることだけに力を注いでいる。それも下請けや関係の子会社に発注する形で間に合わせているだけだ。みずからが渦中に飛び込み泥まみれになって這いつくばってそこから学ぶべき何一つを獲得することもなく表向きの電子化がなされている。

この移行によってだけでも、テキストは検索可能になり、持ち運び可能な個人書棚ができ、インターネットからダウンロード可能などの有益なメリットがもたらされたが、出版の歴史においては過渡的なものだ。時間の経過とともに、新しいメディア技術は、何十年も何世紀にもわたってメディアの世界を支配する新しい形態の表現を生み出すことになる。ボブ・スタインは、それを担うのは誰かについて、こう言っている。

私の直感では、それはゲームメーカーだろう。出版社のように遺産とも言える伝統製品を保持しているのとは違って、〝ない〟からはじまる変革の最前線に立っているからだ。マルチメディアはすでに彼らの言語であり、ゲームメーカーは盛んに数百万人のコミュニティの構築において卓越した進歩を遂げている。従来からの伝統的な出版社が祈るように版面をタブレットに移植しているうちに、ゲームメーカーは、ネットワーク化されたデバイスの莫大な約束を受け入れ、何世紀にもわたって支配する表現方法を発明し定義することだろう。

あまりにも言い方としては能がない、でもそうなのかもしれない。寄りかかる何ものもなかった場所から、ゲームメーカーは大きなコミュニティをつかんでいった。無我夢中で生きたことだろう。妙に気取ることなど何もない。たくさんの夢を語った。その夢のなかで我を忘れた。

「ランダムハウスに自分たちの考えを説得するより、オレたちが未来のランダムハウスになるほうが早いよ」と、ボブ・スタインは躊躇もなくペロリと言った。同じようなことをアラン・ケイも言っている。ボブ・スタインとは一緒に働いた仲でもあり、似てくるものかもしれない。「未来を予測する最善の方法は、未来を発明してしまうことだ」と。

多少の疑いがなかったわけではないが、目を見張った。ボブ・スタインは飛躍をそそのかしていたのだ。それを信じることのほうが、あまりにも子ども同然の無防備だった。明日になればすべてがわかる、夢見るすべてのもの。そんな態度だったから、長いこといわば地を這うような日々を歩くことになった。売上のない毎日。この社会を成り立たせる根本のところでケッ躓《つまず》いている。これは身にこたえるが、今を否定して生きる態度を確固としていくことができた。この態度の悪さこそ明日を切り拓く種子かもしれない。

一九六〇年代という激動の状況に、青年期を過ごしてきたボブ・スタインと私にとって、時代の世界動向や起こった数々の事件に影響されずにいることはむしろ難しいことだった。

多少とも社会に口出ししたかったボブ・スタインの意識過剰は、左翼思想に感化され、三〇代の中ごろまで、そのまま革命運動のなかに自分の身をさらすことになった。ボブ・スタインはみずからの責任において応分の犠牲を受け持った。そしてビジョンを語りつづけた。その態度に未来を模索する有力団体が資金をつぎ込んだ。資金源としては水泡に帰したと反省していることだろう。こうした矛盾に満ちた混乱こそ、私たちが勤しむべき楽しい未来なのだ。

梯子はかかったとは言えない。まだその引っかける先を定められず宙を回っている。どっちへ進んでいったらいいのか、はっきりさせてもらいたい。でも先ははっきりしている。何も言うことなどないはずの人が、どういうわけか口を開く。発信・出版できるメディアの素地ができつつある。それに人々が気づく日は遠いことではない。

戦争、難民、汚染、災害……私たちの身の回りにある危険は着実に広がっている。ものを言うことは延々と、いつになっても存在しつづけていく。誰かが取材することでこれを済ませてきた時代は終わっている。一方にいたはずの高みに立って現実を吸い上げる送り手でさえ、いつのまにか依拠するメディアの基盤を失いかけている。蹴落とされていくおのれの姿を日々発信しながら終わっていくのかもしれない。危険地帯の最前線から届けられる情報は誰が取材しているというのか。生命を賭して突進したフリーランスの情報が買い上げられているだけだ。

良き消費者として生きてきた受け手、これが私たちを取り囲む大多数の世界の趨勢だろう。何も言うことなどない……平然とそう言われ、そう教えられ、勤勉に働いた。けれど社会は私たちを見捨てていく。誰だ、その社会というヤツは？ 今ごろ気づいたのか……残念だが、その通りだ。けれど、静かに黙っていた一人、二人、彼らがモノを言うメディアはできあがりつつある。

締めくくるにあたって、マーシャル・マクルーハンの『メディア論』のなかに収録された「メディアはメッセージである」から引用してみたいと思う。一九六四年に刊行されたものであることを念頭においてほしい。

――現代になってはじめて、種々の工業はそれ自身が遂行している様々の業務に気づくにいたった。ＩＢＭが事務用品あるいは事務機器の製造をしているのではなく、情報の加工をしていることにきづいたとき、ＩＢＭは明確なヴィジョンをもって航行を始めたのであった。

（マーシャル・マクルーハン『メディア論――人間の拡張の諸相』栗原裕・河本仲聖訳、みすず書房、一九八七年）

第3章

本はどこに向かっていくのか

本はどこへ向かっていくのか？　正直わからないことだらけだが、わかってきたことがあるのも確かだ。納得できる事例として、富田倫生《みちお》らが呼びかけて始まった「青空文庫」が挙げられる。見返りを求めない、一切の提供という原則がわかりやすさを私たちに与えてきた。ボランティアの地道な活動と、作者の死後五〇年を超えた作品を社会的財産へ戻していく著作権法の精神に基づいた共通認識だった。このわかりやすさは、しかし一方で、脆《もろ》くも私たちの社会的な認識からもぎ取られていった。私たちは現実を目の当たりにした。

これから、そのわかったことについて話していきたい。新たに発見したというものではない。ずっと以前から備わっていた本の特性だったかもしれない。あらためてその特性に気づき、納得したという話までここには含めていただきたい。

清水徹の『書物について――その形而下学と形而上学』(岩波書店、二〇〇一年）によると、本とは、何か「支え」となるもののうえに記号が載せられていて、それを眼にするとき、記号に託された意味作用がそこで再現されるような、持ち運び可能な物質的装置、だという。

ここには、支えるものが何であるかなどとは一言も言っていない。紙であろうと液晶であろうと、支えるものの資格は十分にある。そのうえに、再現性という課題がある。消えてなくなってはいけない。見ようと思えば、記号に託された意味作用がそこで再現されなければならない。持ち運びということについては、もう議論するほどのことはないだろう。シンプルに以上の点を念頭に置きたい。

本の持つ力をもっと発揮させることができる時代に私たちは進んでいる。このことだけは自信を持って言いたい。しかし、これからは私にとってどんどん狭まっていく世界だろう。もうそこにどれくらいわが身を置くことができるのかは胸を張って言えるものではない。どうでもいい、勝手にやってくれと終わりにしたい気持ちがそれなりに支配する。だから輝いている明日をどうしても引き出してくることができない。ただ、未来とは今と、過去と、隔絶しているものではない。そこに今いる人間が話すことのすべては、未来につながっている。そう思うことができるまでにかなりの時間がかかってしまった。

これからのことを話すうえで、どうしても記憶しておきたい出来事について、ここにまとめておきたいと思う。

1 リアルな現実は時間をともなう

映像を意図的に静止させることを前提にした考え方が、映像表現の専門家たちから持ちだされることはまずない。もしあったとしても、視覚的効果をねらったストップモーションのようなものだ。これはラストシーンや「衝撃の瞬間」を演出する手段としての静止効果だから、時間にコントロールされる映像表現の範囲に収まっている。映像の表現者には「時間よ止まれ」という発想はない。「時間よ止まれ」というのは、映像を何かの現象の分析に用いる人たち、エンジニアや学者や医者である。

私がレーザーディスクの仕事をする直前、まだ映画会社の教育映画部で働いていたころのことだから、一九七九年か八〇年だったと思う。科学映画のプロデューサだった人間が、ある会合に都合で出席できないと話していたのを立ち聞きした。図々しく自分が代役で出席したいと名乗り出た。人のよいそのプロデューサは快く私の申し入れを受け入れ、私は小走りに会場である築地の国立がんセンター(現・国立がん研究センター)に向かった。内視鏡のチームが映像カメラを使った面白い試みをそこで披露するという。

私が知りたかったのは、ここでおこなわれていたファイバースコープと16ミリ・カメラをつなげた画像記録の実態についてだった。普通の写真機では最大三六枚しか撮れないから、一日に何回もフィルムを詰めかえなければならない。だが内視鏡のチームが持っていた映画用カメラを利用すれば、二〇〇フィート巻の16ミリ・フィルムが装塡できる。コマ数に直して約八〇〇〇コマの静止画像の記録が撮れる計算になる。先生たちは映画とはまるで違う仕方でフィルムに向き合う。編集などしない。流れる時間に左右されることなく、好きなだけの時間をかけてコマを見て診断を下す。つまり先生たちは、映像のカメラを使って「写真」を撮っていたにすぎない。

フィルムは未編集のままの撮りきりのワンカットとなり、そのワンカットは撮影された対象の患者ごとに切られることになる。この短いフィルムが何本も、後ろからの光源にさらされて先生たちの診断に使われている。ここには映像による時間的コントロールなどありようもない。

逆に、先生たちが診ることで映像をコントロールしているのだ。時間の歯車は先生たちが回している。フィルムが生み出す時間に誰一人左右されてはおらず、逆に先生たちがフィルムを支配していたのだ。

ずいぶん古臭い話ではあるだろう。今どきこんな診断があろうはずもない。自分の胃に挿入されたファイバースコープからリアルタイムで送られる映像を見ながら診察台に横たわることが常識だろう。それこそ何か異変があるなら、ボタンを押して患部の写真も撮るし、操作して患部の細胞だって採取できる。

私が言いたいのは技術の進歩のことではない。映像がリアルに現実を写し取る有効な手段である一方で、リアルな現実であるためには同時に「時間」がともなっている、伝えたいのはそのことだけだ。

フィルムという媒体でリアルに現実を記録するしかない時代に、「時間」を無視して医療行為にフィルムを利用した医者たちがいたということ。彼らのやっていることが「映画がはじめて本になれるかもしれない……」という言葉とどこかで深くかかわりを持つものであるという、ある考えの契機を与えたのだ。

『愛と憎しみ』というドイツの動物行動学者アイブル・アイベスフェルトが書いた本がある。マックスプランク動物行動研究所に所属する学者だった。ドイツには昔からの映像のアーカイブ「エンサイクロペディア・シネマトグラフィカ(Encyclopedia Cinematographica)」があり(現在は解散している)、自然、動物、人間など、多岐にわたる映像記録を保存していた。マックスプランク動物行動研究所はアーカイブへの有力な映像提供者でもあった。

アイベスフェルトは、「すり込み理論」の権威、ノーベル賞を受賞したコンラート・ローレンツの愛弟子だった。彼は来日したことがある。一九七〇年代の終わりのころだったと思う。彼が東京・赤坂のゲーテ・インスティトゥートで見せたフィルムは、はっきりと私の脳裏に焼き付けられている。

アイベスフェルトは人間の表情を正確にカメラに収めるために、人がカメラにたじろがない工夫を考えた。正面からカメラを向けられて平気な人はいないだろう。それでは自然な振る舞いが記録できない。そこで彼はレンズの先に四五度の角度でミラーを取りつけて、レンズが向けられる方向とは別の場所にいる対象を撮影しようとした。

その日、このカメラで撮影された人たちの表情が次から次へと映写された。世界のいろんな地域の人種、どれも一〇秒か二〇秒ぐらいの短いワンショットだ。人が人と出会ってふと表情を変える、合図する、挨拶をする。カメラはそのときの微細な人の表情をくまなく見せた。アフリカ、ヨーロッパ、日本……地域や民族の違いにもかかわらず、挨拶するとき現れる共通するものが見てとれる。表現・表情の大小はあっても、挨拶の瞬間には、かならず眉毛をピッと上げる。ある信号を相手に送っている。そして続けて動物の例も引用される。サルやヒヒ、まったく同じなのだ。

これはムービー映像である。時間が止まっているわけではない。しかし、何の作為も編集もない。人の顔が大写しになる。眉毛がピッと上がってまた戻る。また違う顔が大写しになる。

眉毛がピッと上がって戻る。その繰りかえしなのだ。そしてアイベスフェルトは顔が現れるたびに、「眉をよく見て……」と一言、判で押したように私たちに言った。
ただ繰りかえされる人や動物のまったく同じ行動を私は凝視した。これほどまでに食い入るように映像を見たことはなかった。そう言ってもいいくらいだった。映像の深い意味合いとパ

アイブル・アイベスフェルト
『愛と憎しみ 1』
日高敏隆・久保和彦訳
みすず書房
1974年

明らかに映画のコマから引き抜かれた
写真画像が利用されていた。

目礼の場合、眉は約6分の1秒間ふいに上がる。

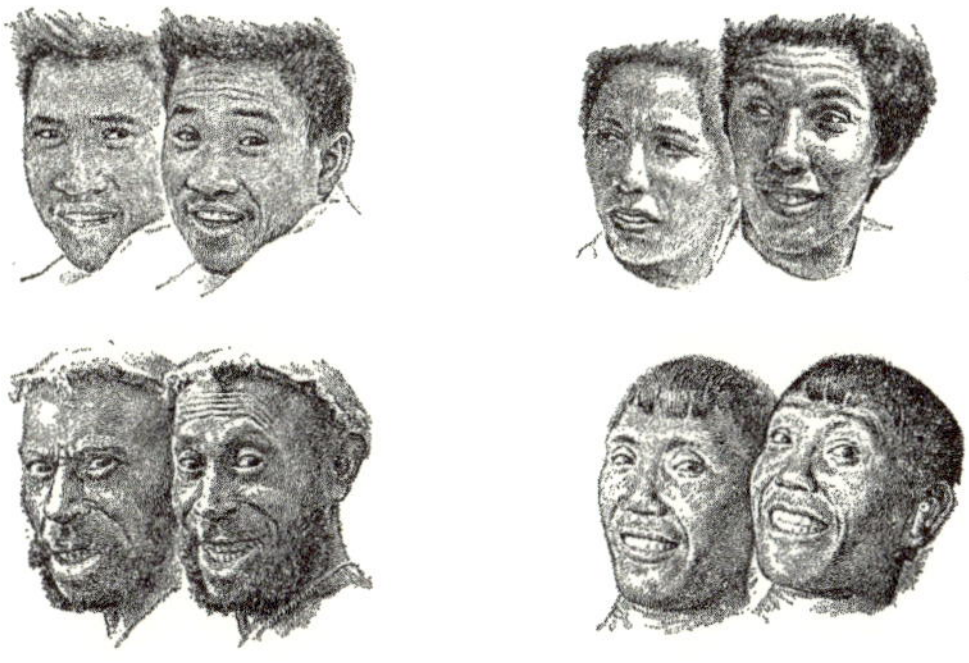

上　バリ島原住民
下　パプア人(ウォイタプミン族)

上　フランス人女性
(H・ハスの撮影写真による)
下　ワインカ族インディオ
(著者撮影写真による)

ワーを感じ取る思いだった。

けれど、そのままに投影される事実を見つめて、眉毛がピッと上がる、ただそれだけのことに私がこれほどまでに反応するのは、「眉をよく見て……」と発する、これに心血を注いで研究してきた人の言葉があったからだった。

アイベスフェルトの『愛と憎しみ』という本には、彼が自分で撮影したフィルムの抜き焼きが、そのまま印刷されている。本に印刷されている以上、フィルムの形態を残しているとは言えないが、そこから抜き出したことは明らかである。印刷された紙面はフィルムとしての機能を発揮することはない。時間を止められた写真としてそこにプリントされているにすぎない。この本に印刷されたフィルムからの引き抜きコマ片、そして実際に投影されたムービー映像、さらにまた私がその場に座り直接に耳にし、目にしたアイベスフェルトの一挙手一投足は、国立がんセンターの乳白色のライトボックスに貼りつけられた棒焼きフィルムを思い出させる。そして、それを指さしていた医師たちの姿を。

映画と本は、情報の「時間との関係」を語るには格好の対象である。映画の時間を観客はコントロールできない。他方、本の読み方を作家はコントロールできない。逆に言えば、映画ではプロデューサが時間をつかさどり、本では読者が時間をつかさどることになる。一見、何の不思議もない当たり前のようだが、じつはこのことは情報の主導権を誰が取るかという重大な問題にかかわってくる。そして、もしそうだとしたら、「映画がはじめて本になれるかもしれない……」と私に伝えたボブ・スタインの一言には、たいへん深い含蓄があったことになる。

単に時間を止めて一枚一枚の画像をコマ送りしたり、ビデオを早回ししたり、そうした素朴な仕掛けのうちに特別なものを見いだすことは難しい。だが考えるということは時として人を妙な世界へと引き込むものだ。もしそこにささやきにも似た声が聞こえてきたとしたら。ただいい気持ちになって流れる時間に身を任せるだけではない世界を覗き見たような気になった。

自分が何かを握っている、押している、引いている……自分で歯車を回しているのだ。ただ単に時間を止めてみるだけのことから、情報における主客の転換につながる身の置き方を夢想することができた。コロンブスが卵を立てるのを見ているような気分でもあった。そんなことが情報を送るメディアの世界にありうるのだとしたら……。本当に、そういう時代になるのだろうか？　そして自分もその場に居合わすことができるのだろうか？

2　この手でつくり、この手で流す

ボブ・スタインと私は、ロサンゼルスのありふれたファストフード店で飲み物だけを注文して小一時間を過ごした。親しく口を利くようになってまもなくのころだった。道路を隔てた向こう側に新装のショッピングモールが見えていた。車の出入りはひっきりなしで、消費を貪る幸福の香りがこちら側にも届いていた。

語るボブ・スタインは襟のすり切れたシャツを着ていた。すでに禿《は》げ上がった額を突き出し、やるべきことの偉大さを語った。身を乗り出して迫ってくる勢いだった。偉大なのはわかったが、それでどうだというのだ、と私は切りかえした。彼はありありと不快の体《てい》を示し、おまえはわかっていない、必要なものが何なのかを。金だよ、お金だよ、丁寧に資金と言ってもいい、と。はっきりとわかった。

あるならくれてやりたいところだが、あいにく自分にそんな金は持ち合わせがない。こんなところで食い下がられてお金が出てくると思ったら大間違いだ。第一お金が工面できるには「たいそう偉大な」アイデアを実現させる提案が形をなしていなければならんだろう。

ボブ・スタインは私を見かえして、そうか、それなら提案とやらをつくってみようじゃないか、と言った。そのうえにこう付け加えた。

「未来のランダムハウスになろうじゃないか。自分がランダムハウスになることだよ。ランダムハウスにデジタルを説得するよりも、自分がデジタルのランダムハウスになるほうが早いだろう。わからないやつに説得するくらいなら、その労力を不可能に近い自分の目的に投入していくほうが賢明だ。同じ不可能なら……おまえだったらどっちを取るかい?」

このやりとりは私流の解釈で日本に輸入され次のような脚色が加えられた。同じ貧乏なら、人の金儲けの手伝いをして貧乏になるのか、自分の好きなことをして貧乏になるのか、どっちがいい? 後者を取るのが当たり前だろう。でも、しかし、貧乏であることには変わらない。

こうも例えられた。もりそばを食ってコーヒーを飲むか、コーヒーを飲んでもりそばを食うか? 引っかけによく人は騙《だま》される。あたかも選択の余地を与えられ、自由に何かを選んでいるような気持ちになる。やっぱり食後にコーヒーが飲みたい……などと言ったらおしまいだ。

術中に嵌《はま》ったも同然、何も選んでさえいない。枠のなかに巧妙に押し込められ、自分の錯誤を自由だと安住する。

この手の引っかけの選択を論議したいわけではない。私たちはメディアを通して私たちの自由と向き合いたいと思うのだ。与えられ、仕組まれ、引っかけの言いくるめや報道に我慢できない。情報を送り出すのは専業の誰かなどというおめでたい前提を疑いたい。私たち自身が十分な情報の発信者であってはいけない理由などない。その自由を話したい。

自由には代償がついて回る。私の自由が相手にとって都合がいいなどということはまずないのだ。だから自分の自由には失う何かがついて回る。これが送り手と言われる成長したメディアにはない。テレビがその典型だろう。

「まっいいか」という線引きする限定付き枠内での納得。これを受け入れて自由のなんたるかなどと論議しようとしている。ジャーナリズムが一番「自由」に妥協している。多くの注目を集めればいい、情報の送り手がそこに依拠していくなら世も末だろう。

テキストも画像・音声も映像さえも備わって、本のようにページを読み進むもの、〝読むように見る〟、〝見るように読む〟の存在がありうるだろうことはわかってきた。それは与えられるようなものではない。自分で獲りにいけ、と声がする。オレがか……。

現状を打破するかどうかはわからないとしても、唾《つばき》を吐く嫌味ぐらいにはなるだろう。その程度か。他愛もない自分の悪態が、よってたかって殴打され、足腰立たない反撃を食らいはしないか。

だが待ってほしい。何よりも彼によりも、それをどうやって実現していくのか？　自分がランダムハウスになることだァ？　そういう夢や希望があって悪いことはない。妄想だろうそれは……イリュージョンと言うのかもしれない。勝手に思いめぐらすビジョンと現実に実行するというあいだにはとんでもない隔たりがある。いわば雲泥《うんでい》とも言えるこの大きな差を私はまるで認識できずにいた。

実行の手はじめに私たちが取り組んだのは「エキスパンドブック」というデジタル出版の制作ツール開発だった。米国産であることから正確に言えば「Expanded Book」とすべきものだろうが、語呂がよくないと日本では省略してこう改められた。

ジーン・ヤングブラッド(Gene Youngblood)が書いた『Expanded Cinema』という、映像の可能性を示唆する書籍があった。この本に影響された若者は少なからずいたことだろう。映像とは、撮影所でつくられる映画のことだと思っていたらとんでもない。奇妙でもあり、なんとも言えない美的陶酔を引き出してくる表現が可能だと、実験映像の数々を紹介した。その本に触発されて、懸命に作品を探し回ることによって、映像の前衛作品との触れ合いが生まれた。今となっては古き良き時代の論考だったかもしれない。

「Expanded Book」はその名が示すように、この『Expanded Cinema』が紹介した実験とか前衛とかに少なからず影響されていた。

先を行くことに痛快さがあることはわかる。現状を打ち消し、偉そうにも振る舞えるだろう。しかしエキスパンドブックはきわめて古風な態度だった。そのとき、私たちがデジタルなブックのデザインでめざしていたことは、見る誰もがそれを一目で「本」であると感じられるようにすること、そして「本」の持つ優れた機能性を極力保持して読者ができるだけ不自由を感じないようにすること、それだけだった。文字検索やノートにテキストをコピーする機能などは、いわばボーナスにすぎない。そういったコンピュータ的な機能を得るために、読者が「本」で享受していたことをあきらめる必要はまったくないと考えていた。

直観的に感じていたのは、テキストをリーダブルな形でコンピュータに移植するのは巻紙からきちんと装幀された本への移行に匹敵する重要なことだった。巻紙というのはリニアなメディアであり、読者は内容へのアクセスを非常に制限される。しかし、いったんページ割りされ順番に綴じられることで、文書の内容のありかへのアクセスが飛躍的に高まっていった。それと同じように、テキストがデジタル化されることにより、今度は読者はどの語句にもアクセスできるようになる。デジタル化された情報はネットワークを介して世界中に発信することも

ジーン・ヤングブラッド
『Expanded Cinema』
1970年

映像は単にハリウッドが送り出すエンタテインメントだけではないこと、自分の手で映像は送り出すことができるメディアであると、実験的作品を示しながら解説した。この本に励まされて、映像の先駆者となったパイオニアは多くいた。しかし、それはけっして安寧なものではなく、たいがいは茨の道だった。

できる。そのうちこのことが読書の仕方をよりアクティブなものに変えていくかもしれない。そして、さらにそれ以上のことが起こるにちがいない。きっと私たちは表現の新しい形を見ることになるのだとも思っていた。

もう一つ、自分で出版したものを届けるという課題を視野に入れていた。流通のことだ。つくる人は私でも、配達するのは違う人。つくることはなんとか自分たちでできたとしても、これを流通することはまた別種の大きな秩序があった。出版と流通との違いは、当然のように現状に依拠していた。配給とか配達とか言い換えられる局面もあっただろう。

やったことはじつに質素なことだった。本がフロッピーディスクという小さな格納媒体に収まったために、郵便を使うか自分で運搬ができたというくらい、見た目には自転車のペダルを踏んで目的のお店に坂道を滑っていったまでのことだった。それがどうしたと思うだろうか。この流通にかかわるデジタルとネットワークは、じつはとてつもない既存秩序の破壊につながることだった。

こうして一九九二年にはエキスパンドブック・ツールキットの最初の英語版を、そして一九九三年には日本語版、ヨーロッパ九カ国語版を私たちは発売した。

最初のエキスパンドブック・ツールキットが生まれてから三年のあいだ、私たちはこのソフトウェアに対するきわめて多くの反応を体験した。実際にソフトウェアを動かしデジタルの本をつくろうとする困難や疑問について、いったい自分にもできるかどうか不安を抱きながらの相談、私たちが想像もできなかった活用方法の提案など。予想していた以上の人々がさまざまな形で言葉を発しようとしていることに、私たちはあらためて目を見張る思いだった。気づかされたのは次のようなことだ。

この世にはさまざまなメディアが存在し、きわめて強力に情報を流しつづけている、そんななかにあっても自分から何かを発信しようとしている人々がいるということ。それはすべての人々の願望として胸の内に備わっており、第三者によって記述されたり撮影されたりすることよりは、語られる本人や撮られる本人が立場を超えて、発言し、発信できることを本当は願っていること。そしてそうした想いが生まれてきている背景にコンピュータの普及があり、「想い」と「コンピュータ」という二つのあいだに深い関係があったということだった。

緻密な管理と合理化を推進してきた計算機としてのコンピュータが、一方では「創造的な思考を助けるダイナミックなメディア」となろうとしている。コンピュータにどうかかわるかという人の姿勢によって、世界がまるで変化しはじめる。

コンピュータの持つパワーは多岐にわたり、表現の可能性もかなりの深さと広がりを持っている。したがってソフトウェアを開発する者にとっては、そのソフトウェアがどれほど高い技術的、表現的レベルを具現化するものかを提示しようと思ってしまう。しかしそのことを強調する以上に大切なことは、自分の言葉で記録し、自分の力で発信することの意味であり、人が創造に参加することによって育まれるパワーの重要さだ。

コンピュータによって特殊で図抜けた世界が開かれたとしても、それが限られた人の手に握られる排他的なパワーであるならば、コンピュータもまた人に敵対し、奪い、苦しめるものにならざるをえないだろう。そんな世界よりも、当たり前の世界が当たり前になっていくことの力強さを問いつづける必要がある。その仕事もまた図抜けた能力の一つであるわけだ。

エキスパンドブックが言葉から出発しているのも、このソフトウェアが人の持つパワーを取り戻すことを主眼につくられようとしていたからだ。私たちはコンピュータの持つ可能性をより広く人々のパワーとしていくために、そして人が困難なかにあってもなお創造し、記録することの情熱を絶やさないように、一番身近にあって使いつづけられてきた言葉を重要に考えてきた。

3 雄弁に語りかけたハイパーカード

この手でつくりこの手で流通すると言いながら、この手が動かすものはアップルのコンピュータ、マッキントッシュだった。一九八〇年代、八二年からその年代の終わりにかけて、日本ではNECのPC98という機種が席巻していた。誰も知らないような外国のコンピュータを使って、商売などできるのだろうか？　マッキントッシュでつくり、読むのもこのコンピュータが必要だ。これでしか読めない。なんだァ……と、そう思うことだろう、おっしゃるとおりだ。出版だというなら明らかに間違った考えそのものだ。でもしかし、アップルに依存するしかない状況のなかにデジタル出版はスタートしたのである。

理由ははっきりしていた。どうあろうと私たちがもっとも注目したのはマッキントッシュが個人一人ひとりの未来に焦点を当てていたことだった。どこよりも一番先を走り、世界の今後を語ろうとしていた。会社や組織のビジネスの合理性を担うということではなく、パーソナルな視点で私たちの生活を豊かにしていく、人とコンピュータとの関係を伝えようとしていた。あるハードに依拠した限定付き出版ということよりも、たとえ偏った歪《いびつ》なものであったとして、そこに本質的な提案があるならば、解決は時間の問題だと鷹揚《おうよう》に考えていたのだと思う。

アップルのやってきたことはいろいろあった。語ればきりがないくらいだ。そのなかで忘れられない私たちのツールとして、ハイパーカード(HyperCard)があった。アップルが一九八四年に導入したマッキントッシュに、一九八七年にハイパーカードはバンドルされた。アップルの開発者だったビル・アトキンソン(Bill Atkinson)が開発の中心を担った。

情報の最小単位を一枚のカードだとする考えが示されていた。カードに文字を書き、何枚ものカードを積み上げて綴じれば、ナンバリングされた本になった。また、一枚のカードにボタンを付けて、ボタンを押せば、積み上げられたどこかのカードに飛んでいく。これはまるで私たちが本で日々やっていることと同じだった。二つのカードは……情報は、瞬時につながった。本を読み、注釈のある別ページを見るようなものだろう。カードをパラパラと自動的にめくっていけば描かれたイラストはその場でアニメーションになった。

ボタンを押せば音も出た。この音はコンピュータから発するビープ音などだけではなく、コンピュータにつながった外部メディアへのリンクを可能にしていた。ドライブに音楽のCDを入れたら、随意の音楽の正確な場所へリンクが取れた。その場所から一定のある場所までの音声をプレイしてストップさせるというようなことができたのだ。当然にもカードにはその音楽箇所についてのコメントとも能書きとも言えるテキストが表示される。読むことと聴くことが一体化した提示となっている。まさに音の再現が随時・随所で可能になる本の実現と言ってもよかった。

何よりも明瞭に原理原則をカードの集積とボタンとリンクによって解明してみせていた。データだの情報だのと、わかったような、わからないような言葉を頭をひねくって理解する必要は一つもなかった。コンピュータに馴染みのない人々にとって、このわかりやすさは本当にありがたいものだった。自分でもやれるじゃないか！ そう思った。

これでつくられた記念碑的作品として、ロバート・ウィンター(Robert Winter)の『ベートーベン第九交響曲』というのがある。当時ロバート・ウィンターはUCLAの音楽学部の教授だった。音楽CDはとんでもない作品数が市場にあふれている。一方で音楽についての知識・知見というものも相当数、本として出回っている。しかし、その両者をつないで見せることは音楽CDを聞き、本を読んだ読者の頭のなかでやられるしかない。

教授としてのロバート・ウィンターは教室で学生たちにそれをやって教えている。何たるかを大声でひとくさり話したうえで、教壇のピアノで実演してみせる。言っていることと音楽とを結び理解を立体化させる。これがハイパーカードと市販の音楽CDをリンクさせて目の前に届けられてきた。ボイジャーのCDコンパニオンシリーズの第一弾だった。

「そこにシューベルトを入れることもできるのか？」

ロバート・ウィンターの『ベートーベン第九交響曲』のハイパーカード企画に興味を持った一人の男がいた。魅入られたように説明を聞き、じっと画面を見つめている。

「もちろんだ、シューベルトだってバッハだって、マイルス・デイヴィスだっていい」

ボイジャーのスタッフは、男の問いかけに対して、こう答えた。

『第九』の制作に使われているコンピュータの技術は、じつはきわめてシンプルなものでしかない。コンピュータはただリンクの役割をしているだけだ。重要なのは結びつけるべき何か、

CDコンパニオン『ベートーベン第九交響曲』デモ

https://youtu.be/6KmM8Rx1uZI

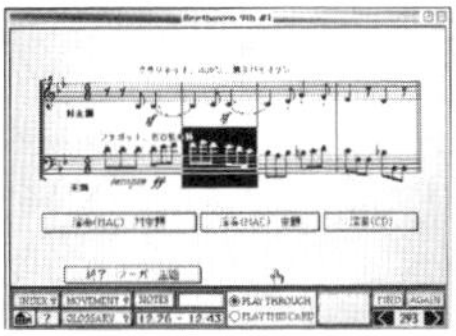

カードの小さな版面を集積し、あたかも束ねた本であるかのような体裁を持っていた。カードを1ページだとすると、それを読んでいくことも、あるページへ瞬時に飛ぶこともできた。さらに、カード上の情報と、マッキントッシュのドライブに挿入された音楽CDの指定の場所から音を再生させることも可能だった。

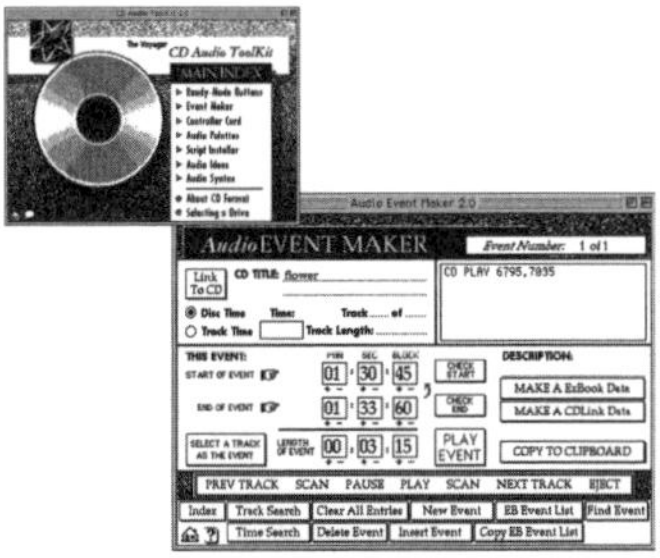

音楽CDの絶対番地を的確に探し出した「CD Audio ToolKit」。このツール自身もハイパーカードでつくられていた。再生したいIn PointとOut Pointをワンクリックで指定できた。当然微調整の上げ下げがあり、最終的に決定のOKを出せば、自動的に再生ボタンがつくられた。このボタンはハイパーカードの適当な位置へ埋め込み可能だった。

この場合ベートーベンの『第九』についての知識なのだ。それは誰かが学び、生み出し、かちとった特別なものだろう。今私たちは、特別なものを世の中に伝えたい人に向けてこのデモをしている。あなたにとってこのデモが何かの役に立たないか、と呼びかけているんだ……」

男は頭のなかに無数のアイデアを渦巻かせて、あきらかに触発された様子だった。

この男こそ、『LAウィークリー』誌や『エンタテインメント・ウィークリー』誌の音楽欄を担当するベテラン音楽ライター、アラン・リッチ(Alan Rich)だった。彼はそのとき六八歳だった。

学生のころからイタリア・オペラのレコード輸入を手伝い、二〇歳を過ぎるとレコード店で働いた。以来、途方もない量のレコードを聴きあさってきた彼の頭のなかには、指揮者、レーベル、録音情報などに関する膨大な情報が詰めこまれていた。クラシック音楽のレコードのことなら、知らないことはなかった。

彼の家にはあふれんばかりのレコードが収集され、棚という棚はすべてしなっていた。重さで家さえも傾く、とよく笑って話した。しかし、ふと気づくと、これらはすべて自分の身の上にしまいこまれた「無形文化財」にすぎない。万巻のレコードも、おのれという身がなければそれぞれの意味を結びつける糸は断ち切られ、単なる廃材の山に成り下がってしまう。そう思って足取りが重くなりかけていた。

「こんなことがありなら、やれることは山ほどある。オレだったらシューベルトの歌曲でやってみたい」

アラン・リッチは音楽評論家ではあったが、ウィンター教授のような音楽理論の専門家では

なかった。そこで、鑑賞という点に重きを置くことにした。こうしてできあがったのはシュー
ベルトの『ます』だった。コンピュータ上に本を表示させて読むという行為に親近感を抱かせる
ものだった。はじめて『第九』を見たときのような驚きや可能性はなかったが、軽い鑑賞の手引
きといった感じが、かえってコンピュータ上の小冊子として印象を鮮やかに伝えていた。
コンピュータの専門家ではない、けれど本の中味をよく知る人間がこれからはコンピュータ
を道具として、出版を可能にしていくことができる。言わんとすること、伝えたいこと、その
もっとも素朴で堅固な姿勢の原初形態がここには現れていた。
私は思いきり呼びかけた。

このソフトウェアはあなたの創ろうとする気持ちを支援するはずです。創るための技術的問題を解決し、困難を乗り越える助けになるはずです。そして何よりもっとも大きかったあなたの経済的負担を軽くするはずです。あなたは一人のために世界でたった一冊の本を創ってみることさえできるのです。私たちはこのソフトウェア開発に渾身の力を注ぎました。私たちの提示する技術にまだ多くの問題は残されているとおもいます、しかし使用をためらう理由はありません。デジタルにおける文字を扱う方法の一つが、十分な考察を経て具現化されています。それがここに、確かな形としてあり、今すぐにも利用されることを待っています。

ハイパーカードでつくられたエキスパンドブックの日本語版マニュアルの巻頭に書いたものである。

ツール開発にすべてのエネルギーを費やした。消費したといったほうが正直なところだろう。さすがに浪費とは言いたくないが、現実は翻弄される毎日だった。例によって私たちはエキスパンドブックをこう宣伝した。

何でもできる、誰もが、簡単に……。

このスローガンは今でも誰かが繰りかえしている。リアルに言い直せば、できることは限定され、一部の人だけが、困難を乗り越えてつかむもの……にすぎない。もちろん資金的バックアップがあり、好意的な支援者に恵まれ、忍耐強い時間をかけたケーススタディを経ることができるなら、スローガンは現実のものにもなるだろう。そんな幸運が舞い降りることは、だがありえない。結局は騙しのスローガンとして潰《つい》えていく。

裏切られるのは読者／ユーザばかりではない。コンピュータに、よって、もって、立つ、私たちは、コンピュータの基準にのっとり開発を進めることになる。この基準はれっきとした私企業が決めるのであり、私企業が変更するものだ。いつ何時《なんどき》、こちらの勝手な思い込みが裏切られたって文句の言える筋合いではない。

強い誰かのもとに寄りかかり、ビジネスを成立させていく。君子は豹変し、こっちの勝手な思い込みはものの見事に覆《くつがえ》される。徒労感、ばかばかしさと哀しみの辛酸《しんさん》をなめること、どうしようもない。

アップルのハイパーカードに依存したエキスパンドブックは、その後アップルのQuickTimeへの注力に従ってそっちへ流され、アップルの経営判断によるQuickTimeチームの解散によって、進路を失い路頭に迷うことになった。エキスパンドブックはもちろん、ハイパーカードによってつくられた作品のことごとくは頓挫していった。

4　退屈なテキストの羅列と思えば負け

デジタル出版の制作ツール開発は、今まで私たちができなかったことを可能にするという使命を持っている。何が今までできてこなかったのか、これからできることは何なのか、開発する側も、受け取る側も意外とこのあたりは不明確にしている。厳密にできることを示せば夢はしぼむ。現実的にこれしかできないと受け取られる。けっして夢がないわけではない。そこを膨らまして吹聴しないことには商売になっていかない。受け取る側は夢を増大させる一方となる。できなかったことが可能になるという部分に限りない妄想が湧きあがっていく。両者がピッタリ理解し合えることはなかなかない。

開発は拍車がかかる。あれも、これも、要求を吟味することより受け入れて制作ツールの可能な範囲を拡大させていく。どこに向かって拡大していくのかはわかるはずだが、どこまでわかっているかは疑問だ。出版のための制作ツールを出して、読者／ユーザから要望がつぎつぎと来る。ほとんどは退屈なテキストの羅列を超えたリッチな見た目、そこにオーディオ・ビジュアルを常備したいというものだった。最初に思っていたシンプルだが頑なな姿勢はズタズタにされていった。

ボブ・スタインはへこたれるどころか状況を受け入れる。「TK2(ツールキット2)」、「TK3(ツールキット3)」と取り組みを拡大させていった。計画はウェブ・パブリッシングへと進みつつあった。ネットワークを前提に、流通をも包含した出版を考慮していくのが当然の趨勢になってきていたのだ。

ニューヨークの制作チーム、ブルガリアのプログラマ、サンフランシスコのデザイナーという陣容が見事な見栄えを実現させているように見えた。だが完成という声は聞こえてこなかった。「そば屋の出前」そのものと言ってよかった。開発には時間を要した。その間の経済を支えたのは、支援を惜しまない財団からの出資だった。ボブ・スタインは金策にあたっては「グル(導師)」として振る舞った。

どこからそんな金が出てくるのだろう? あなたはメディアの河を渡る労働者・兵士たろうとしたんじゃなかったのか。額に汗して働き、倹《つま》しく夜はテーブルで思索者になるはずじゃ……。端で見るかぎり、それは優雅なものだった。いつのまにか有名大学の講師に収まり、あてがわれた門番付きの専用宿舎に鎮座ましまし、家に大きな犬など飼って、夜な夜なインテリを集めて食卓を囲む。

何度か招かれて私もそのテーブルについたことがある。交わされる難解な英語に嫌気がさして私は窓辺に逃げるように立った。眼下にワシントン広場が見えていた。おいおい、ここはニューヨークのど真ん中、歌にもあった夜が明ける、日が昇る、あのワシントン広場か。何一つ完成した成果物もなく、いいとこだけを見せてその気にさせ、ビジョンなるものの底抜けの楽天に人々を誘う。バッキャローと思った。へこたれないってこのことなのかと。

振りかえって自分を思う。どうすりゃいいのか。勘当《かんどう》受けし身の上のごとく、寄る辺ない極貧の有様だった。ここでしゃあしゃあと未来を語る資格の一欠片《ひとかけら》もなく、明日の米櫃《こめびつ》を憂うことしきり。自分の好きなこともせず、ただ貧しくなっているだけじゃないか。貧しくたっていい、でも、人の金儲けに奉仕して貧乏になっているようなことはないよな？　そうだよな、と自分で自分に問いかける。判然としない。どっちなんだ。

人のお金に頼ってえらそうなことを言い何かできたのなら、そのときはオレにも優しい言葉でもかけてくれ。ボブ・スタインの背中に無言の挨拶をして私はその場を退いていくしかなかった。紆余曲折を経た私たち日本での出版のための制作ツールは、本に向き合う有効性の一つも提示できなかった。でも、他へ進む何の道も私たちにはなかったのだ。

頼ることはやめよう。独力で行くしかない。自分のできること、それに殉じよう。自分が話す、書く、日本語だけ考えればいい。世界だなんてどうでもいい、勝手にやってくれ。オレが使えるとしたら日本語でしかないのだから。

何もかもが無になった気がした。あきらめの気持ちでいっぱいになった。しかし考えないわけにはいかなかった。意地もあった。成功者による基金も鷹揚な財団もない日本の現実から資金を得ることも無理な以上、金のかからぬ素朴な道具に頼るほかないだろう。こってりのビーフシチューもあるが、さっと湯がいたそばというものだってある。どっちがいいかなど判断はできない。それぞれに利点はあるはずだ。あっさりしていて悪いわけはない。

あれもできる、これもできるはとにかく捨てた。やるべきことは一つしかない。文字だ。その究極の昔から使いつづけられた意思疎通の道具に向かい合い、これをもっとも進んだ時代の技術のどこかに引っかけてみたかった。持たざる者が手にする力、忘れてはいない。

快適に読めればいい。ネットの上に、自分たちの書いたシンプルな文章を縦書きで、もちろん横書きだっていい。日本語である以上、ルビや禁則や字下げなどの基本ルールは備わっている。こうしたもっとも基底にある原則を守り、それ以上の余計な虚飾は捨て去って向かい合うことが〝あきらめ〟のなかから生まれていった。

このソフトを私たちは「T-Time（ティータイム）」と呼んだ。「T」はテキストを感じてほしいという意図からだった。そしてT-Timeという閲覧ビューアで最適に読める電子書籍フォーマットとして「.book（ドットブック）」をつくった。一九九八年のことである。.bookは講談社を中心とした多くの出版社に採用され、出版社が販売する電子書籍のフォーマットとして浸透していった。

一方で、ビーフシチューを煮込んでいたボブ・スタインは苦しんでいた。あれもできる、これもできるの追求が結局は脚《あし》を掬《すく》うことになった。沸き立つ鍋をいくつも前にして、今はできない、もうすぐ必ず、バージョンアップでなんとか、を連発した。

とうとう「ＴＫ２」、「ＴＫ３」は完成しなかった。「私は時代の先を進みすぎている」、「この戦いは短期決戦ではありえない」、「時間とともに少しずつ、そして確実に進行する」……。なんとでも言えと思った。できなかったことは厳然とした事実ではないか。そして、これまで開発に投じられた資金は「グル」に捧げられた信頼と期待だったんじゃないのか。

大きな賭けの華々しさと結末の冷酷さを知った。一方で私たちは地道な努力であったとして、手にする糧のあまりの少なさを思い知らされた。どちらも人が生きていく間尺に合っていないことだけは確かだった。

懸命にやることは称賛さるべき人の嗜《たしな》みだろう。けれど、これに技術という道具がかかわることになると様相は一変してくる。人間としてのなんとか……などと先生の教えのようなことを言っているわけにはいかない。技術は大きな流れとなって人を飲み込んでいく。そして、あるとき、流れは急変する。このなかに生きる私たちは否応なしに浮沈する。河の流れに飲み込まれたようにどうしようもない。

技術ではなくテクノロジーと言ってみよう。よそよそしく眺めることで感じ取れることもあ

.book ロゴ

このロゴをデザインしたのは平野甲賀だった。コンテンツの開発に夢中になっていたので、ロゴが必要だということに思い至らなかった。最後の最後に気がついた。誰かにやってもらわなければと、必死に頼みこんだ。できあがってきたロゴを見て安心したけれど、次の瞬間にはもう発売開始の時期が迫っていた。デザインの対価はすっかり忘れ去られていた。お金の事情も良くなかったのだろう。一銭の支払いもなく、このロゴは世の中に出ていった。

るかもしれない。一つには、テクノロジーによって生まれる利便というものが及ぼす影響というもの。簡単に言えば、利便がもたらす商売、ビジネスのことだ。こうしたものが人の努力や時間を経て育まれる対話、無駄を承知のうえで相手へ注がれる慈しみを形式的なものにしていく。欲に目がくらんで人間的な何かが忘れ去られていく。長期間に及ぶビジネスの視点などより、手っ取り早い飯のタネに利便性を見ようという傾向に向かっていく。

長い歴史を持つ紙の出版、ここにおいて生じた大きなうねりをともなう変化とはまるで違う。なぜかわからない変化、これがデジタルにおいて頻繁に生じていく。一年、あるいはそれ以下か、長くても三年のあいだに生じるめまぐるしい変化なのだ。先端を争うがゆえに、先端が真っ先に墜落して古びていくという皮肉。古びることはこの世界では褒められたものではない。だから新しいものに取って代わる。目の前から消えていってしまうのだ。

本とは、いつでも読める、誰でも読めるものであるはずだ。そこには残るというもっとも根本的な課題が横たわっている。消えない紙に印刷された本が大きな意味を持ったのはここだろう。本という紙の媒体が結果としてもたらしたものだった。このことが図書館を生み、私たちに貴重な知識の蓄積を可能にした。残るものだからこそ、恥じない仕事をそこに記そうという考えが醸成されていった。本が残ることを理解し、自分の心を刻みこむものとして人はこのメディアに向き合ってきたのではないか。

一八〇〇年には書物は映画であり、かつレコードであった。こう言ったのはフリードリヒ・キットラー(Friedrich A. Kittler)というドイツの文芸・メディア評論家である。技術のうえで本当にそうであったというのではなく、読者の心のなかのイマジネーションにおいてそうであったのだと彼は続ける。けっして記憶することのできないデータの流れを代替するものとして、書物は絶大な権力と名声を得た。やがて発明されるフィルムや蓄音機の技術によって視覚と聴覚は紙からは分断され、独自表現のメディアとしておのおの自立していくことになる。書くことは、タイプライターという発明があったものの、ずっと紙という媒体から離れることはなかった。

〝モノ〟を言う一番の味方は本だった。地味だけれど、真摯に〝モノ〟を言う小さなメディアが私たちには備わっていた。これは出版がなしえてきたものだ。規模はけっして大きくはなくてもいろんな出版社がしっかりとした本を出してきた。けれど彼らの活動は拡大しているようには思えない。結局、それはメディア自身の興亡と深くかかわることなのではないか。メディア

初期のタイプライター

https://vimeo.com/43124993

フリードリヒ・キットラーの『グラモフォン・フィルム・タイプライター』（筑摩書房、1999年／ちくま学芸文庫、2006年）という本のなかで、初期のタイプライターが紹介されている。哲学者ニーチェの「Writing Ball」として、球形のキーボードが打たれてタイプされていく様子をCG映像にして紹介するビデオが公開されている。実際の様子が見てとれる。

には担うべき言論が備わっているのだと思う。けれど紙のメディアで従来の活動をする基盤は変化したのだ。なぜなのか？　よく把握できていない。けれど目の前に現れる現象として、事実は事実だろう。

本だけが公平に〝モノ〟を言う自由なメディアとして多様なコミュニケーションを支えてきた。ただ二〇世紀末の数十年間に生じたけたたましい出版点数の増加と経済至上主義によって変貌は起こってきた。売れる本がいい本だという主張が大勢を占め、出版の自由よりも売れる本の選抜がはじまった。〝モノ〟を言う主役は書く者から出す者へ移り進んでいった。

出版とは、単に紙の本としてのパッケージングがあったわけではない。固定化された物体としての本をあらかじめ製造し在庫する以上、保管と流通がともなうものだ。流通には売れた足し算だけでなく、返品という引き算もついて回る。複雑な物流のシステム処理が、売れることだけを見ていた時代を経て、上回る返品処理に傾斜していったとき、大きな負の遺産が残されていく現実に向き合わねばならなかった。私たちは味方としての本との関係を従来のように受けとめていけなくなってしまった。

デジタルはこの状況のなかにやってきた。そして私たちを高揚させた。輝く画面、色彩、すばやい反応、ここに幾多の可能性を誰もが感じた。可能性の一つのジャンルにデジタル出版もあったわけだ。ところがデジタル出版の現実は安易な希望を打ち砕いた。まず、本であれば誰もが手に取ることができるのに、この世界はコンピュータの仕組みに基づいているがために、基準が違えば、あっちでは読めるが、こっちでは読めない。作品を読むための読書ソフト＝リーダーが壁をつくった。読むためにはこっちのリーダーがなくてはいけない。あっちのリーダーで読むためには、あっちの決まりで一定したデータを仕上げておかねばならない。一定とは汎用ではなく排他であったわけだ。さまざまな窮屈な現実が露呈していった。

希望を語れば語るほど、実現に努めれば努めるほど、作品の永続性は保証されず、技術の進歩という変化に、早々この世から消える運命となっていった。必死につくったものが残らないという現実だ。つくるということ、本であれば書き残すという言葉がしっくりするだろう。書くとは並大抵のことではない。人の命を削る行為に等しいとさえ言えるのかもしれない。それが残らないのだ。

出版とはそういうものではないだろう。紙の本という伝統的なメディアが示してきたことは、字を読むことができるなら誰もが読め、そしていつまでも残るということだった。本とは何かと定義するなら、けっして欠かすことのできない本質として、この二つの要素は明記されるはずだ。残念なことに、デジタル出版にはそれがなかった。

既存の出版社は、ほくそ笑んだかもしれない。脆弱なデジタル出版が出回ったところで、本物の作家は動揺などしないだろう、上辺の利便性はデジタルにやらせるとしても、紙を基盤に置かずして出版の本質は成り立つはずもない、と。そして、紙本位に出版のデジタル化は推進されていった。

人間の偉業だとも言える書き残された書籍がことごとくデジタル化され、それを瞬時に読むことができることは、何よりも真っ先になされてしかるべきことではなかったか。当然のことどうするのか。でも現実は、そこに市場を狙うビジネスマンが闊歩《かっぽ》したのだ。

「ワイルド・ウェストといわんばかりの無法領域だ」と、セブン・ストーリーズ・プレスの発行人ダン・サイモン(Dan Simon)は『アメリカン・エディターズ』(泰隆司、ボイジャー、二〇一二年)のなかで語っている。反省のなかにあらためて自分たちの進むべき道を見いだそうではないかと考えたい。どうしたら、〝みんな〟が手段を得ることができるようになるのだろうか?

不可能だったことに挑戦する気持ちは十分すぎるぐらいわかる。それが創造でもあるからだ。しかし誰にもできないことへの挑戦は一方で、誰もができることへの挑戦と考えるべきことだ。出版がきわめて平易なメディアであることはみんな承知している。けれどこれを利用して誰もが出版できることを促進しているのかといえば、けっしてそうではない。

手段は単純明快であるべきだろう。誰もがそれを使えるものだからだ。可能性の追求に走るより、当たり前の実現を確保するべきだ。そして後世に残したい。シンプルということは、表表現におのずと限界を持たざるをえない。このまだるっこさを如何ともしがたいのは私とて同じ気持ちだ。けれども、デジタルにある可能性が自由な表現であったとして、それが複雑なものであり、技術の最新性に依拠していたら、永続性は保証されない、進歩と変化に左右される、残らない、この現実はすでにお伝えしてきたとおりなのだ。

表現よりも記録を重んじる。記録することを誰もが試みられる当たり前の手段が備わり、誰の目にも届くこと、後世へ残されること、これを確実な基盤の上に築いていく必要があるだろう。デジタル出版はけっしてコンピュータやネットワーク時代の前衛ではなく、社会に浸透する技術の理解の上に成り立っている〝しんがり〟の世界なのだと自覚すべきだろう。

デジタルの出版物はどのように残されていくのか。ガックリきた。私たちデジタルは残るということに対して十分に考えてはいなかった。こんなことができるという先のことしか見ていなかった。できると言うけれど、それは誰か他人の肩に乗っかってのことであり、自分の足で歩いたというわけではなかった。肩から振り落とされればそれっきりだ。

残念なことだが、もっともひどい例を言っておかねばならない。技術でもなんでもない、ただ自分の保身ということから、デジタル出版を紙の本の従属物、補完物の立場に押しとどめようとする考えが存在していた。紙の本がデジタルを指図できる立場であるべきだという考えなのか……？　デジタルは刹那的で、読み飛ばされ、その場かぎり、という立場に置かれ、それでいいのだとする考えに守られて、後世に伝えられるメディアとしての立場を放棄させられてきた。

売れればいいという考えであれば出版物は残るより、早く消え去るほうが好都合だ。デジタルの本を残されるべきものなどと真剣に顧みようとする出版ビジネスの担い手などいないにも等しかった。

藻くずと化す覚悟が必要だ。一切が消えてなくなるのだろうか？　パソコンのデータが一瞬に消え失せてしまうトラブルを経験したように、現在も過去もあっという間に目の前からなくなってしまうことが起こっているということになる。現在も過去もないなら、その人にとって未来もない。自分がやってきた仕事とは無縁なところから新技術が勝手気ままに躙《にじ》り寄り、次の未来だと呼びかけてくる。富を掌握する一パーセントとこれを支える五億人以外は、すべてを収奪され使い捨てになるだろう予言の地獄絵を見ている気持ちになる。これがデジタルの正体か。

問題はここだ。藻くずであろうとおがくずであろうと、かすかな名残をとどめるのか、片鱗であっても伝えていける何があるのか？　消え去ってしまった自分たちの試作のなかから受け継ぐべき兆候のようなものを拾い上げていきたい。それができるとしたら……やった本人でしかないだろう。消え去ってしまったものを次の世代に語り継ぐことができるのは。

5　人が求める情報を提供する

「ウェブ・テクノロジーの民主的な可能性に心から共感していた……」

一大産業になる前の時代、多くの人たちが現状打破の突破口として新しいメディアの到来を夢見ていた。この言葉は、ボイジャーから出版した『マニフェスト 本の未来』のなかでライザ・デイリー(Lisa Daily)が言ったものだ。本が出版されて間もなく、私たちは執筆者の何人かに直接インタビューをおこなった。そのときライザ・デイリーがインタビューのなかで発言したのだ。

彼女は、出版者、ベンダー、作家に出版ソフトウェアの提供および出版戦略のコンサルティングを提供している。私は電子出版の世界的な標準フォーマット（EPUB）を推進する団体の代表者の会議で、英語でまともに討議し、喧嘩するありさまをまざまざと目撃した。目撃というのは正しい言い方ではない。電話会議だったから。ただその様子はスピーカーから拳固《げんこ》が飛び出してくるような剣幕の応酬だった。彼女はその中心にいた。

黎明期を生きたことをライザ・デイリーは今も深く記憶している。ウェブの黎明期があるならば、当然それ以前のフロッピーディスクやCD-ROMをつくっていたデジタル出版の時代にもそれがあったわけだ。すっかり消え失せてしまい、言及する何物もないとはいえ。

ライザ・デイリーはこうも言った。いつも関心があったのは、良質のコンテンツと人々が求める情報を提供することだった。これが出版だ。出版とは人が求める情報を説得的かつ魅力的に提供することだと、彼女はきっぱりと言いきる。そんなの当たり前のことだと言うだろうか？

私はハッとした。

ライザ・デイリーのインタビュー

https://youtu.be/o7HkWhMeql0

ライザ・デイリーを知ったことは、ウェブ・パブリッシングへ近づいていく大きなきっかけを与えた。多くの開発技術者も持たず、独自のフォーマットの提供も維持もできない小規模のデジタル出版者にとって、オープンに提供される既存の実績ある技術を利用することの重要さを彼女は語った。利用者であり、自分も提供できる立場であることを強調した。そして、大切なことは的確な情報を伝えることだとも。

胸に手を置き、考え直してもらいたい。二〇世紀末に至ったメディアの頽廃の現実を目撃した私たちに「民主的な可能性」のささやきはどれほど心に響いていたか。この気持ちこそ、海を隔て遠く離れて共有する私にとっての「くもの糸」だった。

ウェブに至るかなり前から私たちが希求していたものを実例として語ってみたい。『The Complete Ozu』（東芝ＥＭＩ、一九九四年）だ。

ドナルド・リチーが書いた『小津安二郎の美学——映画のなかの日本』（山本喜久男訳、フィルムアート社、一九七八年）の本文記述に合わせて、映画の相当シーンをリンクした構成を中心としている。

ドナルド・リチーはその後、二〇一三年に他界したが、日本滞在の長い経験を持ち、日本映画を世界へ紹介する活動を一生かけておこなった称賛されるべき外国人だった。この企画を実施する際に銀座でお会いする機会があった。彼は、自分の書いた映画の記述は映画を思い出しながら書いたもので、その思い出の映像が本にリンクして閲覧できることの意義を驚きと称賛を持って語ってくれた。

当時は一般に販売する媒体としては最大の格納容量を持つと考えられていたＣＤを前提にしていたが、当然容量的な限界があったのでさすがに映像データを好きなだけ入れるというわけにはいかなかった。工夫があったとすれば、映像容量の圧縮をどう考えるかだった。テクニカルに圧縮度を上げるということではなく、表現として……演出としてこれをおこなった。映像はカット単位の画像（動きある映像の最小単位）から象徴的な一コマを引き抜いて、いわば「紙芝居」的な表示となっている。どのコマを引き抜いてくるか？　ここに映画に対する人のまなざしのすべてが注がれていた。

　小津安二郎が監督した作品は五四本と言われる。このなかから、無声映画時代の代表作『生まれてはみたけれど』(一九三二年)など数作品、戦前のトーキー作品、また戦後作品で権利処理できなかった『宗方姉妹』(一九五〇年)、『小早川家の秋』(一九六一年)を除く一三作品が対象となっている。

　文中の段落にリンクのアイコンが示され、表示画面右上に映画のコマが音声とともに表示された。シークエンスの音声は一切カットされることはなく、当該シーンを忠実に再現していた。

『小津安二郎の美学』
『The Complete Ozu』CD-ROM版
東芝EMI、1994年

https://youtu.be/_YjS-lt6w7o

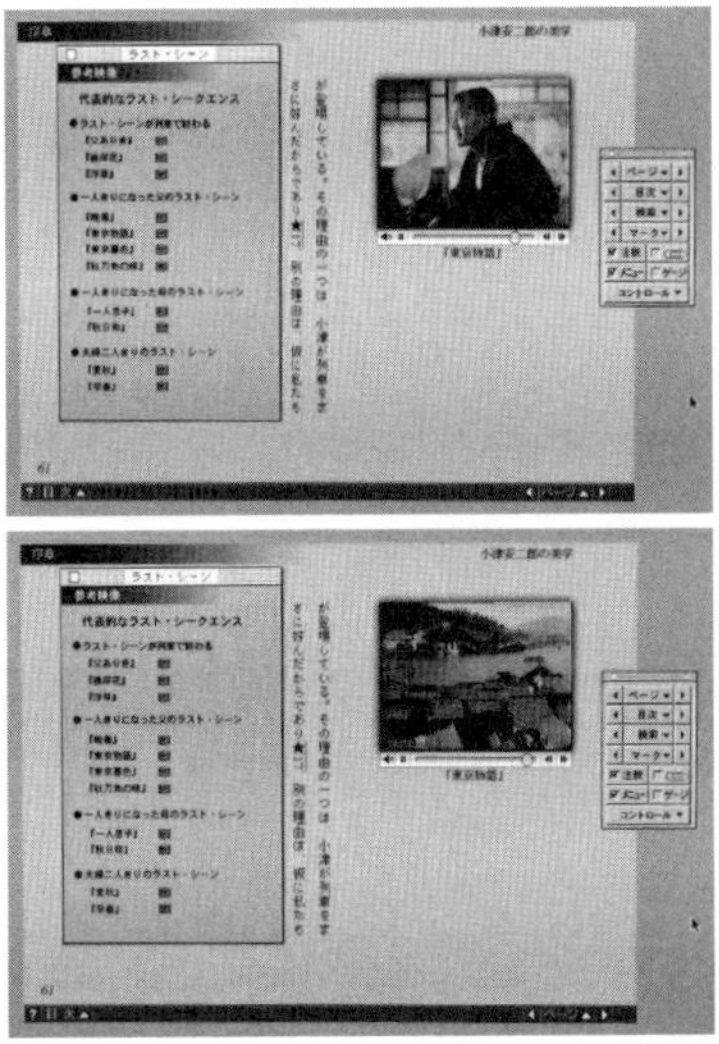

小津映画のラストシーンの典型的なパターンとして、いくつかの事例が紹介されている。1人になった、あるいは2人きりになった主人公と、それに続いて、遠くへ去っていく列車や船の情景シーン。本文と当該作品のシーンとのリンクを相当数にわたって施している。格納容量の限界から、映画のカットからコマを抜き出し、再現をするという工夫をとっていた。

このような方法で小津映画の典型的なラストシーンについてのシークエンスを見ていくと、代表作の終わりは意図的にあるパターンを持っていた。遠くへ走り去っていく夜汽車であったり、内海を滑るように出て行く船であったり、なにかはるか彼方の海を見ているように明日を想う余韻を残している。

『The Complete OZU』は見ることができない。動かない……動くマシンがないのだ。激しく変化と進化を遂げたテクノロジーの影響をもろに受ける形で、さまざまな試みと提案がなされ、それらはこれからの時代の姿を指す試作品としてのみ世の中に垣間見られただけだった。そしてきわめて短命にこの世から消えていった。

読めない悔しさ。これは視覚障碍者が本に対して切実に訴えたことであった。彼らを支援できる何かがデジタル志向の私たちにはあるし、使命でもあると思っていた。その私たちもまた、読めないという現実に向かい合うことになった。

技術が夢を与え、できなかったことを可能にした。でも、技術はさらに発展し通り過ぎていった。前へ前へと先へ行き、技術に基づいてつくったものが捨て去られていく。電子本だ、電子書籍だ、未来だと、軽い気持ちで「本」だと言ってきてしまった。

読むことも、見ることも、できなくなってしまったデジタルの本を経験した立場として何を言うことができるのか？　テクノロジーの世の中に生きる、その世界でもなお失ってはならない人の視線があるのではないかと思う。

『小津安二郎の美学』の本文に注釈として実際の映像をリンクさせることは、ウェブの時代となった今、何も特異なことではないだろう。当たり前のことだ。読むことも、見ることも、できなくなったことを殊更に叫ぶほどでもない。もし、図書館やデジタル・アーカイブが大きな社会的な力を発揮できるようになり、日本と言わず世界の映画が共有できる公共財産として提供されるようになるならば、ネットワーク上にそれは復活していくことは間違いない。時間の問題だと思う。

利便とは人々の日常に定着してこそ意味を持つ。ということは、利便だと技術は叫ぶかもしれないがむしろ後衛なのだ、しんがりなのだ。だから、先端である以上その技術は当座は必ずしも便利だとは言いきれないということだ。新しいことができるようになって、便利だなとわかってくれれば、今度は便利を侵透させる別の次元に入るということではないか。それからはもうその技術は日々新しくはなくなる。世の中に生まれ、実証された技術・利便を誰のために生かしていくのか、これを考えるのは人間的なことだと言っていいだろう。はじめてこれに取り組む人の存在意義が発揮されるわけだ。

米国ボイジャーを中心に、日本のボイジャーも加わって、日本語化・日本語作品も含め七〇作品ほどのマルチメディア出版を私たちはおこなってきた。時代的な背景から、ほとんどがCD-ROMで出版されたものである。作品は国立国会図書館の納本制度のもとでいくつか保存されているはずであるが、すべて現状のコンピュータ環境では動かない。OSやソフトウェアのバージョンアップで作動環境が一変してしまったためだ。個々の作品の作動環境をさかのぼって再現するのは至難の業だ。

ところが当時、こうしたマルチメディア作品を販売促進するために、内容をかいつまんでわかりやすく要約したビデオのコンピレーションがあり、保管されたそれが何年ぶりかで出てきたのだ。ちょうど映画の予告編をたくさん集めたようなもので、適当なシーンと解説のコメント付きになっている。これを再生することで、私たちがつくってきた作品の概要がおおかた、誰にでも理解できる。会社がそこに生き残ったからこそ、年月を経てもふたたびこれを見ることができた。

あらためて自分たちのやってきたことを見ると、そこにある種の躍動感が存在する。「やんちゃ」な振る舞いのような若さが感じ取れる。素朴な明日への希望のようなものだろう。今、新しいデジタル出版に挑む幾多の表現の噴出と非常に似ているのだ。ゲームでもあり、教育でもあり、動画であり、音楽であり、という要素をことごとく備えている。

これら作品に直接かかわった人たち、そして組織が、なんとか今日まで生き延びたことによって、すでに市場から消え去り、再現すら困難になった自分たちの作品をあらためて直視する機会に出会っていたわけである。数多あるなかから、当時考えられていた特徴的な傾向、もっとも批判されるべき要素を典型的に強く持っていたある作品に注目してみたいと思う。

6 『WHO BUILT AMERICA?』の記憶

『出版ニュース』二〇〇九年九月下旬号に寄稿された記事を私は見た。少なからぬ驚きを感じた。そこには、カリフォルニア大学バークレー校東アジア研究図書館に勤務していた石松久幸の「今、アメリカの図書館でライブラリアンと呼ばれる職業が絶滅しつつある」という一文が掲載されていた。

私は衝撃を受ける以上に、なんとかそれが悪い夢であってほしいと願う気持ちを強く持った。石松久幸は寄稿の最後にこう記していた。図書館は残る、巨大な倉庫として。倉庫の管理人は残る、だがライブラリアンはいなくなる――と。

そもそも、この寄稿がなされたのは、アメリカの図書館で進行する、デジタル化がもたらしたもの、という視点からだ。デジタル化が、図書館を巨大な倉庫としてしまい、ひいてはそこに存在する幾多の情報を司る人の意味を喪失させていくのだとしたら、デジタル化とはいったい何のためのものなのだろうかと疑問が湧いてきたのである。

私はデジタルの側に身を置いて、出版の電子化を推進する仕事をやってきた。言ってみれば、図書館に詳しい人間でもなければ、図書館に特別の思い入れを持たねばならないわけでもない。図書館は、長いこと「紙本位」の姿勢を堅持し、大きな「紙のグループ」としてデジタルへの抵抗勢力にしか見えなかった。少なくとも日本では、そう思える時期がしばらく続いていたのではないだろうか。

それなのになぜ、私が図書館を考えるのか？　きっかけとなったのが、石松久幸の寄稿だった。本意ではなかったと思うけれど、ここではデジタルがなにか大きな落胆を与える原因となっているように読める。しかし、そうだろうか。デジタルはむしろ「紙本位」から脱却する新しい図書館の方向を示唆してはいないだろうか。そこを考えてみたかった。

時代が進み、今世紀に入って以降、情報世界におけるデジタルの力量が発揮されるに至り、事態は変化しはじめた。私にとって願ってもない時代がやってきた。出版社や図書館にとって、デジタルがようやく浸透してきたのだ。良かれと思うデジタルの力をなんとか利用する出版社(者)であり、ライブラリー／アーカイブであってもらいたい気持ちを、まともに話し合える時代がやってきた。曲折があるとすれば、気持ちがすんなりと受け入れられてはこなかったぐらいのものだろう。いったい、どんなことが起こってくるのか？　これを想像するに、勝手な類推をすることよりも、自分たちが推進したデジタル出版そのものがたどってきた道を振りかえることが大事ではないか。そこに忘れられない記憶が残っている。

『WHO BUILT AMERICA?』というニューヨークのパンテオンブックス(Pantheon Books)から出版された上下二巻の本がある。この本のデジタル化は米国ボイジャーによっておこなわれた。作品の制作から販売、そしてその後に起こった出来事などのプロセスのなかに、私たちが語っておくべき幾多の教えが残されているように思う。今にしてみればわかることであり、その時点では無我夢中で客観視できる状態ではなかった。過ぎ去ればすべては忘れ去られるものだけれど、やったからこそ思い知らされる強烈な思い出を焼き付けている。その事実をさかのぼるようにたぐってみたい。

一九九一年のある日、ボブ・スタインは、ニューヨークの書店で『WHO BUILT AMERICA?』を購入した。本の表紙には副題として「労働者とこの国の経済・政治・文化そして社会」とあった。

いつものように西海岸へ帰る飛行機に飛び乗り、ボブ・スタインはこの本にゆっくりと目を通していった。

本を開いてパラパラと見ていくうちに目に飛び込んできたのは、ざらついた紙に刷り込まれたモノクロ写真だった。ローラースケートを履いた少女二人が写っている。頭に大きなリボンを結ったかわいらしい少女はよく見ると袈裟《けさ》懸けに襷《たすき》をしている。襷にはなんと「スト破りはやめろ」とある。おやっという気が起こり、ただならぬ本のはじまりであることが予感させられた。

スト破りなどという言葉を知る人はあまりいないかもしれない。少し説明を加えたい。スト破りとは、労働者が要求を掲げてストライキに入ったとき、これを掻《か》い潜《くぐ》り会社側について就労することをスト破り＝ＳＣＡＢと言った。

この写真は、一九一六年九月のニューヨーク路面電車運転手組合のストライキにまつわるものである。リボンと少女とローラースケートの組み合わせは、発展する都市の幸福な生活をいかにも思い浮かべさせる。だが同時に、襷に書かれた一言が都市のもう一つの表情をうかがわせている。さらにページを繰ると、米国における歴史教育に対する視点が述べられる。

これまでの歴史学者による調査や記述、あるいは歴史教育は、政治や戦争、大統領や一部の国民的エリートへの評価に終始していた。しかし圧倒的多数の市民にとって歴史が価値あるものになるには、アメリカ建国に役割を演じた一般市民の男たち、女たちの経験を重視することが必要である。過去に起こったこれらの社会的、経済的な闘争を伝える歴史の試みは、三〇年前のこの国ではまるで不可能だった。しかし、この間に状況は一変した。

一九六〇年代から七〇年代のはじめにかけてこの国で起こった社会的、政治的な大きな地殻変動の背景では、歴史学者や作家たちが精力的におこなってきたアメリカの過去についての記述が大きな役割を果たした……。

『WHO BUILT AMERICA?』がこうした背景から生まれた本であること、一九八一年からはじまった、「普通の人々」に焦点をあてた歴史教育の再構築計画「アメリカ社会史プロジェクト＝ASHP(American Social History Project)」に基づいて進められている本であることが語られていた。

デジタル化は、まずは本と同様の体裁をとってはじめられていった。表紙があり、目次が現れる。これらはまったく本と同じである。目次から章へのリンクがとられているという仕掛けはデジタル特有だが、本質的な違いが本とのあいだにあるわけではない。

本文にはテキストと、テキストに関連する写真、グラフィック史料などが低解像度の状態で表示されている。これら史料は対象写真やグラフィックスをクリックすることで高解像度表示される。

ページの右下に「線路」のマークが出てくると、それは「Excursion」という、一種の関連史料へ導くしるしとなっている。「Excursion」の意味としては、もともとはちょっとした旅というものがあり、遠足とか遠出とか定まったルートを越えて関連情報に足を向ける、寄り道をするということだろう。ここでは「Excursion」をクリックすることによって、証言、演説、放送録音、音楽、実写映像という多岐にわたる情報へたどり着くことができる。

索引検索などは、すべて可能になっており、なおかつここに収録されている一切の史料を読むことが瞬時にできるようになっている。当然にも史料には、グラフ、映像、音声、写真、ポスター、ドキュメントまでが備わっていた。

『WHO BUILT AMERICA?』を推進したASHPは、歴史を学ぶ人が分析力・批判力を身につけられるよう、新しい技術や方法を取り入れた教授法をつくりだすことに積極的だった。そのため、歴史学者やリサーチャー以外に、メディア関係のプロデューサやエンジニアをスタッフとして多く抱えていた。

彼らは本だけではなく、写真、イラスト、アーカイブ・フィルム、証言の録音、関連文書、記録といった、あらゆるメディアを使った教授法を試みた。そこに、さらに新しいデジタル・メディアが入り込んでくるのは当然のことだった。ASHPは、新しいメディアやテクノロジーを単なる新奇な闖入《ちんにゅう》者と考えるのではなく、慣れ親しんでいる既存のメディアへ積極的に取り入れていこうとする能力を備えた人的な準備がなされていた。

一方で、『WHO BUILT AMERICA?』に目をつけたボイジャーの考えは、どうであったか?

何よりも大きな収穫と考えられたのは、ASHPのスタッフと仕事ができることだった。パンテオンブックスの『WHO BUILT AMERICA?』を書く能力、史料を収集し編集していける能力と接することが、どれだけメディアの将来にとって大切であるかを、私たちはわかりはじめてきていた。

編集とは何か。編集とは「広範囲な領域に通用する柔らかい武器」(松岡正剛)だと言われるほどに、それまでの固い殻を破って、広く柔軟な意味で使われるようになっていた。『WHO

BUILT AMERICA?』には見事な知識の集積がなされている。このうえに、さらになお加味する編集とはどんな意味があるのだろう。私たちは次のようなことを考えていた。

歴史の記述というものは、歴史学者によって分析された結果を統合したものだ。それは「真実」とか「事実」ではなく、歴史学者のフィルタを通した「よく推量された記述」ということにな

『WHO BUILT AMERICA?』

パンテオンブックスから出版された『WHO BUILT AMERICA?』Vol.2の巻頭見開きページを飾っている写真。ローラースケートを履いた2人の少女の襷には「スト破りはやめろ」と書かれている。

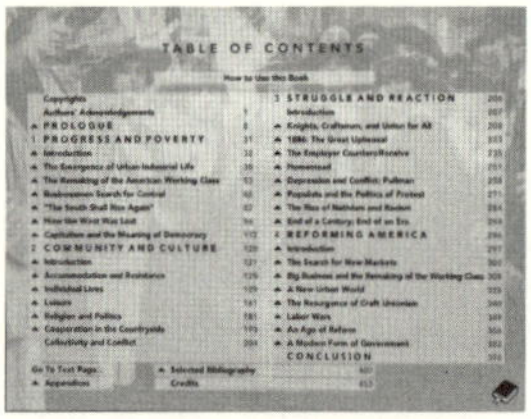

デジタル化は、まずは本の体裁をとってはじまっている。表紙があり、目次が現れる。これらはまったく本と同じである。目次からは、それぞれの章へリンクがとられているという仕掛けだけは異なっているが、本質的な違いが本とのあいだにあるわけではない。

『WHO BUILT AMERICA?』CD-ROM版の表紙。1枚のCDのなかに紙版上下2冊の本のテキスト、写真／画像資料だけではなく、音声も映像も入っていた。

大惨事となった当時のシャツ製造工場の作業場風景の写真。かなりの密集した労働環境のなかで、多くの女性労働者が就労していることがわかる。火災による避難の困難だったろうことが想像できる。

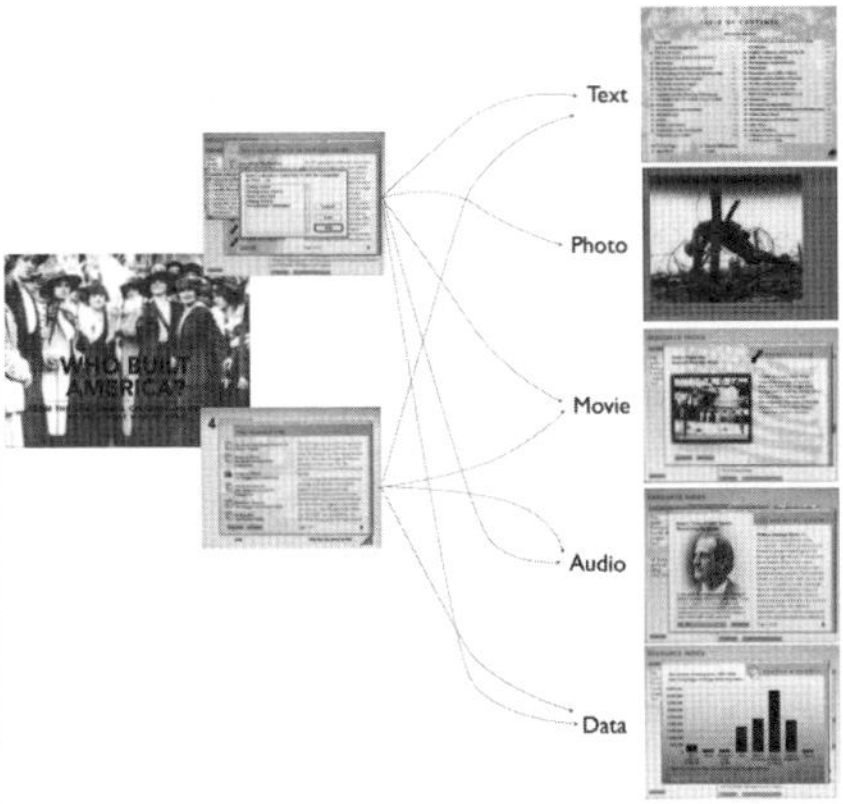

パッケージ媒体に格納された限界はあったが、『WHO BUILT AMERICA?』は未来の出版のあり方をある観点から明らかに示していた。インターネット上に展開されるさまざまな情報を必要に応じて取り込み、これを1枚のページに瞬時に構成してみせるという未来を、ここから類推することは十分できる。

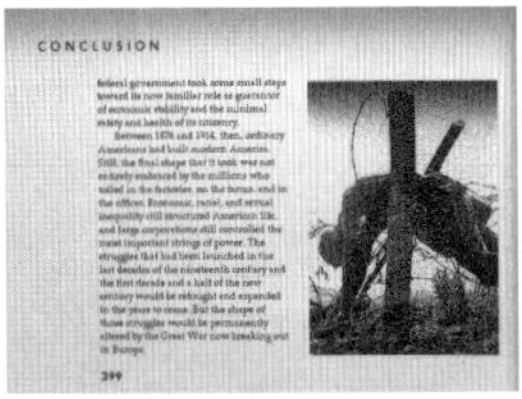

本文に挿入された写真／画像は低解像度で表示される。その詳細を知ろうとすると高解像度で保存された写真／画像へ瞬時にリンクするようになっている。

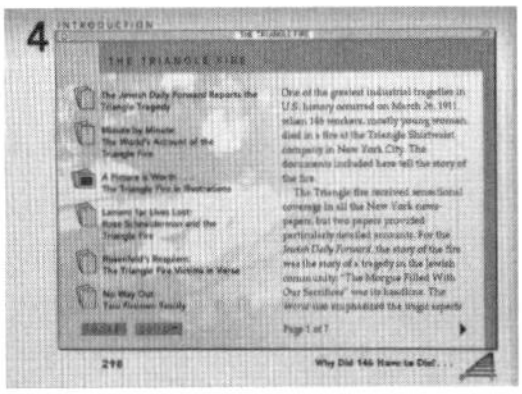

ページの右下に「線路」のマークが出ている。「Excursion」といい、関連史料へ導くしるしとなっている。ここでは1911年のニューヨークで起こった工場の火事で146名の女工員が亡くなった大惨事についての証言や写真、記録類へのアクセスが可能となっている。

る。統合に至るまでに彼らは数百数千のオリジナル史料、関連文献にあたり、仲間との討議を経る。だとすれば、結論に到達するまでのプロセスがどのようなものだったのかは、史料や文献の段階にまでさかのぼってみることで、明確にできるはずだ。そのプロセスは、本来、読者＝歴史を学ぶ者が握るべきではないのか。歴史を未編集のままでさかのぼって手にできる手段があるとすれば、それはすばらしい教育メディアとなるはずだ。編集の一端を読者がみずからおこなうことが、真の歴史の教育への一歩ではないか。歴史を鳥瞰し、ある見方や結論に至るプロセスを、読者に与えることができるメディアとしての役割こそ、デジタルメディアが担うべき将来だ。

ボイジャーと提携したマルチメディアの企画推進担当となったのは、この本の監修編集者であり、ディレクターでもあったステファン・ブライヤー、編集協力のロイ・ローゼンツウェイク、そしてビジュアル編集者としてジョシュア・ブラウンの三人だった。彼らもまたデジタルの新しい波に幾多の期待を寄せていた。

さまざまなメディアに記録されたアメリカ現代社会史の史料を、ＡＳＨＰはできるかぎり収集してきた。それらを文字の記述と並行させてグラフィカルに提示できるなんて、夢のようなことだった。そんなことが可能なら、型にはまった歴史教育を乗り越え、学ぶ者も教える者もともにそこから発見していける。それこそ、彼らが求めているものだった。

何のために史料や文献の研究は積み重ねられてきたのだろうか、歴史学者が望むのは、歴史の教訓を生かし、人々の未来に貢献することだろう。そのためには誰かが未来に背を向けて過去を振りかえり、事実の集積をする必要がある。膨大な史料整理という過酷な作業の日々から、なんとか未来へつなげる試みへと這い上がりたい一心で『WHO BUILT AMERICA?』は書かれてきた。ここでなされた蓄積をASHPが目指す有効な教授法と結びつけて発展させる道があるというのなら、藁《わら》をもつかむ気持ちだったことだろう。両者の接近はここにあったのだと思う。

7 本にはパッケージという塀がある

『WHO BUILT AMERICA?』のデジタル化に際しての全体の鳥瞰を簡単に説明すると、次のようなものになる。あらためて構造を眺めて確認してほしい。

そこには表紙、目次から順次本のページを繰るように、パンテオンブックスの『WHO BUILT AMERICA?』上下二巻をまるごと格納しており、これを読みながらリソース一覧や検索機能を駆使して、関連する史料へのリンクをはかる仕組みとなっている。本の体裁をとっているとも言えるだろうが、一方でけっして綴じられたものとは言えない。ページはバラバラに一枚ごとのカードとしてまとめ上げることもでき、他のカードの一体化をなすこともできる。まさにビル・アトキンソンが提供したハイパーカードの思想に基づいていたのだ。

CD-ROMとはパッケージされたメディアである。示される多岐にわたった史料としての情報は、それがテキスト・ドキュメントであろうと、写真、グラフィックであろうと、映像、音声であろうと、すべてを格納する媒体にパッケージしなければならなかった。

ＡＳＨＰはそうした情報の供給源であり、彼らの努力による収集成果物をいただいて格納し、パッケージされた範囲のなかでリンクという関連づけと、検索というサーチ機能を施したまでのことであった。もちろんその作業たるや膨大なものであり、生半可な対応で済まされたわけではない。とんでもないエネルギーを経ての産物であったことはおわかりいただけるはずだ。

デジタルの及ぼす可能性に私たちは舞い上がっていた。最大のパッケージのデータ容量六四〇メガバイトという数字は、当時としては果てしない情報の格納世界だった。ここにすべてが入るのだという、ある種の楽天的なおおらかさに依拠していた。今となっては、ささやかな土地に塀をめぐらす「walled garden」にすぎなかったことを思い知らされるばかりだ。

『WHO BUILT AMERICA?』の全体の鳥瞰は、これをインターネットの世界のなかへ完全にシフトできるものであった。その後の状況を考えてみれば、明らかなことだろう。リソースの格納と検索のサーチエンジンは情報世界を確実にインターネットへと導いていった。扱うべきすべての情報源を収集し、整理し、関連づけ……という作業を一枚のＣＤという閉ざされた媒体のなかに封じ込め、そしてパッケージ化された媒体は、これを作動させるコンピュータ環境からさえも見捨てられていった。かくしてＣＤ－ＲＯＭ版『WHO BUILT AMERICA?』は消え去っていった。映画と関連する本であったドナルド・リチーが書いた『小津安二郎の美学』での経験と同じ要素が明確にここにも残されていた。

デジタル出版の大いなる未知数、潜在性は期待できる。表現も考えられないほどに多様である。けれども何かが足りない。これに永続性という意味を付与していくことは並大抵のことではない。やったことを残していくことと、そもそも残された史料に文脈を付与することを誰かが担わなければならない。

記録によると、物心両面でＡＳＨＰを支えたのは、全米人文科学基金、フォード財団、ケロッグ財団、ニューヨーク市立大学、ジョージ・メイスン大学などであったことが明示されている。産業資本の権化である米国一流企業の財団がＡＳＨＰに手を差しのべ支える役割をしていたことがわかる。

右だ、左だという政治的な振り分けは、日常わかりやすいレッテルにすぎない。とくに歴史となるとそれが顕著に現れる。ページを開くなり、「産業資本の発達——進歩と貧困」、「都市労働者生活の出現」、「労働者階級の再生」などという見出しが目に飛び込んでくる『WHO BUILT AMERICA?』を左翼のモノと決めつけることは簡単だ。しかし現実として、国や企業はＡＳＨＰの推進を支えたのだ。そこにはさらに、ボイジャーのような、小さくそして新参メディアをさまよう人間たちが飛びついていけるような、オープンな構造まで備わっていた。

ひるがえって「誰が日本をつくったか？」という本をまねて出版することを考えてみてほしい。現代史ということで戦中戦後に視点を当て、そこに生きた市民としての日本人がたどった社会史を、豊富な史料と記述をリンクさせながら教科書としてつくり、教室に投入できるような素地を私たちは培《つちか》っているだろうか。歴史はただ剥製のように動かぬ無表情な陳列物となって置かれているにすぎないのではないか。それはまるで私たちとは無縁の事件であり、出来事のようでさえある。

『WHO BUILT AMERICA?』のデジタル化の試みは、大切な教えを残している。それは、時代を先駆け、あだ花と終わったデジタル出版というだけでは言い括れないものがある。一個人あるいは小さな者たちがつかんだ確信を何かに絡みつけて発展させていく文脈がありえるという教訓だ。

アメリカにおいては、ASHPがその役割の大半を担ったことになる。この役割こそ図書館や来るべきデジタル・アーカイブが引き継ぐべきものではないか。

インターネットは事実上、情報のリンクを可能にしてくれる。しかしそのありかを示すURLは絶対的なものではない。今日は正確にそのありかに到達できるURLも、明日は、明後日は、到達できるとは限らない。そういう決定的な欠点を背負わされている。この不確実さを解消し、未来永劫《えいごう》、情報のありかを確実なものとしてくれることに、図書館、デジタル・アーカイブの存在は大きい力を持ちつづけている。

デジタルによって、図書館は倉庫になる、そしてライブラリアンはいなくなる……ふたたびこの言葉に戻ってみたい。そうだろうか？

図書館はある意味で最初から巨大な倉庫であり、倉庫の中味を詳細に知る人によって生かされてきたものである。これがデジタルの時代になり、なくなっていくなどとどうしても思えない。あるとすれば、従来の「紙本位」が「デジタル本位」に代わっていくということではないのか？一方で考えなければならないことは、デジタル化によって変貌する何かだろう。デジタルによる本の生まれ変わりが、読書の形と新たな本を生み出す形の両面において何をもたらしていくのかという問題だ。

この観点を論ずるに、本をデジタル化することばかりが論議されている。本がパッケージされた情報だという言い方をするならば、本はその内部にとてつもなく豊富な情報を内包している。これら情報は関連するさらなる情報との結びつきを不可避に持っている。デジタルは情報がリンクし合うことを限りなく促進する。そこに新たな文脈を形成する。この基盤を堅持し育むことこそ図書館の役割であり、私たちが図書館と力を合わせる接点となるにちがいない。机上の、あるいは手のひらのオン・スクリーンを通して、図書館は限りなく私たちと密接に結び合うことになる。

今この時期に、既存企業／出版社にとって、デジタルへの生まれ変わり＝移行にかかわる問題が生じていることは確かだろう。その一つに、図書館がデジタルのサービスをすることによって失われていく既存出版社の既得利益をどうするか、ということがある。つまり、もともとある利益分配の調整の問題だ。ボイジャーにとって、そもそも既得利益はなく、論議に参加する動機はまるでない。

言うべきことがあるとするならば、既得の利益配分には大きな陥穽《かんせい》があるということだ。利用者／読者の利益がまるで棚上げされている。図書館がデジタル本をサービスすることによって、既存出版社の既得利益が損なわれるという論理はわかったとしても、利用者／読者にとってデジタルのサービスは、この上ないよろこびだ。利用者の気持ちは変わらない。

そうならば、どんな形になるかは定かではないにしても、デジタル本の図書館的利用サービス

7…本にはパッケージという塀がある

ははじまっていく。つまり無償による「Lending（無料貸出）」は、誰かが開始していく。利用者／読者を抜きに配分だけを調整している姿は間が抜けている。こうした動きをうまく既存出版社の「Vending（書籍販売）」と融合させていく動きは、すでに北米でははじまっている。「read 20」という世界の出版関係者が多く集うメーリングリストのなかで、米国西海岸を拠点に電子書籍配信をおこなうジョセフ・エスポジート（Joseph Esposito）の言葉を思い出す。彼は次のように言っている。

「デジタル生まれ組」という存在がもうすでにある。Born Digital＝デジタル生まれの者たちが一体何をやろうとしてきたかを検証してみることだ。「デジタル生まれ組」は「デジタル生まれ変わり組」のようにプリント時代の既得権に縛られない分、まったくの横紙破りにこの世界に飛び込んでくるだろう。既得の利益などなかった者が「攪乱《かくらん》」してくるのは当然のことである。規模も小さくブランドもない彼らは、そもそも寡占化されたプリント世界にはあまり注意を払っていない。とりあえずできることからビジネスを始める。その影響は確実に図書館へ侵入してくることだろう。

8　アンバランスこそがエンジン

新しいメディアが産声をあげてもそれだけではメディアを利用し、メディアを活かし、伝えるべき何ものも育んだとは言えない。「誰が日本をつくったか?」と叫ぶことがいかにむなしいことであるか。考えてもみてほしい。同じ技術を持ち、同じハードやソフトを使い、同じ希望と情熱を持ってしても、掲げるメディアに期待されたものはなんぼのものということになるだろう。儲けと即金を求む問いかけだけが聞こえてくる。

『WHO BUILT AMERICA?』が強く迫ってくるのは、意欲的な企画が実行に移されていくことへの羨望《せんぼう》ではない。一人の男が小さなきっかけからつかんだ確信を何かにしっかりと絡みつけて発展させていく文脈が、海の向こうの彼らには残されていて、私たち日本にはなかったということだ。

しかし、だからといって『WHO BUILT AMERICA?』のその後が幸福に推移していったということではなかった。

新しい出版をデジタルで試みようとして『WHO BUILT AMERICA?』をつかんだ選択眼は、最初は思わぬところで幸運の女神と出会ったかに見えた。一九九〇年代前半、米国の教育市場ではアップル・コンピュータが大きなキャンペーンを打ち出していた。彼らにとっては、積極的な教育市場展開にインパクトを与えられるソフトが必要だった。アップルは『WHO BUILT AMERICA?』をその候補に挙げた。交渉が進み、ボブ・スタインはアップルが教育市場で『WHO BUILT AMERICA?』を無料配布する条件として、ボイジャーに約四五〇〇万円の制作費を支払うという約束を取り付けた。

構成と素材調達、権利処理の準備といった約一八カ月の前工程を経て、本格的な制作は一九九三年からサンタモニカのボイジャーにてスタートした。プロデューサはダナ・シルバー

(Dina Silver)という女性だった。背が高くユーモラスな人柄で、何があってもへこたれそうもない立派な精神の持ち主だった。ボイジャーからは、最盛期には総勢二十数名ものスタッフがこのプロジェクトにかかわった。その半数以上は女性スタッフだった。

『WHO BUILT AMERICA?』の完成への道のりは平坦ではなかった。それどころか、とてつもない長い険しい旅路をたどらねばならなくなった。

そのころ、出版のための制作ツールであったエキスパンドブックは、最初のアイデアが走りはじめたばかりであり、まだ単純な機能がなんとか動いているだけだった。読者にとって付加価値のあるデジタル出版を生み出そうというプロジェクトは、まだボブ・スタインの高い理想にすぎなかった。このようにバランス感覚をつねに失っていたのがボブ・スタインの特徴だった。しかし、このアンバランスこそが、じつは彼がものごとを推進するときの強力なエンジンでもあった。

やがて大きな問題が生じた。予定の完成スケジュールをオーバーしてなお、いつになっても『WHO BUILT AMERICA?』はできあがらなかった。四五〇〇万円の制作費はボイジャーはじまって以来の大型のものだったが、出費もどんどん嵩《かさ》んでいき、みるみるうちに底をついていった。

ボイジャーを経営する四人のパートナーのあいだに対立が起こり、それは徐々にボブ・スタインへの不信感へとつながっていった。四人の話し合いが何度も持たれ、そのつど『WHO BUILT AMERICA?』の制作中止が提案された。

小規模とはいえ営利企業を営む以上、プロジェクトが陥っているこの事態に抗弁できるどんな理屈もなかった。理想を掲げ、損益分岐すれすれの低空飛行を続ける経営をずっと維持できる方法があるというなら、こんな幸福なことはないだろう。しかし、そんなことはあろうはずもない。少なくとも企業経営で、理想のために低空飛行を堅持するなどという考えがあったためしはないだろう。小さな企業は、この難問を解決するために早めに結論を出す必要があった。それがパートナーの要求した制作中止だった。

だが結局、制作は中止とはならなかった。ボブ・スタインは制作を強行し、有り金のすべてをつぎ込んで低空を飛び抜けたのだ。ボイジャーは会社はじまって以来の大きな賭けから、収益を上げられなかった。新しいメディアでの制作ノウハウを得たという以外、何の見返りもな

ダナ・シルバー

『WHO BUILT AMERICA?』の制作指揮をとったのはダナ・シルバーだった(写真右)。彼女のもとで若いスタッフが働いていた。その多くは、ノウハウや専門的な知識を持った経験者ではなかった。そしてスタッフの大半を女性が占めていたことも付記しておきたい。ダナ・シルバーは適格に、簡潔に彼女たちを教育していった。

い。これからどう耐えられるのかが小さな出版社の経営パートナーに突きつけられた刃となった。毅然と胸を張れたのは、新しいデジタルの出版というアイデアに高揚しきっていたボブ・スタインただ一人だった。

彼は『WHO BUILT AMERICA?』を制作したという輝かしい経験にあらゆる希望を託した。言論とメディアにまともに取り組み実践するASHPと、自分の会社とが互角に仕事できた経験を、彼は強く評価しようとした。

博物館、図書館などを通じての資料調査、権利処理についてきわめて有益な学習も重ねた。大量のテキストデータをはじめさまざまなフォームの素材をデジタル変換する際に、効率と品質を維持するノウハウも獲得できた。さらに、ASHPのスタッフとの一八カ月にも及ぶ討議を通じてエキスパンドブックの基本スペックが確立できていた。

ASHPを最初に訪れたときの大きな抱負をさらに膨らませて、ボブ・スタインは次なる場所へ向かって進むことだけを考えていた。そのことは、彼にとっては一点の曇りもなく明らかだった。

しかし、亀裂はパートナー間に深く走っていった。

『WHO BUILT AMERICA?』は全米各地の学校へ配布されていった。学校向けとして一〇万枚が出荷されたという。

大きな制作費と三年という期間をかけ、大量の初期出荷ロット数が送り出された作品にしては、素っ気ない質素なパッケージだった。表紙には一九世紀末に撮られたマサチューセッツの煉瓦職人たちの群像が使われていた。装丁はCD-ROMを厚紙で挟んだだけだった。パッケージの素っ気なさと表紙の貧しい労働者の群像が強い調和を発して、そこに白く『WHO BUILT AMERICA?』と書かれている。アメリカをつくったのは、ほかならぬこれら無名の労働者なんだと言わんばかりに訴えているのが特徴だった。

「へえー、アメリカってこんなことも平気でやれるのか……?」

これが全米に教育ソフトとして配られる歴史教科書のデジタル副読本なのかと思うと、ちょっと驚きがあった。遠い異国の私でさえ大丈夫かと思うほど、パッケージからは強い意志とメッセージが伝わってきたからだ。

案の定、クレームがあがった。はじめは中部のある州の人間からの抗議の電話だった。電話は直接アップルにかかった。抗議の主は、『WHO BUILT AMERICA?』に記述された堕胎に関する部分と、カウボーイのあいだでのホモセクシュアルの部分を具体的に挙げて、『WHO

CD-ROM版
『WHO BUILT AMERICA?』
パッケージ・ジャケット

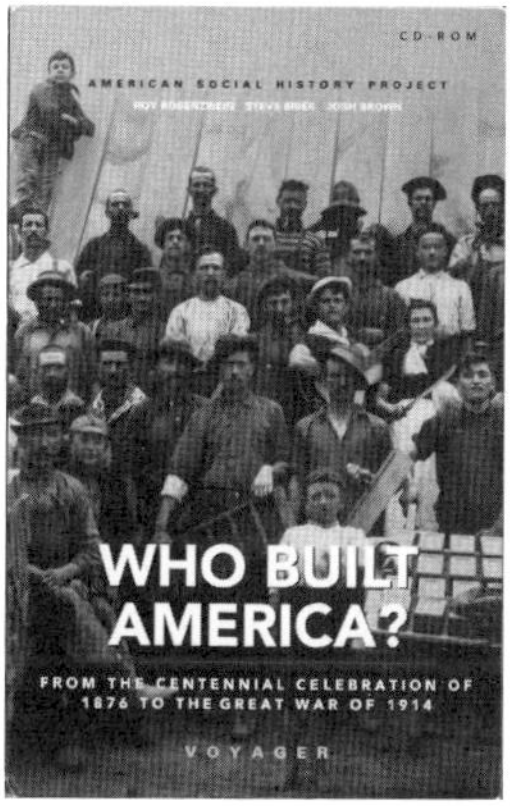

19世紀末のマサチューセッツの煉瓦職人たちの群像。パッケージの縦横サイズは、ランダムハウスのModern Classicsの判型と同じだと言われる。厚みは本とは比べようもなく、CDを1枚パッケージする薄さだった。時間も労力も、そして資金もつぎ込んだ大きなプロジェクトの最終結果としては、なんとも質素な姿だった。

BUILT AMERICA?』の学校への配布を停止するよう求めてきた。

記述の問題以上に『WHO BUILT AMERICA?』の姿勢が問われたのだと思う。こうした抗議は宗教的な背景を持つ団体からひときわ強固に発せられた。

『WHO BUILT AMERICA?』を実際にコンピュータにかけて「堕胎(abortion)」を検索してみると、かなりの分量の記述があることがすぐわかる。堕胎と避妊の問題が女性史においていかに重要な問題であり、社会とのかかわりにおいて大きな意味を持っていたかという姿勢を詳細に伝えようとしている。堕胎を何回も繰りかえし経験した女性の証言もインタビューという形をとって音声収録されている。こと堕胎に関してだけではない。目を背けたい事実に目を向ける、これがやり方であり、徹底した態度だった。

アップルは抗議を受けてボイジャーに連絡を取ってきた。そして堕胎とホモセクシュアルの箇所を削除するように求めた。

ボイジャーは言下にそれを拒絶した。「Absolutely not(断固としてことわる)」がボブ・スタインの答えだった。アップルは『WHO BUILT AMERICA?』を自社の教育用コンピュータに同梱することをやめると伝えてきた。

黙ってこれを受け入れるまえに、ボイジャーは問題を明らかにして世の中に問うべきだろうと結論した。そしてこの種の抗議に負けてなお、教育へのコンピュータ普及を考えているアップルを非難するボイジャーとしての声明を公表した。この話は『ウォールストリート・ジャーナル』や『ニューズウィーク』、そして数々の地方新聞に取り上げられた。

何千もの抗議の手紙がアップルに殺到した。その結果、多くの討議がアップル社内で持たれ、従業員のあいだで配布を元に戻そうとする動きが高まっていった。ついにアップルは『WHO BUILT AMERICA?』を現状のまま、自社教育用コンピュータのバンドルソフトとして認めることになった。

これはまだよちよち歩きのデジタル出版が、新しいメディアへの進路をとろうとしたとき、多分に政治的背景を持つ問題に真っ向から立ち向かったはじめての事件だった。考えてみれば、メディアがそれぞれの形成過程で不可避に通ってきたごく当たり前の出来事でもある。少なくとも歴史を振りかえれば明白なことだろう。先輩は多数いるのだ。

ボイジャーのサンタモニカのオフィス

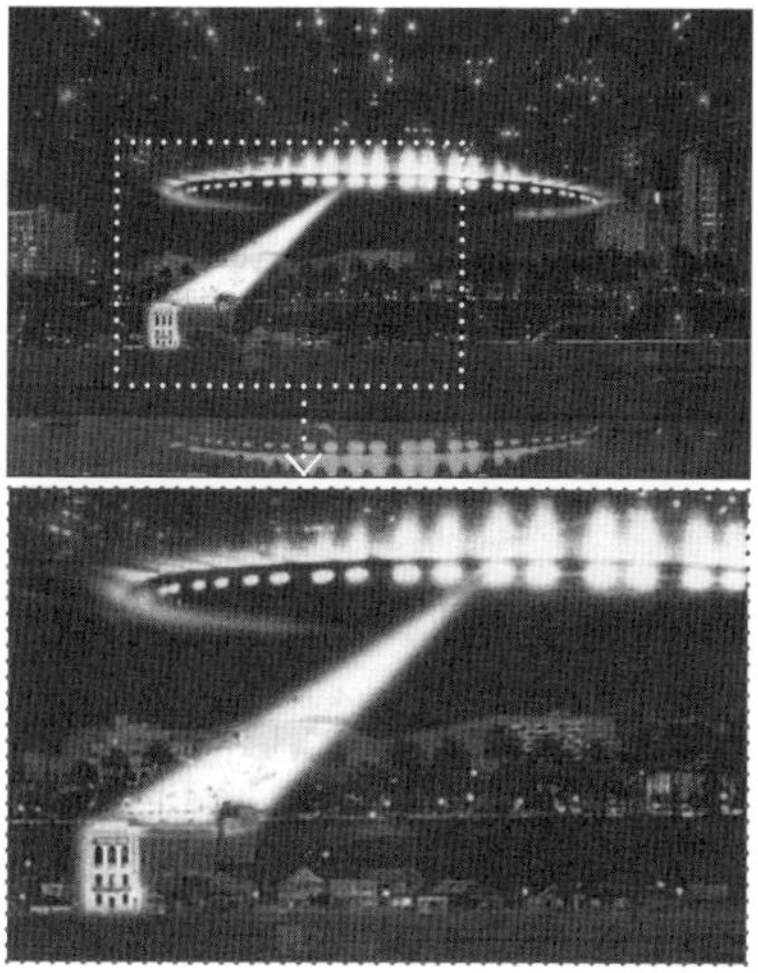

アメリカ西海岸、サンタモニカにあった3階建ての白亜のビル、そこがボイジャーのオフィスだった。海に突き出た大桟橋から海岸方向を撮った絵葉書を加工したもの。当時公開されたスピルバーグ監督の映画『未知との遭遇』のラストシーンに現れる巨大円盤がサーチライトをボイジャーにあてている。オープン・オフィスの案内状として配布されたもの。

だが、ボイジャーにとってこれはやはり重要な事件だった。信念というものがはじめて意識的に受けとめられた事件でもあった。信念はいいかげんなものであってはならない、その場限りでかなぐり捨てられるようなものを信念とは呼ばない。それに殉じるようなものなのだ。

ボブ・スタインは自分の信念に殉じ、はじめて勝利した。『WHO BUILT AMERICA?』を経験することによって、お金では購《あがな》うことのできない大切な宝を手にしていた。勝利は「暖簾《のれん》」のようなものだった。デジタル出版社を営むボイジャーに働くすべてのスタッフが背骨に筋金を通すように感じ取った出来事だった。

ある輝かしき活動がここでは語られている。けれども、歴史を振りかえる意味では冷静さを失うべきではない。巨大だとも思えたアメリカ現代史の資料を扱い、私たちはこれを一つのパッケージに格納した。もちろん当時CDの容量六四〇MBは無限にさえ思える広大な土地のようであったことは事実だろう。二〇MBのハードディスクを買ったといって友人に自慢し合ったような時代だったのだ。けれどそれは、たとえ六四〇MBであろうと明らかにささやかな限られた土地であった。このことは時間経過が如実に証明してみせた。時間を経て丘に登り、上から鳥瞰すればささやかな土地に塀をめぐらした私たちの「遺跡」をまざまざと望むことができた。

「すべての塀を倒して」などと人前で公言していたわれわれ自身が、率先して自己中心の塀のなかにいる結果となってしまった。情報を掌握し、自分のコントロール下において取捨選択を巧妙に組み込み、そこにプロデューサ・ドリブンの文脈を築こうとしていたことに変わりはなかった。すごいだろう、もっと驚かしてやりたい、もっと、もっと……が続いていく。読者を考えたと称して真っ先に読者を捨て去っていく姿勢は拭い去られることなく、厳然とここには残っていた。

9 伝えるべくは自分たちの境遇

多くの人に考えや意志を伝えるために私たちはメディアを持っている。けれど伝播をつかさどる力は、すでに確立した強大なメディアに取り囲まれた世界にある。そこに身をまかせていると言ってもいいだろう。誰かに頼ることなく自分の力を頼り、自分に近づけて伝播をおこなおうとするなら、そのパワーはおのずと限られたものになってくる。

政治家の街頭演説はたとえ駅前で多くの人を集めたとしても、直接に及ぶ数は明らかに限定されたものだろう。かつて右翼の領袖《りょうしゅう》が新橋や数寄屋橋で人々に呼びかけている姿を何度も見たことがある。日焼けした禿げあがった額、眼光鋭く、手を振りあげて「アカ」の恐怖を語っている。背後に吊るされた布に描かれた世界地図には、赤く塗られた広範囲の国々が示されている。領袖はそれを指す。迫力にも意を介さず、街ゆく人は通りすぎていく。投じるエネルギーに比してなんとも効率の悪い伝播の方法ではなかったろうか。

毛沢東主義者だった私の僚友ボブ・スタインは、コロンビア大学の門前で毎日ビラを配っていた。そのビラはまず読まれることもなく消え去るにすぎなかった。文中の一行に反応する誰かに希望を託して配ってはいたものの、あまりの無反応に心が萎《な》える思いだった。

両者の例は主義主張の両極端にあるものの、ともに無援のなかから立ちあがる伝播の悲哀を伝えている。声を荒らげようとありったけに叫ぼうと、呼応する声など返ってこない。〃モノ〃を言うこの果てしない孤独感をみんな噛みしめている。それでも突き動かされるように人は人とのつながりを求める。不思議さに心を動かされる。私は出版という意味を示す鍵がここに隠されていると思ってきた。

何が問われているのか、その内容を知ることよりも群がる人の数をとらえた写真が、あるいは群衆が受像機に映ることが伝播の引き金となっている。全体をざっくりグロスで飲み込む態度を煽り、中味を知ることよりも短絡的に好きか嫌いかが流れを決めていく。この動きを決定づけているのは大きなメディアの「中立」というまやかしだろう。

どの視点に立って〃モノ〃を言うか、それがなくて成り立つコミュニケーションなどあるはずはない。そして視点とは容易に一元化できるものではなく多元化する方向にある。多元化すれば対象は散在していくことになる。数の減衰に耐えるビジネスはなく、メディアもまた数の集約に安住する道を進む。まとめあげたその圧倒的集合の上に座ることこそメディアの本領といわんばかりに。この時代のまっただなかに私たちはいる。でも〃モノ〃を言う一人でありたい。

長く続いてきた本の歴史を経て、紙に優るいったい何が電子に備わっているのかを、明確に説得できる材料はまだない。けれど、飽くなき挑戦を続けていくのみだろう。挑戦につきものの危険に怯《ひる》むだろうか。そんな余裕があるとでもいうのだろうか。私たちは新しい発見に向かい合おうとしているのだ。

出版社に対してデジタルへの取り組みを呼びかけてきたオライリー社の代表ティム・オライリー(Tim O'Reilly)は、あるときこんな卑近な例を示して、新しい発見に向かう意義について呼びかけた。彼は、たくさんのベリーが写ったスライドを見せて、このなかにはおいしいベリーとともに毒のあるベリーも含まれている、どれが食べられ、どれが食べられないのか？　それを私たちがわかっているのは、身をもって事実を知らせた人がいたからだと訴えた。

挑戦は大きなリスクをともなう。お金を儲けるどころか失うことにもなりかねない。けれど率直に言えば、実利を凌駕《りょうが》する言いたいこと、残したいことがあったればこそ、私たちは新しい発見に向かい合う一人でありうるということだろう。この志こそ本の新しい世界がどのようなものになるのかを見いだす原動力だ。いまやネット上で何かを利用可能にするさまざまな

ティム・オライリー

https://youtu.be/inH-RV6PkSU

アーロン・スワーツ(Aaron Swartz)の追悼の集会でスピーチするティム・オライリー。アーロン・スワーツはインターネット活動家。RSS、web.pyを開発した人物。雑誌記事を不正ダウンロードしたとして、連邦当局に逮捕された。2013年1月11日にみずからの命を絶っている。試行錯誤のなかから未来を発見した人へ多大な敬意を払う必要があるとティム・オライリーは述べている。

活動が起こり、呼応するさらなる活動が輪を広げている。

〝モノ〟を言う困難へ追いやろうとする力は厳然とはたらいている。おまえはただの人、読むだけの人、見ている人にすぎず、〝モノ〟を言う必要など何もないと瞬間わからされるのがオチだろう。あるとすればアマチュア遊戯程度のものだ。いがみ合うことに溜飲を下げる。それがお似合いだとばかりに。私たちはこうした存在であるかぎりにおいて認められる一人にすぎない。けれど、きっとそのなかに〝モノ〟を言う一人たらんはじまりの道があると思う。

私たちが書こうとする〝モノ〟、伝えようとする〝モノ〟は、自分たちの境遇、立場での経験に基づく事実の記録に近いのだと思う。事実という言い方がひっかかるならば、その人の視点と言い換えてもいいだろう。客観的ではなかったとしても、現場にいたその人の体験から紡がれる言葉なのだ。所詮、数を頼るようなものではない。反響する何ものもない、遠くへ過ぎ去り帰らない無数の声にちがいない。これを記録するメディアなど容易には見いだせない。捨て去ってしまうのか、価値を見ようとするのか、私たちは大きな岐路に立っている。

学ぶべきものは、しかし幾多にあったのだ。いくつかの体験から、手探りに私たちは教訓をつかんできた。インターネット・アーカイブでおこなわれてきたBiBでの討論もそうだったろう。これら討論から発展してまとめられた『マニフェスト 本の未来』での論考……そして何人かの試みに対する追加取材。そこで何が語られたか、どんな提案があったか、何が具体的につくられてきたか、今これを誰もが見える形でパブリッシュすることが可能になっている。すべてはデジタルの支援を利用したものであり、デジタルなくしてできたことではなかった。発言を拾い上げた者、記述した者、広くあまねく公開・出版した者。そこに見えてくるのは、依然としてかすかな兆候であるとはいえ、お互いが書き手と連帯してデジタル出版を自分の術《すべ》としていこうという意志ではなかったか。

私たちは自分自身のメディアを必要としている。メディアを育て確立していく努力を求められている。これは誰もいない真っ暗な広場で、見えない空想の支持者に呼びかける無援の行為に似ている。かつて私が目撃した、街頭で地図を指す右翼の領袖のように、そして門前でビラを配っていた左翼の闘士のように。しかし私たちもまたここからはじめる時が来ているのだ。みずからの言葉で語りかける一人として、そこに立つべきであると。

書くこと、描くことが、今を次の時代へつないでいく。屈折を経て、何かに加担していく道を切り拓く。歯を食いしばるような誰もが背負わされる状況の苦しさを見つめ、切り捨てられていくことへの反抗と、生きるものの証が、書き手への行動に結実していってほしい。自分たちだけがプロフェッショナルだと思い込み、人が書くことをあたかも低位な活動とみなして蔑《さげす》まないでほしい。どんな作家であろうと、無名であった昔があった。みんな、多くの失敗から一条の輝きをつかんできたのではないか。

誰かがやってくれることではない。立派な人、力のある人は多々いる。だけど、何かを与えてくれるのを待っている生き方から離れていかねばならない。必要なものは自分の力でつくることができる。少なくとも自分の仕事やかかわりのなかで経験した知の力に誇りを持とう。それは私たちが持つすべてなのだ。

想いを自分たちのメディアにこめていこう。もっとはっきり〝モノ〟を言おう。そのために支援できる、貢献できる、デジタルを追求していく。これは出版にかかわる人間の責務だ。

自分にできることはある……けれど、できないこともある。それぞれのできることを出し合っていく。分かち合うこと、与えること、それをしっかり心に刻みつけよ、と技術は教えている。私たちは二五年のデジタルとの格闘から、そう学んできた。与え合う何かを相互に持ち合っていることは確かなことだ。手を握り合うことを通じて新しいプロトタイプをつくりだしていくことこそデジタル出版の歩むべき道ではないだろうか。

私たちは一九八〇年代の中ごろに、まさにBorn Digital＝デジタルの出自を持って出版をはじめた。成功することはことごとくなく、出版はしたもののつくられた作品は消え去ってしまった。しかし、試みた作品は市場から消え去っても、ボイジャー自身は生き残った。長い時間を経て出くわした経験の意味を噛み締める場面に、私たち自身が立ち会いつづけることになった。生き残ったからこそつながった経験の持つ今日的な意味を見る立場だったのではないかと思う。記録や記憶は、それを人が媒体として後世に伝える大きな存在であることを再認識する機会となった。

ふとサン＝テグジュペリ『人間の土地』の冒頭部分の言葉が頭にのぼる。社会へ出た若いそして高邁な気持ちをどこかで励ましていたのだろうと思う。長い道を歩きはじめたころを思い浮かべてみる。今となってなお何も変わらない自分の心情を感じるとともに、進歩と言えるもののなんとも少ないこの平坦さを思い知らされる。

一人のバカはやがてもう一人のバカとめぐりあい、とんでもない遠回りの道を歩いてきた。あれこれと二人は会話しつづけ、言い合い、励まし合い、遠回りだとも思わずに笑いながら……今もその道を歩いている。

『人間の土地』の冒頭の一文を掲げて終わりたい。ここに書かれた心境に私はやっとたどり着けたのかもしれない。

ぼくら人間について、大地が、万巻の書より多くを教える。理由は、大地が人間に抵抗するがためだ。人間というのは、障害物に対して戦う場合に、はじめて実力を発揮するものなのだ。もっとも障害物を征服するには、人間に、道具が必要だ。人間には、鉋《かんな》が必要だったり、鋤《すき》が必要だったりする。農夫は、耕作しているあいだに、いつかすこしずつ自然の秘密を探っている結果になるのだが、こうして引き出したものであればこそ、はじめてその真実その本然《ほんぜん》が、世界共通のものたりうるわけだ。これと同じように、定期航空の道具、飛行機が人間を昔からのあらゆる未解決問題の解決に参加させる結果になる。

ぼくは、アルゼンチンにおける自分の最初の夜間飛行の晩の景観を、いま目のあたりに見る心地がする。それは、星かげのように、平野のそこここに、ともしびばかりが輝く暗夜だった。

あのともしびの一つ一つは、見わたすかぎり一面の闇《やみ》の大海原の中にも、なお人間の心という奇蹟《きせき》が存在することを示していた。あの一軒では、読書したり、思索したり、打明け話をしたり、この一軒では、空間の計測を試みたり、アンドロメダの星雲に関する計算に没頭したりしているかもしれなかった。また、かしこの家で、人は愛しているかもしれなかった。

それぞれの糧《かて》を求めて、それらのともしびは、山野のあいだに、ぽつりぽつりと光っていた。中には、詩人の、教師の、大工さんのともしびと思《おぼ》しい、いともつつましやかなのも認められた。しかしまた他方、これらの生きた星々のあいだにまじって、閉ざされた窓々、消えた星々、眠る人々がなんとおびただしく存在することだろう……。

努めなければならないのは、自分を完成することだ。試みなければならないのは、山野のあいだに、ぽつりぽつりと光っているあのともしびたちと、心を通じあうことだ。

（サン＝テグジュペリ『人間の土地』堀口大學訳、新潮文庫、一九五五年）

第4章

本とは、ほんとうにただものではない

聞き手＝鈴木一誌
初出＝『d/SIGN』第18号、太田出版、2010年10月
本書収録にあたって加筆修正

1 メディアは変遷していく

荻野のふるさとは、東京の本所亀沢町である。勝海舟が生まれた土地柄であり、赤穂浪士が討ち入った吉良邸も近所だ。荻野が生まれた昭和二一(一九四六)年、本所亀沢町はまだ焼け野原だった。「前年3月10日の大空襲でふるさとのわが家は罹災し住む家を失った」(aozora blog、二〇〇三年七月八日。現在閲覧不可)。荻野は、母親の思い出を次のように記す。大川(隅田川)を走る乗り合い汽船の船着き場でのことだ。「母が背丈以上もある堤防のコンクリートに身を寄せ」、「ここにうずくまっていた……」と呟いた。「空襲のさなか、逃げまどう母は火焔風と火の粉を避けて、そこにいた自分を思い起こしていた。突然の沈黙と母の視線のさきにある剝き出しのコンクリートの色が底知れぬ不安を私にかきたてた」(同前)。荻野の切れ味のいい啖呵《たんか》に〈江戸〉を感じるとともに、自身の退路を断っていく生き方からは、〈焼け野原〉を原風景として抱えている気配を受けとる。

——電子書籍に取り組んで、どれほど経ちますか。

荻野 ボイジャー・ジャパンを一九九二年につくったので、かれこれ一八年になります。

——その前は、パイオニアにいらした。

荻野 一九八一年に、パイオニアのレーザーディスク部門に入りまして、そこに一一年間いました。

——八一年というと、レーザーディスクが国内で発売された年ですね。

荻野 レーザーディスクは、おもには直径三〇センチの光ディスクに、両面で最大二時間の映像が記録できたメディアでした。世界ではじめて、インタラクティブなオーディオ・ビジュアルの機器として、一般に市販されたものでした。オーディオ・ビジュアルの世界で一般に入手できるインタラクティブなものは、それまでは一切なかった。私はさらにその前の一一年間は、映画をやっていましたので、「ランダム・アクセス」できるインタラクティブな世界は、とりわけ新鮮なメディアとして映ったんです。

――レーザーディスクというフォーマットは、パイオニアがつくったのですか。

萩野 パイオニアとMCA、それにフィリップス(Philips)などが開発したものです。ボイジャーという会社は、もともとはアメリカの会社で、そこでもまたレーザーディスクをやってたんです。一九八四年から西海岸で、自分たちのインデペンデント・レーベルを出していた。

――レーザーディスクを媒介にして、アメリカのボイジャーと知りあった。

萩野 ぼくがパイオニアの立場で、彼らと行き来するのは、彼らが旗揚げしてすぐの八四年くらいから。

――萩野さんの役割は、ソフトの供給ですね。

萩野 おもにソフトの買い付けです。自分たちで制作したものもいくつかあります。パイオニアで〝へんてこりん〟なレーザーディスクをつくっていたのは全部私です。アメリカのボイジャーの影響を受けてのことです。

――量販店には、レーザーディスクの大きなコーナーがありました。

萩野 パイオニアは導入には命がけでした。オーディオ・メーカーからビジュアルを手に入れようという賭けだったのです。ビジュアルの世界には競争相手がいくらもいました。CED(RCA方式)やVHD(ビクターほか一三社)などとの規格競争が激しくて、パイオニアは孤立を迫られていました。「いよいよ一〇パーセント」、「もうすぐ一〇パーセント」、「ついに一〇パーセント」と言いながら、普及確立の目安だった市場普及率一〇パーセントまでにとうとう到達できなかった。

――カラオケは、レーザーディスクの機能をうまく使いました。

萩野　ランダム・アクセスで曲のアタマをサーチする。CDでも曲のアタマ出しができますが、あれと同じですね。それと当時は、映像以上に、歌詞が大事なんですね。歌詞も、歌う場所に合わせて色が変わっていく。そういうインタラクティブなところが時代とマッチした。カラオケの会社などは、大儲けしたんじゃないですか。スナックやバーにカラオケマシンごと納める。トラブルがあると、車でふっ飛んでいって解決する、夜中にそういうカバーをする人たちがいた。カラオケ業者は、機械やメインテナンスの値段を安くする必要がなかった。月々いくら払うみたいなローンを組ませて、儲けていた良い時代でした。ところが、通信カラオケになって、曲がオンラインで飛んでくることになって、あっという間に行きづまった。オンライン通信の登場で、レーザーディスクという物体が、もんどり打っちゃったわけですね。まさに、今のデジタル化で本が変わる騒ぎと同じです。

――何年のことですか。

萩野　インターネットが出てくるころ、九六、九七年くらいですか。レーザーディスクの衰退ということでは、大きな事件でした。

2　有用な道具を個人に

収支だけを最終目標としてきたならば、一八年間も電子出版への意志を持続できなかっただろう。では、何が萩野を駆りたててきたのか。『ホール・アース・カタログ(Whole Earth Catalog)』(一九六八～七五年)を補助線に引いてみたらどうか。『ホール・アース・カタログ』は、「1＝道具として有用である。2＝自主的な教育に関わる。

3＝高品質もしくは低価格である。4＝郵便でたやすく入手可能である」という基準によって、書物や製品を選別したカタログである、有用な書物や道具を個人に届けることで、知の拡張を図ろうとした。「知の拡張」とは、アカデミックな知への対抗であり、それゆえ『ホール・アース・カタログ』は、カウンター・カルチャーのバイブルとなった。萩野にも、「有用な道具を個人に」との精神が流れている。

——萩野さんは、レーザーディスクが衰退する前にパイオニアを辞められた。

萩野 そもそも私がパイオニアに入ったのは、「三五歳まで」という新聞広告を見てです。三五歳になるちょうど何カ月か前で、ギリギリセーフだった。レーザーディスクに行って、それから一一年いましたから、今度は四六歳を超える時期だった。もし自分で何かをやるとしたら、「年齢的に一つの限度だろうな」、「これ以上やったらそこに骨を埋める以外方法はないだろう」、「何かをやるんだったら最後のチャンスだ」と。もう一つは、時代が、レーザーディスクからCD-ROMなどのデジタルに移っていった。ぼくは、アメリカのボイジャーの連中と深く付き合っていたので、彼らが「これからの情報世界がどうなっていくか」を逐一見せてくれていた。「レーザーディスクは、もううまくいかない」と確信するようになっていた。

——レーザーディスクがアナログだからですか。

萩野 アナログということのほかに、全体の仕組みが古い世界の遺物を引きずっていた。パイオニアの社内には、ディスクをプレスする大きな工場があって、プレ・マスタリング（量産用の原盤をつくる前工程）するスタジオもあった。ユーザーには「なんでもできる」と言いながら、工場の巨大な設備でなければつくれなかった。個人でできるとは言うけれども、お金を会社に委託して、ブラックボックスを通ってようやくユーザーのところに出てくる仕組みだった。

――レーザーディスクは、個人の需要に応える態勢だったのですか。

萩野 そうは言っていたけど、本気ではなかった。普通の個人がまかなえる値段ではなかった。マスターの一インチ幅のテープは、それ自体が何万円もしていた。そのテープを専用機械で動かすために、一時間三、四万円かかるスタジオを使うわけですから、何十万円、何百万円という世界だった。個人でやった人もいただろうけど、よっぽど余裕がないとできない。ちょっと細工して三〇分ただ流れるドラマだったら、何十万かであがったかもしれないけど、細かく編集すると大変だった。とても外部の個人が対応できるようなものではなかった。自由を期待して問い合わせてくる人の窓口を私は一手に引き受けた。だからカラオケチームとは仲が悪かった。向こうは利権の鎧、こっちは素っ裸です。やり合って、そして絶望した。机をひっくりかえしてやりたかった。馬鹿野郎とも思った。しかし、私はそうした張本人の懐深くいる身の上でもあったわけです。その立場を利用すれば、内部の「個人」として振る舞うこともできた。そこでひたすら〝へんてこりん〟なものをつくらせていただいたわけです。役得ですよね。どうせできないならと、オレがやることで罪滅ぼししたんです。かすかな救い、苦い言い訳です。

――パイオニアは、レーザーディスクをまるごと内製してたんですか。

萩野 全部内製です。すべての仕組みを持っていて、モノポライズしていた。あの大きさの盤面を平らにするのは、確かにすごい技術だった。レーザーディスクは、アルミ蒸着された信号面をアクリル被膜で保護していた。CDは塩化ビニールで、材質がぜんぜん違う。アクリルは、吸湿性があって、非常に不安定なものでした。

――結局、レーザーディスクは、個人による書き込みに道を開きませんでした。

萩野 それが根本的な敗北だった。「表現する人間にすべての道具をオープンにしなきゃいけないんだ」

とずいぶん論議したが、まったく会社はわからなかった。

――「有用な道具を個人に」との姿勢は、『ホール・アース・カタログ』の精神に通じますね。

萩野 米国ボイジャーの中心人物だったボブ・スタインからは『ホール・アース・カタログ』をはじめ、スチュアート・ブランド(Stewart Brand)や当時のカウンター・カルチャーのことをよく聞かされました。しかし私はそもそもアメリカのヒッピー文化もカウンター・カルチャーもまるで知らないし、興味も持っていませんでした。『ホール・アース・カタログ』を実際に見たのも室謙二さんが手引きしてくれてはじめて知ったくらいです。アメリカは私にとってけたたましく離れた他人、空々しくもあり、偉そうでもあり、唾棄したいほどに嫌っていたと言っていいでしょう。とにかくベトナム戦争の当事者でもあり、その反作用をちゃらちゃらヒッピーなどやってやがる、麻薬など吸いやがって、ぐらいにしか思うことはできなかったのです。後年、おまえは貧しさに敏感でも、豊かさに鈍感だと非難されて、自分の限界を知りました。偏った男だったのです。それでもアメリカでラテンアメリカのゲリラ新聞やアメリカの『赤旗』を見たり、ボイジャーのオフィスに掲げられたスローガン「For All Who Dare to the World Upside Down」を見たりして、アメリカに対する考えを少しずつ変えていったのです。だから私に『ホール・アース・カタログ』の影響があったかどうかは疑問です。

――萩野さんは、パソコン、とりわけマッキントッシュの動向を見ていたのですね。

萩野 ちょうど辞めるころに、マッキントッシュが伸びてきていた。コンピュータそれ自体では、まだ映像を送りだす能力はなくて、コンピュータのモニターのほかに、ビデオのモニターが別にあって、二つをつないで見ていた。レーザーディスクはよくそれをシミュレーションしたんだと思います。そんな原始的なシミュレーションしかできませんでしたが、「あぁ、こういうものなのか」と、パソコンで映像を見るイメージがつかめた。その後、コンピュータの画面上に映像も同時に出せるようになっていく。コンピュータと映像の接近が、日進月歩で進む状態だった。

――アメリカのボイジャーのほうは。

萩野　彼らも、アップル・コンピュータにレーザーディスクをつないで、コンピュータと映像の一体化を盛んにやっていた。ハイパーカード(一九八七年リリース)ですよ。これが私たちに希望を与えたのです。プログラマでない人間がハイパーカードによってパソコンに向かって創造ができたのです。これがなければ手も足も出なかった。机をひっくりかえして終わっただけでしょう。ハイパーカードを開発したのはビル・アトキンソンです。あの人への尊敬の念は深いものでした。実際に会いもしました。少々神がかったようなことを言ってましたけど、彼はこんなことも言いました。医学生で教室で徹底勉強をして、インターンとして実地に出る、そのときはぱっとしない奴だったが、帰ってきたとき見違えるほどのレベルアップをする学生がいる。現実を見ることによって自分のやるべきことの意味を発見する、人間にはそういう力がある、生きている学習だと。この言葉が心に残っている。何のための学習か、何のためのメディアか、何のためのデジタルか……そう考える癖がこのとき私に芽生えたのです。

当時、レーザーディスクの後ろに、RS232Cという、コンピュータと通信できるポートが付いていた。RS232Cでレーザーディスクの番地をたどるのは「目を布で覆って歩くような不完全なインタラクティブだね」とよく言われました。目隠しされて探っているようなものです、こっちが探し出したと思っても相手は返事をしないのです。思い込みですよ。「将来的には、お互いがキャッチボールし、声を掛け合い、はいっ! ほいっ! とビビッドに返事を返すようにならなきゃな」とヒシヒシと感じる時代だったんです。

「映画はもうダメだ、違う世界に行くんだ」とレーザーディスクに来たんだけど、この世界も、必ずしも新しくはなかった。海を越えたアメリカでのつんのめった連中たちのやっているのを目撃してきたものですから、よけいに、「古いものは脱ぎ捨てて自分でやるしかない」と思った。

――それが四六歳。

萩野 まだまだ元気でしたから。考えてみりゃ、いい年齢ですけどね。

――いくつかのキーワードが出ました。「製造過程が見えなくちゃいけない」、「インタラクティブ」、「メディアに書き込める」、「表現手段の個人化」。マッキントッシュのWYSIWYG(What You See Is What You Getの頭文字から「あなたが見るものはあなたが得るもの」を意味する。

レザーディスク再生装置

1981年10月、日本でパイオニアが発売した一般民生用レーザーディスク・プレーヤー第1号機「LD-1000」。蓋を開けてディスクを装着させるオーディオ・レコードと同じ体裁を踏襲していた。オーディオ・ビジュアルの再生装置を家庭に届ける機器は、まだめずらしい時代だった。そしてまた、見慣れないさまざまなボタンやレバーがプレーヤーには備えられていた。多くの人々はこれらを未知のものとして、まるで手を出すこともなかった。

『ホール・アース・カタログ』

マルチメディアのプロデューサであるスチュアート・ブランドによって1968年に創刊された書物や道具についてのカタログ。謄写版刷りの6ページからスタートし、カウンター・カルチャーのバイブルとして人気を博す。版を重ねながら、400ページを超える大冊へと成長し、1975年にとりあえずの終刊を迎えた。

ディスプレイと印刷結果が一致すること）**の発想を思い起こします。全体として「一人でできること」を重視する姿勢を感じます。これらのことが、四六歳の萩野さんには、一挙に見えていた。**

萩野 見えていたかどうかはわからないけど、「一人でできないもの」の典型的なのが、映画だった。もちろん、みんなでワイワイやっている楽しさはあるんですが。

――映画選定の目利きだったから、レーザーディスクの仕事ができたのですね。

萩野 パイオニアはレーザーディスクでつぎつぎと映画をリリースしていた。大学を出てから映画をやっていたし、大学時代から見た映画の数は半端じゃなかった。勉強もしないで映画ばかり見て、こんな楽しいことはないんだけど、まさかそれが役に立つとは思ってもいなかった。見られるときに好き勝手に見ていたからいいようなもので、いざ仕事となって映画を見るとなると、こんな苦しいものはない。二時間、目を開けて一日二本も見たらグッタリしちゃう。ちっとも面白くない。無駄のなかに自由に泳いでこそ意味がある、捨てがたい何かを発見できる、淡いものなんですよ。市場でセリに立ち会うような映画鑑賞なんてあっていいものじゃない、苦しいものです。

――パイオニアでは、毎日が映画漬けの生活だった。

萩野 映画を見て、この映画は当たりだ、外れだとか、映画の出来は、だいたいアタマの五分でわかりますね。それが身を助けたというのかな。アメリカのメジャースタジオと契約をするのですが、いろんな作品がいっしょくたにまとめて送られてくる。昔、一〇〇匁《もんめ》いくらで菓子をシャベルですくって袋に入れてくれました。なかに、おのろけ豆や干し魚とか、「おっと、これは好きな飴」みたいに入っていた。それと同じで、ゴミも宝もいっしょに入ってくる取引方式なんですね。映画のことを知らない人間には手も足も出ない。英語の原題名って、『A Space Odyssey』が『２００１年宇宙の旅』だったり、おいおいアブねぇ、意外とつながらない。原題名は当てにできないので、題名、俳優、キャストなどいくつかの符丁を合わせて、「この監督の映画は面白い」と読んでいく。評価の定まらない作品を見分けて、溜飲を下げていました。

――アメリカ映画で英語も勉強したのですか。

萩野　映画で英語を勉強するのは高等芸ですね。でも、ベランメェ英語でもへっちゃら、こっちは客だから。むこうは一所懸命こっちの英語を聞こうとする。そういう力関係も含めて勉強になった。まだテレックスで英語を打ったり、読んだりしてた時代でした。「オカネヲオクレ、テンテンテレックス、テレックス……」なんてふざけ合って。

3　デジタルがぼくらを支援してくれる

『ホール・アース・カタログ』を創刊したスチュワート・ブランドは、パーソナル・コンピュータの存在価値をもいち早く見抜いた。「大きくて中央集権的で官僚的な象徴的存在」としてのコンピュータに対して、計算機能を超えた、考えるための道具としてのパーソナル・コンピュータである。彼は言う。「準備はいいかい。コンピュータがまもなくわれわれのもとにやってくる。とっても耳寄りな話だ。それも幻覚剤を手にして以来の」（「スペースウォー――コンピュータマニアの熱狂的生涯と象徴的な死」『ローリングストーン』一九七二年一二月七日号）。ブランドにとって、知を拡張する点では、パーソナル・コンピュータもＬＳＤも同じだった。萩野は、レーザーディスクという映像の世界で、猛烈なダウンサイジングが引きおこす人間模様を見ることになる。

――一九九二年に独立されて、ボイジャー・ジャパンをつくられた。

萩野 CD-ROMがちょうど出てくる時代でした。一九八九年か九〇年かに、富士通がFM TOWNSというパソコンにCD-ROMドライブを付けた。あれが最初だったでしょう。しかし、何もソフトがない。当時、音楽CDはすでにありましたから、それを掛けていたわけです。パソコンというより「値段の高いCDプレーヤーかな」くらいの気持ちで見ていた。

――最初にCD-ROMを見たと意識したのは。

萩野 『I Photograph To Remember』という、ペドロ・メイヤー(Pedro Meyer)というメキシコにいる写真家のCD-ROMだった。

――ペドロ・メイヤーは、新しい技術に積極的な、力のある写真家ですね。

萩野 そのCD-ROMは、自分の親ががんにかかって死んでいく晩年を撮りつづけた、一〇〇枚くらいの、ペラッと勝手にめくれていくような写真集でした。自分で音楽と解説を入れてるんです。当時は、ペドロ・メイヤーについての知識はほとんどなかった。けど、ラジカルでしたよこの人は。その後すぐにつくった、デジタルで写真はどう変わるのかを問いかけた『Truths and Fictions』はすばらしいものでした。写真の真実を否定するデジタル加工について正面から向かい合った。ある退役軍人の養老施設のプール、昼下がり、一人の老人が水につかっている。誰もいない。水の屈折で老人の足が屈曲して見える。ペドロ・メイヤーはこの男の足をデジタル加工で切り落としてしまう。昼下がり、プール、養老施設、退役軍人、と逆回転して、写真ははるかに意味を持ち、迫力が増す。いいか、悪いか、と彼は世界の写真家に問うて意見を聞くのです。CD-ROMの時代にですよ!

――それは、商品として出ていたんですか。

萩野 アメリカのボイジャーがCD-ROMとしてつくった。最初は商品じゃなかったんだけど、評判がよかったので、商品化された。ペドロ・メイヤーの写真の力でしょう。

——「インタラクティブである」ことと「個人でできる」を、萩野さんはセットで考えていた。

萩野　クリエーターにとって、希望ですよね。表現の道具が自分の手元に降りてくるのは重要だった。

——「受け手が送り手へ」という地殻変動が起きつつありました。

萩野　たとえばパイオニア時代に、非常に典型的なと言いますか、腹立たしいことがありました。ディスクには、方式にもよるのですが、一秒間に三〇コマのビデオの映像が片面で三〇分入っているとすると、五万四〇〇〇コマのフレームを入れることができる。映画フィルムは一秒二四コマなんです。ところが、ビデオテープは、ＮＴＳＣというアメリカの方式だ

ペドロ・メイヤー
『Truths & Fictions
a journey from documentary
to digital photography』

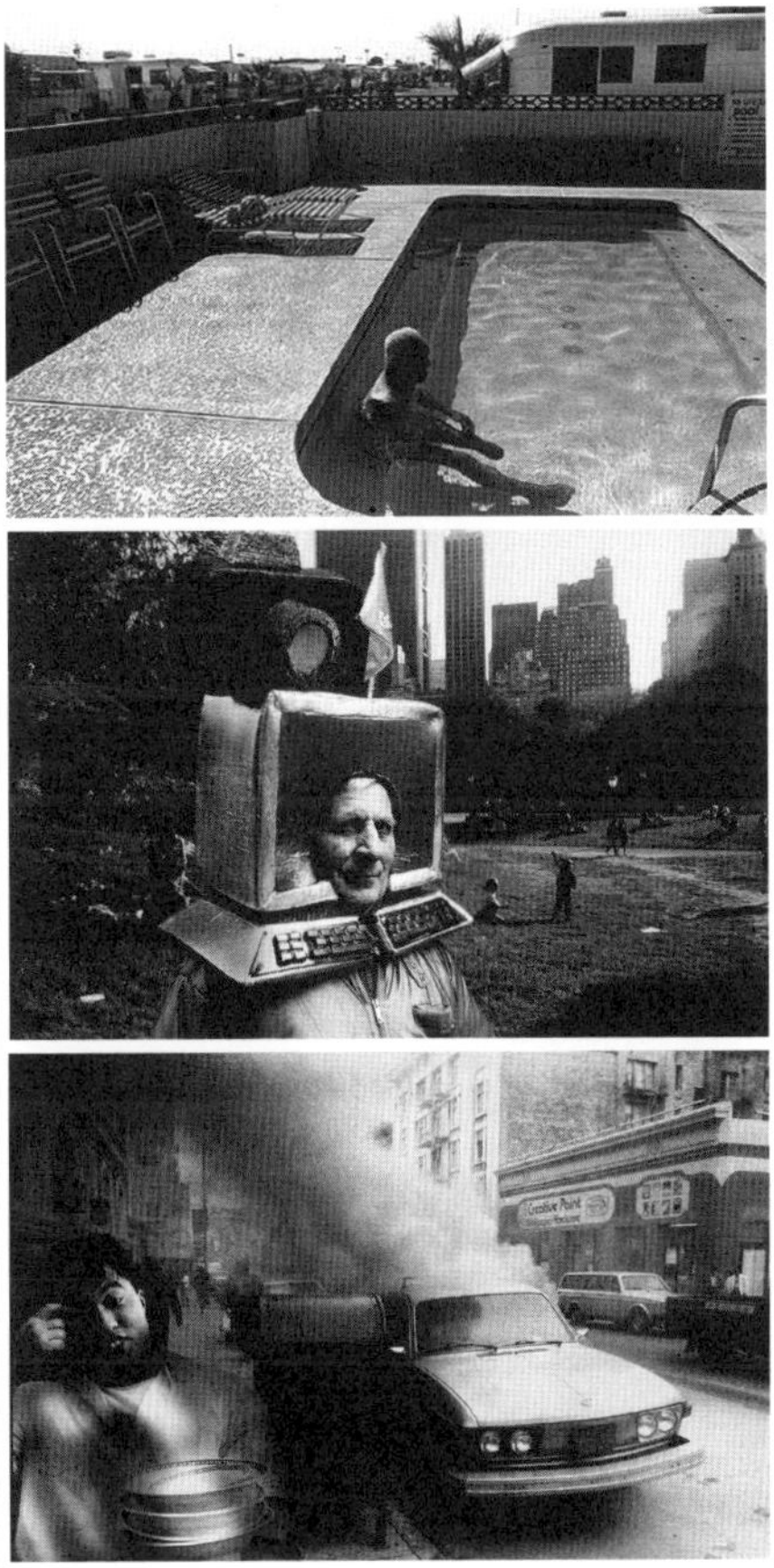

このなかで、「合成」の種明かしが数点されているが、すべての写真が「合成」なのかどうかは宙吊りにされている。見る者は、ドキュメンタリーと虚構のあいだで引き裂かれるのだ。1990年代初頭の作品が多いことを考えると、「合成」技術も、驚くべき水準の高さだ。

と三〇コマを二つのフィールドで構成します。三〇コマの一フィールド目を走査し(Odd)、次に三〇コマの二フィールド目を走査し(Even)、六〇分の一秒の速さでまず奇数を走ったら、戻って今度は六〇分の一秒の早さで偶数を書いていくようにできている。

――そのビデオテープをディスクに移し替えなければいけない。

萩野　ビデオテープの場合、殴り合いシーンなどの速い動きは、完全な静止画に見えない、殴る腕がパカパカ前後する。ビデオとフィルムを混在させるとさらに矛盾が出てくる。どこかでちょん切ると、へんな画《え》が出てきちゃう。帳尻合わせが必要で、ものすごい面倒な計算をしながらやらなきゃならない。ディスクで見たら簡単にチェックできるんですが、ディスクは最終的な商品だという考えで、手前の作業のおまえらに商品は与えない。会社は、ディスクにする最終の前にチェックしろと言う。でもチェックする手だてがない。どうするか。ビデオテープを、ほんとに手先の器用さでいじくりながら、フィールドを確かめていく。食糧も弾薬もない現地調達ですよ、〝帝国陸軍のインパール作戦〟のようなものです。間違えもする、眠くもなる、見落としも起こる、肉弾戦、アナログな手作業です。

――矛盾していますね。

萩野　優れたパフォーマンスを備えた最終的な容れ物を持っていて、それを製造する人間がその力を駆使しなきゃいけないのに、最終的な器を持てない。持てないがゆえに、持ってるやつがえばっている事実をイヤというほど見てきたわけです。なぜ分かち与えないのか!

――怒りをおぼえていた。

萩野　なんでそれを出さないいんだと。ところがアメリカには、テスト版としてたった一枚プレスする会社があるんです。今でいうオンデマンドです。しょうがない、アメリカに発注する。レーザーディスクのすべてを保持する本家本元がですよ! 行って帰ってくるまで二週間くらいかかる。その盤上で調べると、切り方がおかしい箇所が全部わかる。持っている道具と権力の矛盾に満ちた姿を目撃したわけです。メディアというのはこれが正体だな、となんとなくわかった。

——アナログからデジタルの境目だから起きた矛盾とも言えます。

萩野　それが、だんだんデジタルに切り替わっていって、パソコンになり、処理したデータをスタジオに持っていけば、今度は逆に、大きな設備を持っている人間が、ユーザに言われたことをキーボードに打ち込んでやらなきゃならなくなった。逆転した。これは痛快だった。「デジタルこそ、ぼくらを支援してくれるものだ」と実感した。しかしよく考えてください。これは単に底辺に生きるもの同士の雪合戦じゃないですか。立場が変わってどっちに立つかの違いはあっても、使役される労働がなくなったわけじゃない。みんなが幸せになったわけじゃないんです。

——いろんな世界でダウンサイジングが起きた。

萩野　映画もノンリニア編集（デジタルなランダム・アクセス機能を利用した編集）になって、Avid（アビッド）などが入ってきた。それでもAvidは、それなりの金額だった。それが今は、PremiereやFinal Cut Proにまで落ちてきた。さらには、iPhoneにさえ映画の編集機能がついてる。「ほんとかよ」という話です。現在は何でもつくれてしかるべきなのに、では自由にできているのか、何をやってんだおまえら、そう思います。

4 〈一人〉の大事さに気づく

インタビューでのやりとりに、ドキュメンタリー『留学生チュア スイリン』が出てくる。学生時代にこの作品を見た萩野は、以来四〇年以上にわたって、この映画体験を繰りかえし想起してきた。萩野の言葉を聞こう。「映画が本であったら、いや映画が最後には本になることができたら、私は今書棚から『留学生チュア スイリン』を取り出し、読むように見ているかもしれない。あるいは見るように読んでいるかもしれない。そうすれば何故この映画ができたのか、より深く理解できるだろう。その時点での私の自問自答はもはや読書の楽しみの域に昇華していることだろう」(「身捨つる祖国はありやニューメディア」『エキスパンドブック ガイドブック』前分)。萩野の住処《すみか》は、デジタル媒体、本、映画が結ぶ三角地帯である。一点にはとどまらず、三角地帯をたえず遊動しているのだ。

(「いまそこにある未来」『マガジン航』二〇〇九年九月二九日)

——萩野さんは、独立されてボイジャー・ジャパンを設立するにあたり、「たった一人の術をみつける」と題して、こう書きました。

わたしのシナリオには以下のような筋書きがたてられていた。

1. 自分一人でやる自覚をもつ
2. 術をみいだし身につける
3. 確立した方法を分かち与える
4. 流通を起こし対価を得る
5. 再生産の歯車を廻す

萩野 映画は、おおぜいの集合でつくっていく。映画づくりのなかで、〈たった一人〉でやる作業は、シナリオなんです。じっさいには複数で書くこともありますが、シナリオ執筆は、基本的には〈たった一人〉の行為です。あるべき映画を想像し、キャメラで写せる場面とセリフだけで組み立てていく。シナリオができあがって、映画にするときは、集団で一気呵成にダダッとつくっていく。つくる段になると、合理的でなければならない。集団だから。

——映画時代の体験から、〈一人〉の大事さに気づかれた。

1992年、私は電子的な出版という新しいメディアをつくりだす夢を抱いた。技術革新がいくつかの示唆を与え、誰でも一人で「パブリッシュ」というコミュニケーションの原初形態を手に入れることができると確信した。

（「いまそこにある未来」）

萩野 小説家やノンフィクションライターは、一人で西だ東だと歩いて、書きあげていく。カメラマンもおらず、自分一人で取材する。〈一人〉に対するあこがれというか、〈一人〉が基本であることに気がついてきたんでしょうね。若いときは、ワイワイやっているのがカッコいいと思ってたんだけど、自由に表現していくこととは相反するものではないかなと。

——七〇年代の日本映画というと、撮影所システムが崩れていく時期でした。

萩野 大映が倒産するさまをまざまざと見ましたし、日活も組合管理となって、ロマンポルノに転身した。角川映画が出てきて、最初の『犬神家の一族』（市川崑監督、一九七六年）を神戸のロケ先で見た思い出があります。

——萩野さんは、東映にいたのですか。

萩野 ちょうど一九七〇年に契約スタッフとして入りました。教育映画部というのがあって、そこにいたのが長かった。制作スタッフとして、もっぱら助監督の仕事に携わりましたが、その後、演出までやりました。

——『日本の音楽・琵琶』、『バングラデシュの大地に』といった作品で賞をとったりしています。ドキュメンタリーや文化映画的なものを多く手がけたのですね。

萩野 愛だの恋だのといった人間的なものじゃなくて、映像の情報性については非人間的に考えざるをえない環境でした。出来事を、「どうしたらどうだ」とドライに見る立場にいた。

タイで撮った映画のことです。産後の食事はこう摂りなさいというシーンで、お盆の上のごはんとバナナとかを、ジャーッとカメラを回して撮るんです。

自分でやってて「バカじゃないか」と思った。写真を一枚撮ればすむことじゃないかと。面白くもおかしくもない。映画の情報性という意味からして、映画の表現はこれでいいのかとか。

——ご自分で編集もやられたんですか。

萩野　編集マンはいるのですが、劇映画の場合とちがって、ノンフィクションはだいたい自分たちで編集するんです。楽しかったです。新しい技術への信頼というものを誰よりも早く知りました。編集機というのは原理原則は単純ですが、それを職人の勘で補ってパフォーマンスを保つのはかなりの熟練を要します。粗野な編集機をベテランは使います。それが腕ですから。しかし新人は技術を頼りにします。技術革新は編集室にも訪れていました。ドイツ製のスタインベックという編集機に触れたとき、沸き上がってくる臨場感に圧倒されました。そこには映像の持っている力をフルに引き出そうという設計の思想がありました。フィルムを撮って撮って撮りまくりたい衝動が走りました。私たちは長いあいだ、使役され、すりつぶされるなかから何かを体得するという被虐性このうえない環境のなかに押し込められて、技術の支援をまるで受けることなく生きてきたのです。

——ノンフィクションだけど脚本があった時代ですね。

萩野　効率的に撮るには、脚本があったのです。脚本がないと予算も立たない。今のビデオテープと違って、フィルムは高かった。仕上がりの長さの何倍かのフィルムをあてがわれる。でも、現場へ行くと脚本は変わってしまう。あくまで目安です。

——土本典昭監督のドキュメンタリー『留学生チュアスイリン』(一九六五年)**について、萩野さんは、「おそらくこの映画を見た人は少ないだろう」と前置きしたうえで、こうお書きになってます。**

カタカタいって今も私の頭の中をこの映像がめぐるのはなぜか。二つの理由がある。まず、何といっても一人の意見がついには多くの力を獲得することの原形を教えてくれることだ。勇気をもって正論を吐くことの大切さ。何でも最初

は一人なんだということ。そこがしっかりしていなければ駄目だ、野合して衆を頼ってもはじまらない。

（「身捨つる祖国はありやニューメディア」）

萩野　『留学生チュア スイ リン』は、もとはテレビ番組だったんですね。ところが内容がテレビにふさわしくないと、撮影開始前日に中止となるのですが、土本さんたち全員が手弁当で撮ってしまった。

――映画の内容は、国費留学生としてマレーから来日した青年が、在日中の活動を問われて、資格を剝奪され、千葉大学を退学処分となる。その青年を支援しようとする学生たちの運動を捉えたドキュメンタリーですね。

萩野　六〇年代末の全共闘よりも早い、学生運動を捉えた先駆的な作品です。

――引用した文章には、次のような箇所もあります。

頭の中で映像がカタカタと鳴り続けるもう一つの理由は、映画それ自体にある。誰がこの映画をつくったか、何故つくったか、という自問自答を私は何回となく繰りかえしている。監督は誰かなどということを気にしているのではない。報われない多大の努力を一留学生に注がせたのは人の心のいかなる部分なのかをどうしても知りたかったのだ。表現することを生業とするなら、どんな端くれであろうとこの答は肝に銘じるべきだと思った。

（「身捨つる祖国はありやニューメディア」）

萩野　土本さんも、『留学生チュア スイ リン』以降、脚本のない、水俣病についてのドキュメンタリーなどを撮りだす。その土本さんも亡くなった。土本監督のドキュメンタリーなんかを見たのも、大学生から社会人にかけての青春時代に、のちに映画監督になる柳町光男や、ノンフィクション作家になった佐野眞一などの仲間が周りにゴロゴロいたからです。みんなが「映画館でやってる映画じゃなくて、見られない映画を見たい」。お金を出し合って、16ミリのプロジェクターを買って、柳町の家に置いておいて、上映のたびに引っぱりだした。フィルムは、かわりばんこに借りにいった。『留学生チュアスイリン』はぼくが借りにいったんじゃないかな。みんなで見て、ワーワーやりあっていた。捨てがたい思い出ですね。

5 自分の畑を耕さなければならない

デジタル、本、映画が結ぶ三角地帯に住まう萩野は、違うメディアどうしを衝突させて、批評性を獲得する。ビートルズのモノクロ映画『A Hard Day's Night』を、一本まるまる、九〇分のQuickTimeムービーにしてCD‐ROMに収めたときのことだ。「『本』をまねたのではなく、私たちは一人の人間の手のなかに映画を取り戻してみたいと願望していたのだ。もしそれが自分の手のひらにコントロールされる可能性があるならば、他のいかなる要素も捨て去っていいのだという思いがあった。大事なことは自分がこの映画について何か言えるという幻想を持つことであり、天下の映画を虫けらのごとくダウンサイジングしてまでも自分が出版できるのだということを力強く世の中に突き出したかったのだ」(「いまそこにある未来」)。QuickTimeの小窓のようなフレームで、「これが映画か、と識者は唖然と」するような映像だった。萩野は、「一人の人間の手のなかに」入る本の携帯性によって、映画システムのあり方を批評しようとする。だが、ときには映画をもって本を批評する。萩野はどちらかの一点を選ぶことをしない。自身を両義性のなかに宙吊りにする。萩野の言動が複雑さを帯びる理由だ。

——**土本さんは「映画は人間が考えるための道具だ」とおっしゃっていた。萩野さんの「情報」に近い気がします。**

萩野　デジタル技術によって個人で表現できる時代がきた、人々が考えるための道具として情報を公開したい、それをどこまでできるか。ボイジャー・ジャパンを起こして、無謀な旅に出たわけです。

——**〈一人〉にこだわったのですね。**

萩野　こだわったけれど、人数の問題じゃない。何人でやったってかまわないんだけど、映画撮影所の仕組み、ご大層さのばかばかしさ、まやかしはなんとなくわかった。

——**練馬区大泉にある東映の東京撮影所ですか。**

萩野　どこもそうでした。しかし東映はひどかった。

『A Hard Day's Night』

LD版(左)とCD-ROM版(右)

本と同じ要領で目次がある(左)、最初の章をクリックすると、本文(右)が開き、QuickTimeムービーによるオープニング映像が動き出す。

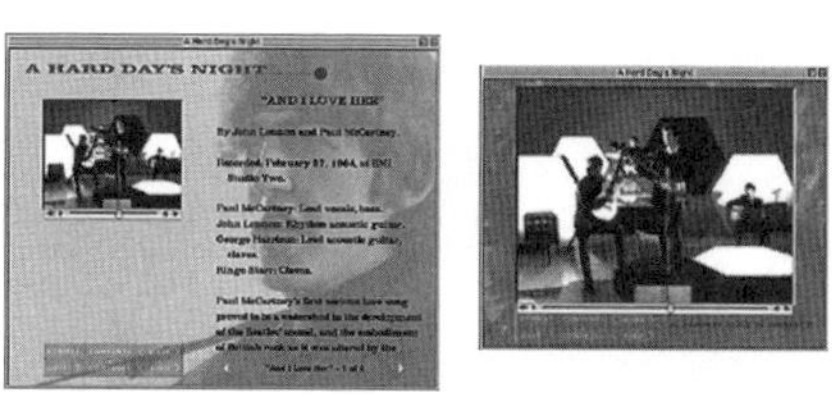

目次パレットから「Song」を選び「And I love her」を表示させると、映画の該当シーンが出てメロディーが流れる。右が拡大された映像。

撮影所、テレビ制作所、テレビプロ、動画、教育映画……すべてに何重にもわたる下請け構造、助手の口入れ稼業。映画も斜陽で、雇用形態を切り捨てていく時代だった。契約制度も現在に先駆けて、今の出版編集プロダクションみたいに、それも二重三重の下請け関係になっていった。われわれがストライキすると、小さなプロダクションが会社側とくっついて、スト破りをする。監督やメインのスタッフは同じでも、下々のスタッフが夕方から替わったり。

——新しさと相反するものをパイオニアにも感じた。映画時代とあまり変わってないじゃないか。それで、独立した。

萩野　映画と比べたらパイオニアは格段に企業然としていました。新しい映像事業に賭ける意気込みは立派だったと思います。少なくとも当初は。しかし、レーザーディスクというハードを背負い込んでいる以上、ハードの浸透とメディアとしての確立がともなわなければなりません。これを打開するパワーが何なのかを見誤った気がする。いいとこ取りをして都合のいい我田引水を試みた。それはパワーなんかじゃなかった。もっと訳のわからない横紙破りな手を打つべきではなかったか。所詮みんながわかるものなど、わかりきった昨日か一昨日のパワーにすぎないのじゃないか。先が見たいのなら、走る列車から飛び降りるほかはない。もう映画のことなど忘れていました。

設立する際に、資金を出してくれる話がないわけじゃなかった。資金を出してもらったがために、不自由な感じになるのはでもイヤだなと。それまでは不自由だけど安定した生活をしていた。その生活を脱ぎ捨てようというのに、自由を売りはらってしまっていいのか。「貧乏になって不自由になることはねぇだろう」。

一人で起業しようとしたら、パイオニアでインタラクティブなことをやっていた仲間も同じような限界を感じていて、一緒にやろうという話になった。辞めたのは私が先だったんですけど、そのあと仲間がぞくぞくと入ってきた。彼らも「へンなお金をもらうの、よそう、自分たちだけでやろう」と言うので、われわれとアメリカのボイジャーとのジョイント・ベンチャーという形で立ちあげた。

——独立のとき、アメリカのボイジャーは「エキスパンドブック」をすでに商品化していたのですか。

萩野　すでにあって、彼らのプロダクトを日本にもらうことで、まず口に糊することにめどが立っていた。今のiPadじゃないけど、たまたまCD-ROMブームがあった。みんなが「CD-ROMってどういうものだろう?」って買いますよね。それで、CD-ROMがバーッと売れた。英語版でも売れたんです。

——ニューメディアの代表がCD-ROMという感じで

エキスパンドブック

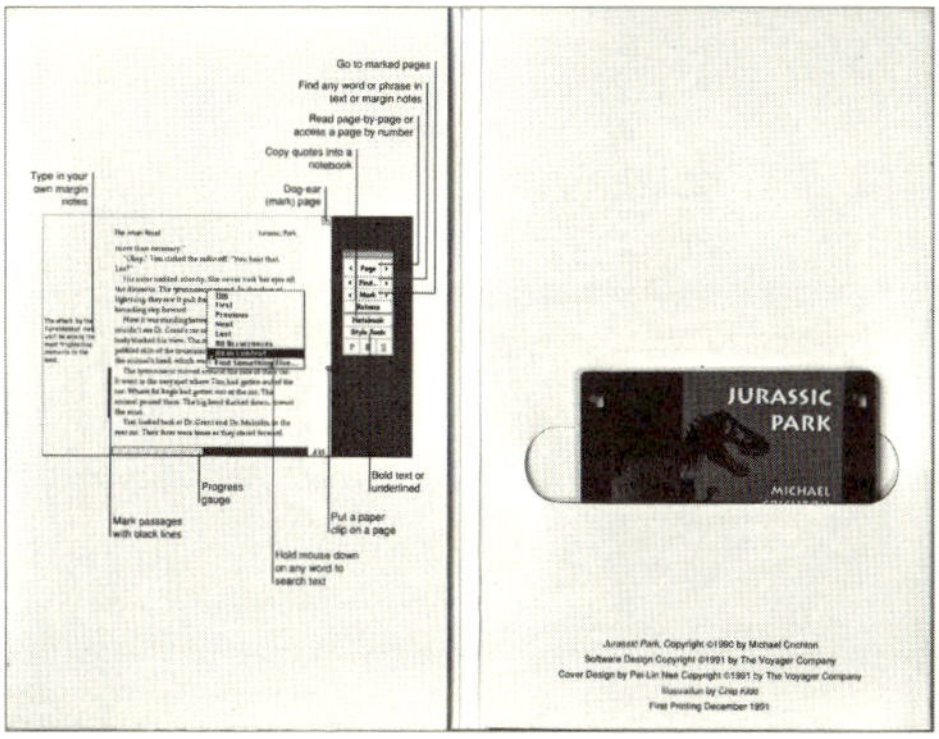

1991年、米国ボイジャーがエキスパンドブックとして初めて市場導入したデジタル出版の作品。当時大ヒットしていたマイケル・クライトン(Michael Crichton)の『ジュラシックパーク(Jurassic Park)』が電子本として一般に届けられた。表紙を開くと、1枚のフロッピーディスクと画面の操作解説があった。そのとき、アップルがノート型パーソナル・コンピュータの新機種を出しており、本の未来を語るうえで両者は盛んに話題として取り上げられた。

した。

萩野　外国で権利を買うとなるとおおごとなのに、アメリカのボイジャーは、権利を私たちにくれた。売れたら彼らにあがりをいくらか返すという、ハッピーな条件でした。運よく非常に固い信頼ができていた。

――マルチメディアという言葉も流行りました。それ以来、何次かにわたって電子書籍戦争がいろいろとあったわけですね。『広辞苑』第三版がＣＤ－ＲＯＭで出るのが一九八七年です。ご苦労された時期もあったと思われます。

テクノロジーこそ電子的な出版を保証し、私たちの夢を実現させる援軍だと思ってきた。しかしながら10年たってみると、技術革新は単純に援軍とはいえず、むしろめまぐるしく変化する技術の進歩が普及を妨げる大きな矛盾として感じられるようになった。（「いまそこにある未来」）

萩野　若気の至りみたいな。けっして若くはないけど。「これから時代は変わるんだ」と、カッカカッカしてこの仕事をやってきた。今、電子出版がどうのこうのと言われているのを見ると、懐かしい。若者を見るオヤジみたいな感じがする。非常に素朴で、「出版社はなくなる」、「紙の本は滅びる」、そういう言辞に、若者っぽいというか幼稚さを感じます。なくなるときはなくなる。滅びるときは滅びる。電子出版でそうなる……そんなもんじゃゃねぇぞ。そりゃいつかそうなっていくのかもしれないが、まず技術に対してあまりにも楽天的な感覚には驚くばかりです。おまえら自分で技術があるわけじゃないだろう、誰かにすがる技術じゃないのか、その技術は人を殺した技術だったかもしれない、技術というのはすべてが拍手をもって迎える援軍とは限らない。

――パソコンの歴史とともにずっと走ってきた。

しかし幸運は長く続くわけではありません。それからの貧しさはたしかに尋常ではありませんでした。どうやって生きてきたのか渦中のわれわれでさえ思い出せない、幸運なのか強運なのかで片付けるほかはありません。不思議にも日々のスリリングが人を高揚させ、もろもろの雑念を吹き飛ばしてきたのではないでしょうか。その中で多くの失敗を重ねました。他人の金儲けのために使役されている自分達に気付いたとき、ひきかえに手のひらに残るわずかばかりの紙幣を数えて深い落胆を覚えた記憶があります。これ以外何ものも残るもの無しであったわけです。

私たちは自分の畑を耕さなければならないのだと振り返りました。あえてなぜ山里にやってきたのかと。本当の貧しさを思い知らされたのはこのときです。

(「ボイジャーの挑戦」『電子出版クロニクル』日本電子出版協会、二〇〇九年)

萩野　それこそハイパーカードのころから。

『The Complete Ozu』

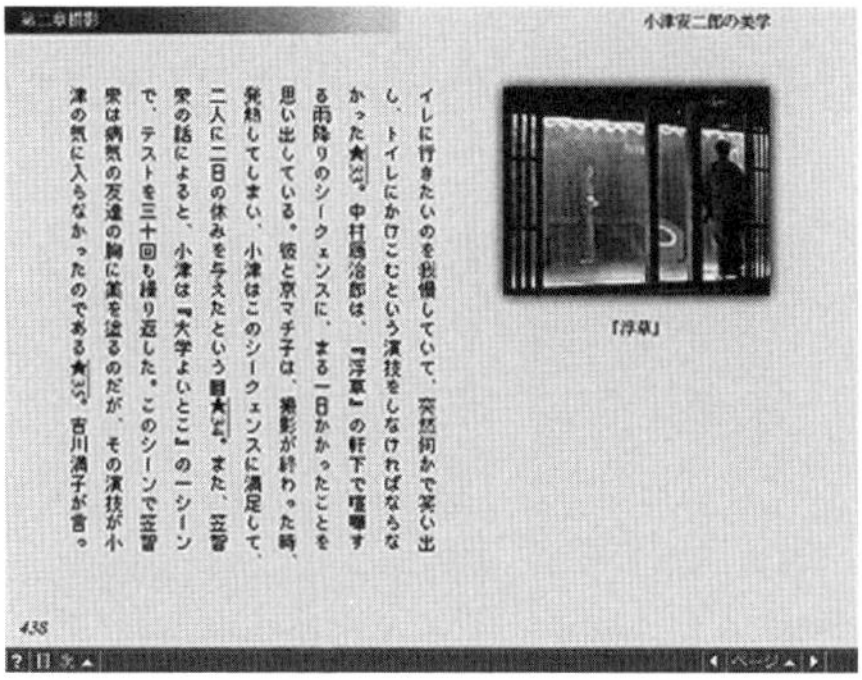

寺山修司
『書を捨てよ、町へ出よう』

米国で開発されたエキスパンドブックを利用して、日本でも盛んに制作が試みられた。ボイジャーは、東芝EMIの企画した『The Complete OZU』の制作協力会社として入り、日本語対応にかかわる費用をここから捻出した。日本語文章の表示に関しては、伝統的な組版の仕様があり、電子本はこれを実現する足元にも及ばなかった。それでもチャレンジして作品はできあがった。ここに例示する『The Complete OZU』と寺山修司『書を捨てよ、町へ出よう』には、映画や朗読といった従来の本にはできなかったマルチメディアの要素がたくさん含まれていた。

——私の、萩野さんに対する印象は、「タテ組にこだわっている」。

萩野　思ってないです。こういう生い立ちですから、カッコつけたことが好きじゃないんです。こうでなければならないとか、組版原論がどうとかは、性に合わないけど、クリエーターから教えられたことはずいぶんありました。永原康史さんとハイパーカードでつくった『タルホ・フューチュリカ』(一九九三年)なんて、ヨコ組だった。フォントはosakaしかなく、組版原則どころの騒ぎじゃなかった。ところが、TrueTypeのフォントでなんとかタテ組にしてみると、それなりに見えてくる。そういうことが楽しかった時期もありました。

——エキスパンドブックの広報リーフレットに、こう宣言されています。

ブックのデザインをするとき私たちが目指していたことは、これを見る誰もがそれを一目で「本」であると感じられるようにすること、そして、「本」のもつ優れた機能性も極力保持して読者ができるだけ不自由を感じないようにすること、それだけです。

（ボイジャー・エキスパンド・ブック開発チーム「エキスパンド・ブック誕生記」一九九二年一月）

萩野　アンチテーゼなんです。当時、マルチメディアでは映像が入ってくる時代だった。それにはどでかいコンピュータが必要だった。映像においては、まだまだダウンサイジングが十分ではなかったんです。ぼくらには、資金的に映像に手を出せなかった。映像に手を出せないから、必然的に文字ということになる。文字というと、「なーんだ」って揶揄されるわけですね。「もったいない。あまた才能を無駄にして、紙のものを移し替えて何が面白いの」。そういう軽視に対する腹いせ、悔しさから、縦書きにエネルギーを注ぐことになっていたかもしれない。さらにもし、そのときお金があったら、CGに進出して、今ごろはあえなく沈没しているでしょうね。そういう仲間は枚挙に暇がない。

6　黙す人間の語るべき術

「ボイジャーの萩野」というと、単線的に「デジタルの人」と思ってしまう。だが、萩野が、一九四六年生まれで早稲田大学出身だと考えれば、反体制的だったことにもっと早く気づくべきだった。迂闊なことに、インタビューの途中で思い当たった。在学中に映画を見まくった萩野は、反体制を文化の領域で実現しようとしたはずだ。カウンター・カルチャー＝対抗的文化である。萩野は、一九七五年にとりあえずの終刊を迎えた『ホール・アース・カタログ』の精神を、一九九二年以来、継承しようとしている。『ホール・アース・カタログ』的な精神が、テクノ志向と、それに対するエコロジーなど自然志向との、二つのベクトルを両義的に持っていたことを思いだそう。

――萩野さんは、左翼だったのですか。

萩野　……へなちょこでしょう。少なくとも右翼じゃない。大学が一九六九年の卒業ですから、全共闘世代で、石を投げてたほうです。大それたことを考えてたわけじゃない。なんでかと言われると、「なんとなくムシャクシャしてたから」。韓国で火炎瓶を投げていた人に、「私たちは民主化のために投げた」なんて言われると、「あぁそうですか」って脱帽する。

――この『d/SIGN』一八号のなかで、四方田犬彦さんがこう話されています。

韓国で民主化闘争をやっていたひとは、「自分たちには内ゲバはなかった。その代わりに自傷行為があった」と言います。「指を切るとか、抗議の焼身自殺とか、そういうのが日本であったか」

と尋ねられ、「自傷行為はあまりない、同士殺しのほうだ」とこちらは答えざるをえない。韓国と日本のちがいです。韓国の運動家の話では、たとえ金日成支持と金日成反対のちがいがあったにせよ、「民主化闘争という一点では大同団結していたから、セクトに別れて殺し合うなんて考えられない」と言う。敵が大きすぎたから、というのもある。

萩野 われわれは、内ゲバばかりだった。

——本は、個人が所有でき、身軽に持ち運べます。本が、萩野さんの心情にピッタリしたのでは。

萩野 本への思いはつねにありました。ここでも映画に戻るのですが、映画づくりには、ものすごい幸せなものがあった。向かい合う時間です。今のぼくの生活なんて、とっちらかっていて、集中することがない。

小学校の木工の教育映画をつくるのに、三、四カ月。朝から晩まで、木工のことばかり考えているんです。木工に関する本を片っ端から読破していくのです。洋の東西で、のこぎりの大きさや形状がちがうとか。こういうトンカチがある。全部本で読んでいく。わずか三〇分足らずの映像にその情報を置き換えていく。子どもがつくろうという意欲をかき立てようと。でも必ず映画が終わったときに、大きな落胆があるんですね。「ぼくの映画は、映画をつくるために読んできたどの本よりも劣っている」と。

——でも表現は、メディアの薄さに託すしかないですね。映画はフィルムに、本はページに。萩野さんのこの文章が印象に残っています。

語りうる文脈とは知識であり、知識がどこにあるかといえば、多くの場合、まともに生きる人の内部に潜んでいるだろうということだ。

（「いまそこにある未来」）

萩野 人間のなかにすべてである。まともに生きている、どんな人にもそれはある。人間のなかにあるものをどうやって引きだすか。一人ずつが持っている伝えるべきことを、発信できればいいですね。

——高い地位に就きながら不正を働き、傲慢に胡座をかいている正にその極北に、凛とした小さな人々の群が存在する。その存在を信じようと思う。そして黙して語ろうとしない、あるいは黙すことでしか人間としての誇りを保てないと

思っている人々に、語るべき術を生み出すことこそ私にとっての「祖国」に近いものだと思うようになった。

（「身を捨つる祖国はありやニューメディア」）

『LE LIVRE DE LULU（ルルの本）**』**

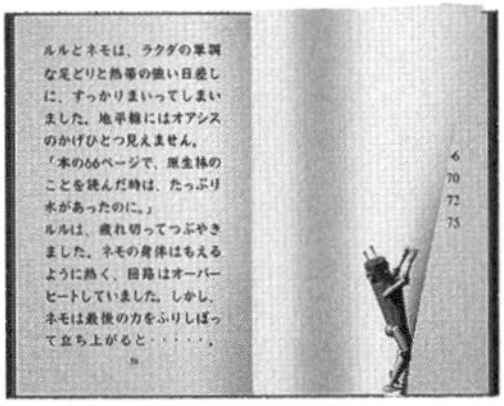

ボイジャーが3社に分裂する直前の1995年、パリに中心拠点を置いたアリーン・スタインが作家のロマン・ビクトル・プジュベ（Romain Victor-Pujebet）と企画し、フラマリオン・マルチメディアが制作した。絵本の登場人物が本の上を自由に動き呼びかけたり、自分でページを繰ったりする動作が仕組まれていた。絵本の新しい形式かと新鮮な驚きを与えたが、一方で制作にかかるコストと技術依存の度合いが大きく、通用する期間は長くはなかった。日本語版の制作・販売は三修社が担当した。

7 メディアは一方通行ではなく還流的でありたい

このインタビューのタイトル「本とは、ほんとうにただものではない」は、清水徹『書物について』(岩波書店、二〇〇一年)の帯の惹句からとられており、萩野の文でも引用されたことがある。清水は、「書物とは、一、記号が何らかの『支え』のうえにあり、二、時間が経過しても、ほぼ同じ意味内容が発信される装置、つまり時間の支配から免れている。いわば時間を征服した装置である」とする。この箇所を引きながら萩野は、「紙の媒体でなければならないとは書いてありません」と記す。さらに「紙から離れた祖国喪失者のように、電子的な本を求めて流浪する身にとって、清水徹の定義は私たちボイジャーのコンパスとなりました」(「ボイジャー 歩いてきた17年の後に」『船は出ていく』ボイジャー、二〇〇九年)と続ける。萩野の心情は、紙という故国を離れる不安と、離れようという意志、この二つのあいだで引き裂かれている。

——ボイジャーは、電子書籍からブレなかったですね。

萩野 今でこそえらそうなことしゃべってるけど、その日その日をやみくもに生きてきたというのが現実です。苦労はしたけど、楽しかったですよ。イヤだと思ったことはない。「お金がないけど、どうしようか」と、眠れなかったことはありましたが、この仕事自体でイヤだと思ったことはない。面白かった。

——二〇年近く、本にこだわったのはなんだったんでしょう。

萩野 季刊『本とコンピュータ』(一九九七〜二〇〇五年)という雑誌がありました。大日本印刷がスポンサーで、編集に携わった。この雑誌から受けた影響は大きかったかもしれない。本づくりの過程で、津野海

太郎さんや平野甲賀さんたちは、本に対して深い含蓄を持っている人で、いろんな話を聞いた。とくに

津野さんの「なんとかなるだろう」、「とにかく面白いことやってみよう」といった、前向きに生きる姿

架空の駅頭広告

2008年、いわゆる「ガラケー」が終わろうとしていたころ、世の中にあふれ出ているデバイス端末の液晶画面はすべて本になると実感できた。これはいたずらに加工された写真で、駅頭にこんな広告が飾られるといいなぁと思ったことからできたもの。デジタル出版はこのようにみなさんのそばにいたい。けっして格好つけるのではなく、質素で、安価で、柔軟に、したたかに、庶民の懐深く、人々のつましい知恵を支えるメディアとして。

勢に引かれました。われわれのやっていることになんだかんだと文句を言ってくる人がいた。まことしやかに滔々《とうとう》と論を張っている。嫌だナと私が感じていると、津野さんは「言いたいことがあるならやればいいことだ。こいつだって反論の雑誌を組めばいい、悔しかったらやってみろ。誰もやっちゃいけないなんて言ってない」、「俺たちは俺たちが言いたいことを言うために苦労してやっている。こいつのためになんてやらねぇよ」。こう言いのけたんです。そうだよナ。正直、救われましたね。

——「すべてが試作品だった」と述懐されています。

今振り返ればすべてが大いなる試作品だった。技術革新に翻弄され、舞い上がったり落ち込んだりと出版物として確固とした土壌ももたず揺れ動いた可能性の見本だった。ここにあるのは残るべきコンテンツなのではなく、課題なのだ。なにを残すべきかも分からずに、欣喜雀躍、夢のあとの光景をいまみているのだ。それでも夢を抱いた私たちが手に入れたものは、一人でやれることへの確信という立派な報酬だった。

（「いまそこにある未来」）

萩野　「すべてが試作品だ」なんて言ったらカッコよすぎる。じゃあ、今が成熟しているかと聞かれても、そうは思わない。

——今までの二〇年と同じように、これからも大変な道が続きますか。

萩野　大変な道には二つの意味があると思います。一つは、経済的、市場的に大変だということと、もう一つは、創造的な面で大変だということ。生存することと、その生存に意思を託すこと。クリエーションの面は、何がどうあろうと求道者みたいなものだから大変だろう。前者の市場的な面では、救いは出てきている。ぼくらの生活のなかでも感じられることです。

——やはり、三年前とではずいぶん局面が違ってきているのでは。

萩野　三年前というと、「ガラケー」ですね。日本の場合、携帯電話が、変形した電子出版の世界をつくってきた。「変形」と言ったのは大きなキャリアが仕切っている閉ざされたものだからです。その功罪でもあるでしょう。携帯が日本の電子書籍をけっこうなレベルに引き上げた。アメリカでKindleが出てきてまだ一年くらいの時点、二〇〇八年の統計資料では、日本の電子書籍の売上が世界一位だった。数字的には、日本と比べても、アメリカの電子書籍は地味なものだった。ここに至るまでに、アメリカのボイジャーは、九六年に事実上倒産して、三つの会社に分かれ、ボブ・スタインを除いてすべからく電子出版からはフェードアウトしました。米ボイジャーがすっぽ抜けたそこに、アメリカで電子書籍が急速に盛りあがってきた。この二、三年なんですね。

――フランス革命の宣言に、「印刷する権利」についての一項目があります。萩野さんの言動からは、このくだりを思いだします。

第11条　思想および意見の自由な伝達は、人の最も貴重な権利の一つである。したがってすべての市民は、自由に発言し、記述し、印刷することができる。ただし、法律により規定された場合におけるこの自由の濫用については、責任を負わなければならない。

（「人および市民の権利宣言　一七八九年」『人権宣言集』岩波文庫、一九五七年）

萩野　イギリスのフェビアン・ソシアリズム（社会体制を根本的に変革するのではなく、資本主義の枠内で社会の矛盾を改善しようとする改良主義の一つ）か何かのときに、労働党を支えた本屋、ゴランツ書店の存在が大きかった。政治とパブリッシングは、ピッタンコ一致していて、出版の原形は、言わんとしたい何かがあって、それを人々に理解してもらう関係でしょう。演説聞いてもらえれば投票率が上がる、そういうものじゃなく、もうちょっとリカレント、還流的な、生涯にわたって繰りかえし学習することに出版はかかわっている。

――シナリオを構成するとき、理解の筋道を考えます。電子書籍の時代になっても、理解の筋道、構成の大事さは変わりないですね。

萩野 むしろ、逆に再認識する。自分がやっていたシナリオというのは、今考えてみるとそれは大事なことだったんだなと。組み立てていく仕事と、そうじゃない仕事では、優劣が出てくる。あらかじめ予想をつけて、予想がつかない状況にもどう対処するかを構成のなかに包みこんでいる仕事と、知らないけどやっちゃったのとでは、品質的に違う。

――一人ずつが理解する手立てがあるのはいいことですね。

萩野 全員が理解することはありえない。理解というのは相対的なものです。一人ずつがそれぞれの理解をする、そういうのに本は向いている。わからなければそのまま行ってしまい帰ることもありません。そういうのじゃなくて、凝視するものが欲しいんです。その人がわかるまで、あるいは好きなだけ穴のあくほど見ていたい。種類の多さ、受け取り方の自在さは、それこそ本ならではのはずです。本から理解できるものは、心地よい。

――本は読む人間に冷静さを要求します。

萩野 落ち着いたメディアです。一行でも二行でも文章を書いてみればわかる。自分の書いたものとツラ突きあわせてみて、それを人様が見ると考えたとき、そこに自制心が出てくる。それは、本だけじゃないかもしれない。創造することには、妙なまじめさがあるんじゃないかな。たとえエロ映画であろうと、つくっているときには、不思議な真剣さがある。あんな根源的な行為がどうしてあんな格好をとらせるのか、神様も罪つくりですよね。

――ある種の映画は、一直線で、観客を特定の感情に引っぱっていこうとする。

萩野 とくに最近の映画は。わだかまっている映画は少ない。でも、引っぱっていこうとするのは息長くは心には残らない。

――映画のナレーションは不思議な存在です。

萩野 教育映画はとくにそうだけど、映画は最後に終わらなきゃいけないから、エンディングに、「このようにみんなは生きていくのである」みたいなナレーションをかぶせる。大きなお世話でね、「おまえにそんなこと言われる筋合いはねえよ」って。

——こう感じろ、という音楽がかぶる。

萩野　そういうものとの闘いです。主観的なものを除いていかなくちゃいけない。「この」、「その」、「このように」などの、指示代名詞を抜いていく。「この」のなかに、話者の主体が入ってしまう。あとはカッティング、モンタージュですね。モンタージュの問題は、ヌーヴェルヴァーグに先立つシネマ・ヴェリテ(フランス語で「真実の映画」を意味する、一九六〇年代初頭に提唱されたドキュメンタリー映画の方法論)の連中たちが、ずいぶん問題にして、「絶対カッティングしてはならない」とか。カメラがその世界に入っていったとき、世界そのものがカメラによって変更を強いられるのか、そんな議論もありました。

——映画体験がずいぶん生きていますね。本の独自性を見るうえでも。

萩野　ぼくは「映像をあきらめてるんじゃない」と感じる。どこかでまた「ふたたび映像に戻りたい」。映画を撮りたいわけではないが、映画で学んだすばらしさを、何かに生かすことができるんじゃないか、最近とみにそう思います。後輩たちの仕事のやり方を見ていると、自分が映画から仕込まれた手練手管は半端じゃないって実感する。

——体が覚えている。

萩野　映画っていうのは、すごいことを教えてくれたんだなと。厳しいんです、無から有を生みだすわけですから。その迫力たるや、比べられるものがない。ここは道路へ躍りだすべきなのか、モタモタしてたらもっと危ないとか、自分の出処進退を自分で見ているところがある。

——若い人に助監督体験させるといい。

萩野　まず、返事ですよ。撮影現場では、多くのスタッフで動いてる。「障子を閉めろ」、「はい」、「どうですか」、「もうちょい」。いちいちキャッチボールやる。今、これがまったくない。

——映画をやられたから、本のあるべき姿を冷静に見ることができた。紙の本がどうなるか、気になりますか。

萩野　ぜんぜん気にならない。滅びるものはどうあっても滅びる。つぶれるものは、つぶれりゃいいじゃないかって。そんなことにセンチメンタルになってもしょうがない。だけど、つぶれるのは、いくつかの出版社であって、また新たな出版社が生まれてくる。本自体がなくなるのかは、どうにもならないですが、根強い、ただものではないことは確信しています。

――本の何が変わり、何が変わらないのかを見きわめる必要がありますね。

出版とは、変化に富む内容を、変化のないシステムに流通させるものだ。多種多様という内容を、一様に本という一つのビークルに納めるという極めて単純なシステムに基づくものであり、冊子体(Codex)という構造が生まれた昔から本の基本システムはまるで変わっていない。つまり変わる内容と変わらないシステムが組み合わさって出版は成り立ってきたということができる。

（「いまそこにある未来」）

萩野　このあいだも、経済産業省、総務省、文部科学省の三省共同の「デジタル・ネットワーク社会における出版物の利活用の推進に関する懇談会」の技術ワーキングチームに呼ばれたんです。そこで、「そんなことしたら出版社がつぶれる」という人がいた。「つぶれりゃいいじゃないか」って思った。大相撲の番付みたいに出版社が並んでいる。その番付が入れ替わって誰が苦しく思うだろうか。出版〝者〟は必ず現れる。

――「電子書籍元年」という言い方は。

萩野　ムカムカしてくる。何年「元年」と言ってるんだろう。「じゃあ、おれたち紀元前かよ」って。物事は元年になって急にひらけていくのではなく、営々と築き上げられていくものだと思います。新聞だって、テレビだって、われわれ電子出版もそうです。いかに紀元前という時代が楽しかったかをみなさんにわかっていただけたらと思います。

8　デジタルは、「誰にでもできる」を保証する

アップストア(Appstore)で作品を販売しようとする際のアップルの検閲を、萩野は厳しく批判する。さらに、特定の端末が電子書籍市場を独占することにも危惧を表明する。これを、〈アメリカ対日本〉の構図で見てはならない。『ホール・アース・カタログ』創始者スチュワート・ブランドの言葉を聞こう。「カウンターカルチャーが中央の権威に対して持つ軽蔑が、リーダーのいないインターネットばかりか、すべてのパーソナル・コンピュータ革命の哲学の基礎になった」(「すべてヒッピーのおかげ」『タイム』特別号、一九九五年春)。萩野の言動は、カウンター・カルチャーの担い手であったはずのアップルなどが覇権主義に傾いていくことへの憤りだろう。だが、アメリカのカウンター・カルチャーが、世界化する、つまりはメインストリームになりつつあるなか、では、対抗軸をどこに求めるべきか。その問いは、電子書籍フォーマットのゆくえにも重なる。

――電子書籍のフォーマットは、EPUBに統一されていくんですか。

萩野　まだまだわからない。電子的な出版物をつくるのに、いろいろ学ばなきゃならないというのも、馬鹿げた話だと思う。外国語を学ぶのとはわけが違う。一つのフォームをつくるために、シャープのやり方、ボイジャーのやり方とかがあって、つくる人が一社だけのやり方を守らなきゃいけないとしたら、おかしい。日本語に関する表現として、「最低限これはほしい」という議論は、ルビや禁則を含めて、この

二〇年の歴史のなかでほぼ出つくして、ある程度の約束事はできている。統一化するのは、今がいいチャンスだと思う。日本語をベースに持っていて、それとEPUBとの橋渡しをどうするかを考えるのが筋でしょう。
　日本語の組版を、EPUBの標準に持っていけというのも乱暴だと思う。ぼくらは、タテ組はできないというW3C(World Wide Web Consortium)に従うことで、世界との共通性を手に入れた。W3Cのルールにさえ従えば、全世界で日本語が見られることを、交換的に、妥協して手に入れた。ただEPUBは、出版物としての汎用の規定ですから、その国その国のコンテンツ、文化的なものと橋渡しをする必要はある。
　日本を世界の標準にしようというのは難しい。日本語組版は特殊性をかなり含んでいる。ただし、普遍的なものもある。たとえば日本の漫画です。日本の漫画は世界的に強い。右綴じで、右から左へ読んでいくのは、世界的に定着している。

――日本語の特殊性に根ざして.bookがある。

デジタルな端末というのはいつまで続くかわからない。iPhoneなど来年になるともう違ったものになってしまっているかもわからない。そういうことになったときに、これが読めなくならないように考えておかなければならない。そのために、私たちは.bookという電子書籍フォーマットを作ってきたのです。／このデバイスのために作るのではなくて、電子書籍の原盤・原版……私たち流にいえば〝原液〟をつくるのです。コップに注ぐべき〝原液〟を手に入れるのです。

（東京国際ブックフェア・ボイジャーブースでの萩野の講演、二〇〇九年七月一二日）

次に、.bookとEPUBとの互換という話になる。

萩野　EPUBには、いろいろと隘路がある。EPUBは、あくまでも基準なので、個性的な表現をするとなると、CSS(Cascading Style Sheets＝HTMLやXMLで記述された内容をどう表示するかを指示する仕様)で決めるとか、いろいろな方法がある。HTML自体も

HTML5という先の基準を示している。ウェブブラウザのなかに、読書エンジンを装備してつぎこんでいく動きもある。アプリケーションで専用に動かすのではなく、汎用的なブラウザに読書エンジンを内包してしまう。

無料で本を読むことなら、技術的にはそれでいい。しかし、セキュリティ上、不正コピーされちゃいけない、そういうものをどうしていくか。権利管理は、これからまだまだいろいろあります。今出版社が言っているような、自分たちの権利を保護するために「不正コピー防止機能を付けてがんじがらめにやっていけ」、「それができなきゃダメだ」と言っているだけなら、出版社はデジタルの世界ではうっちゃられてしまう。「これでいいんだ、面白い！」って、「ワーッ」となって、電子書籍が売れて、紙の本でも売れる。そういう世界のほうが、早く来るような気がする。

——著作権の伝統的な縛りが焼け野原になる。

萩野 そうなると思います。デジタルの世界というのは、「トライできる」、「こういうことができる」というのを保障するものです。デジタルの力は、「こうできる」と明らかになったら、「こうできる」術を明らかにしていく。名人芸の世界ではなく、「誰にでもできる」が重要です。どうやったらできるのか、ピシッと伝えて、やるかやらないかは一人ひとりの勝手にする。「オレの権利が取られちゃう」と言うならやらなきゃいいだけです。やりたい人がどんどんいろんなことをやっていったら、かならずそこに風穴があいて、面白いものがヒットして、それがはずみになって大きな歯車を回していく。大きな出版社だって、最初はどこか下宿の二階家からはじまった。それも、せいぜいつい一〇〇年前の話です。

——新聞社だって同じですね。

萩野 底の浅い歴史です。それが、いつのまにか大権威になってしまい、同時に尊大になり、大事なものを忘れ去る。守りに入っていく。新しいものが出てくると、ブレーキをかける。

8…デジタルは、「誰にでもできる」を保証する

9 自由な共有こそビジネスのはじまり

もう一度スチュワート・ブランドの言葉を引く。「情報は自由になりたがっている。そしてまた高価になりたがっている」（ジョン・マルコフ『パソコン創世「第3の神話」』服部桂訳、NTT出版、二〇〇七年）。『ホール・アース・カタログ』がめざしたことが、技術の進展を待ってようやく実現に近づいた。その一つが、電子書籍だとしたら、『ホール・アース・カタログ』が抱えていた矛盾もまた、電子書籍は引き継いでいることになる。たとえば、貪欲なビジネスと情報の自由な共有の矛盾である。萩野はここでも、どちらかだけを選びとることをせず、〈貸出〉と〈販売〉の循環を提唱する。

——グーグルは、変わった企業ですね。

萩野 グーグルがやっていることは、公共でやるべきだった。民間の、ちょっとおかしい一私企業がやっちゃっただけで、やっていること自体は悪いことでもなんでもない。図書館は大いに反省していただきたい。

——存在している本どうしをつなげよう、これは、『ホール・アース・カタログ』の精神にもつながります。

萩野 本の理想ですね。それを、一私企業に仕切られている影響はあるでしょう。だったら、国会図書館も、どうして早くやらなかったんだと。最近のストリートビューは、家のなかにまで入っているらしいですね。料理が出てくると写真に撮る人がいるけど、虚心に、個人的に撮ってるとも言えないらしい。グーグルが呼びかけて、家のなかまで写してしまう。

——風景のウィキペディアみたいになる。

萩野 ぼくらが手を組んでいるインターネット・アーカイブ（一九九六年にブリュースター・ケールによって設

立された、ウェブページや、ソフトウェア、映画・本・録音データなどを収集するアメリカの非営利団体。デジタル世界のアレキサンドリア図書館とも言われる）というのは、ウィキ（Wiki＝ウェブブラウザでウェブサーバー上の文書を編集・管理するシステム）による図書館です。デジタル化されたものは、本や雑誌、映像、そして音楽であろうと、集めている。

ウェイバックマシン（「インターネット・アーカイブ」と米アレクサ・インターネット社が提供するキャッシュデータ閲覧サービスで、記録のために、一九九六年以降のホームページを収集）を、ご存知ですか。みんながつくっているホームページを片っ端からコピーしてる。ウェイバック、「道を戻る」ということです。ボイジャーのこれまでのホームページも主要な部分は出てくる。

――インターネット・アーカイブと萩野さんの関係は。

インターネット・アーカイブ

サンフランシスコのゴールデンゲイトブリッジの近く、プレディオ地区に立つ白亜の建物、インターネット・アーカイブの本部。ここはもともと教会だったところ。インターネット・アーカイブのロゴマークが円柱の古代建物を模したものだったところから、調和した佇まいとなっている。

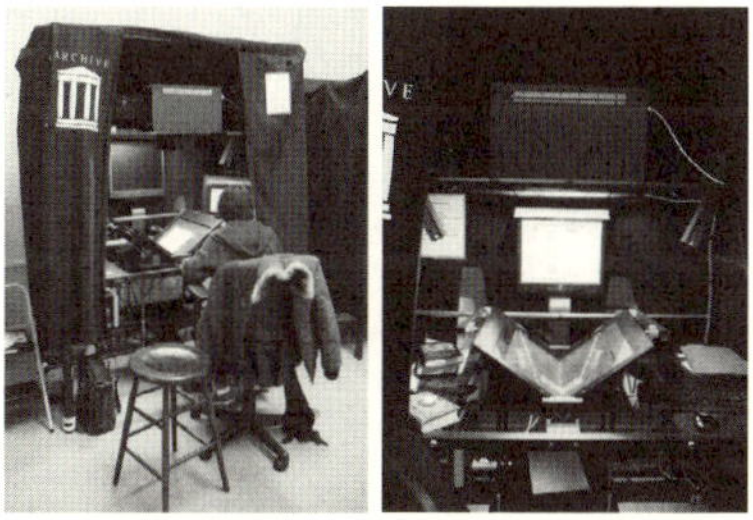

本部に隣接して本のデジタル化を促進させる作業スペースがある。ここに多数並べられているORC＝データスキャニング機器。

インターネット・アーカイブ本部にて、創始者のブリュースター・ケールと握手する著者。

萩野　ノンプロフィットの集団であるインターネット・アーカイブには、ネット時代の図書館をめぐる、いろいろな人物がいます、日本では、グーグル、アマゾン、アップルが黒船的に来て、対してわれわれが、浦賀に大砲を置いて迎え撃つみたいな雰囲気がありますが、間違いです。そういうものじゃない。アマゾンやグーグルの本質は、巨大なメディアの覇権主義にあります。ですが、メディア覇権主義は、日本だけじゃなくて、アメリカだって同じなんです。内憂外患、アメリカ人だって、覇権主義に制圧されつつある。日本と同じなんです。それに対抗するのは、洋の東西を問わずどこの国にもある。その一つの運動がインターネット・アーカイブです。彼らの思想はオープンにやろうということ、同じようなサービスであってもグーグル、アマゾン、アップルのウォールド・ガーデン（取り囲まれた彼らの庭）のなかでやる必要はない。自由にやれる技術もパワーも持てるはずだと言っている。一人がです。私たちがやろうとするのは、世界の仲間と手を組んで、一人一人を勇気づけようということです。私もその一人なんです。

——以前は、友だちどうしで貸し合って読みましたね。結果的に、口コミも含めて売れていく。

萩野　その恩恵をこうむってきたのは出版社でしょう。出版社から、図書館が本を貸すことについて、「いけない」と言うのはおかしい。出版社はデジタル時代に読者とはまったく違う角度から図書館を利用することのできるもっともいいポジションにいるのです。デジタル化を自分でやってみたらそのことはわかるはずです。国の予算でタダでやってくれると言っている。それを盗られてしまうと考えるか、チャンスと考えるかで未来は明るくも暗くもなります。読者も作家ももろともに関係しているのです。出版社はチャンスです。出版社の責任と決断は重要です。一緒に扉を開いてもらいたい。一緒にデジタルの時代を切り開いていただきたい。

10 おまえが東京でやっていけ

萩野は、私(鈴木)あての私信でこう書いた。「私たち自身の教育資料というものは、実に貧弱なものです。未だに徒弟時代の体感教育が罷《まか》り通っています。その点米国は、こうした教育の方法も、テキストも、小憎らしいほど対応が懇《ねんご》ろです。何か不思議なクールさというか、徹底した実利というものを感じます。私たちはダメです。すぐ浪花節をほざきたくなります。一方で実用本のようなものを見ると、目を覆いたくなるほど軽薄です。なんとかその中間はないものかと思いますが、日々の煩雑日常でかないません」(二〇一〇年六月六日)。教育資料やマニュアルにおけるアメリカの充実を認めつつ、彼此の差に歯がみをする。アメリカ文化に敬意を払いつつ、自国文化が漫然とアメリカ化していくのを看過するのも口惜しい。この二点間で、萩野は揺れ動く。緩急の入り交じった電子書籍の衝撃は、著作権や読書のあり方を変えていくだろう。更地から出直す覚悟をしたほうがよい。萩野の目には、焼け野原が見えている気がする。どちらかを選ぶのではない、二点間を編集するように歩行していかなければならない。

――**「本どうしはつながりたがっている」と実感します。**

萩野 ボイジャーがつくったCD-ROMに、リック・プレリンジャー(Rick Prelinger)の『忘れられたフィルム』(一九九六年)というのがあります。このリック・プレリンジャーは、インターネット・アーカイブのボードメンバーです。ボイジャーで八〇年代後半からレーザーディスク、CD‐ROM作品をつくりつづけました。本人は自分自身を「メディア考古学者(archeologist)」と言っていました。けっして自分でカメラを回すことはないのです。アーカイブに保存された過去の映像を取り出して文明批評を繰りかえしました。過去の映像に記された時代の証言を見事引き出してみせたのです。それは原爆に対する私たちの無知蒙昧《もうまい》、若い男女の交際という両者のあいだに敷かれた不可解な一線、その滑稽なしきたりなど、今となっては啞然とする人間のご都合主義を暴いたのです。それが当時のなんらかの意図によって仕組まれていたことは確かです。

リック・プレリンジャーとは不思議な縁です。関係ないと思っていたものが、輪廻じゃないけど、いろいろめぐりめぐってインターネット・アーカイブを介してまた出会っている。人もつながろうとしているのです。

――デジタル技術が、本の世界に集束しつつあるような気がします。

萩野 かつて、ボブ・スタイン(米国ボイジャーをつくった)はこう言ったんです。ぼくが、「こんなことやってもしょうがないんじゃないか」と嘆いたら、「この世の中で、電子出版を普及させる仕事をやっているのは七人しかいない。西海岸のだれ、ニューヨークのだれ、パリのだれ、どこどこのだれ、そして東京のおまえ、これしかいない。この七人が世界に散らばっててよかった」。「散らばっていて、重要なところに一人ずつしかいない、だからおまえが東京でやっていくことは重要なんだ」と。

――萩野さんが日本担当なんですね。

萩野 勝手にそうさせられていただけでしょう。その後ボブ・スタインはことあるごとに日本を訪れる仲間に私を紹介した。こうした人たちと出会うたびに、私は一人じゃないんだナと思うようになった。少数というのが怖くなくなった。たった一人は怖いけど、一人でも仲間がいれば、そこに最小限の社会的要因が生まれるということ。コミュニケーションの原初形態が育まれる。彼らは私を支える仲間だった。みんな奇妙なことを言う。まるで知らないこと、考え、未来……それを子どもが目を丸くするように聞き入っていた。

リック・プレリンジャー
『忘れられたフィルム』

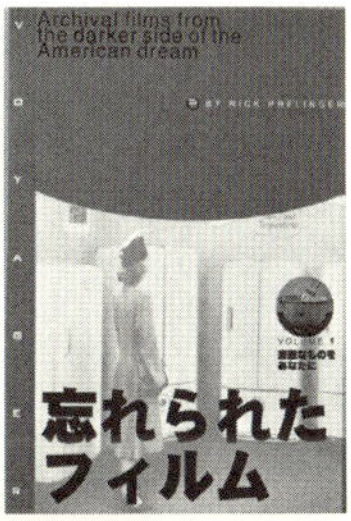

リック・プレリンジャーは、このようなことができたのは「エフェメラルなフィルムだったからだ」と語っている。その時代の都合に合わせてつくられた啓蒙・宣伝・教育映画は、かげろうのようにはかない短命なもの（＝エフェメラルなもの）だった。置き去りにされ、誰も見向きもしない映像を拾った彼は、言葉や文字を扱うように映像を自由に再配列し、そこに捨てがたい価値を発見した。映像は時代の要請や意思を雄弁に物語る歴史的証拠となり、誰もが利用する価値を持つものであることを見いだした。『Our Secret Century』2枚組のCD-ROMパッケージはVol. 5まで出版された。日本では『忘れられたフィルム』として1枚を出すだけで終わってしまった。

当然、自分たちが何であるのかを求められた。いろいろと日本の企業を回って帰ってくる彼らに私は印象を求めた。おまえが一番奇妙なことを言っていた。おまえの言っているようなことはどの企業も言わなかった。でもおまえが一番面白かった。

——編集について、こうお書きになっています。

「客観性をもったはじめての読者」という編集者の存在は、電子書籍も人が読むものである以上、欠かすことはできません。

（「18年間に渡って蓄積してきた経験が世界標準のEPUBとの調和でも役立つ」『電子書籍の基本からカラクリまでわかる本』洋泉社、二〇一〇年）

萩野　編集の大事さは変わらない。編集自体が本というものですから。自分の主観でどういうふうにページをつくるか、そのこと自体が編集なわけで、そういう意味では作家は、けたたましく編集をしている一人の人間です。作家と読者は違うから、読者を二重化するということには限度がある。そこに、本を編む読者としての編集者が加わることによって、客観性ははるかに広がる。さらに、あまりに多くの情報が存在するインターネット空間では、選ぶことも、創造的な編集になってくると思います。

——新たな『ホール・アース・カタログ』が出てくるかもしれない。一方、編集行為は、大出版社じゃなくてもできる。

萩野　一週間に二作品ずつプログラムピクチャーを送り出すのだったら、かつてのような撮影所システムが必要ですけど、これからはそういうスケールメリットはなくなる。だけど、強烈なエディターシップは必要だと思います。撮影所を通さなくたって映画ができるといっても、じゃあどんな映画ができてるんだ。「ろくな映画ができないじゃないか」と言われたらそれっきりです。

——構成的に内容を練りあげる、つまり編集ですね。

萩野　映画の長回しと小気味のいいカッティングの関係と言いますか。まとまったブロックとブロックのギャップ。それまで書いてきたことと、次に来ることの間の飛躍は、ものごとを理解するうえにおいて大きな役割を示す。文字というのはきわめて圧縮率の高い情報手段だと思います。『女の一生』を二時間半の映画にできるんだから、「映画のほうが圧縮率は高い」と言う人もいるけど、映画は、ディテールにこだわるものなんですね。小さいものを引き伸ばして見せるものが、映画の魅力なんじゃないかな。

——カッティングは、視点や視界、時間の移動ですね。

萩野　9・11のとき、飛行機が突っこんだ世界貿易センタービルにカメラを向けるんじゃなくて、それを見てる人たちにカメラを向けた写真があります(本書8〜9ページに掲載)。この写真の撮影者のパトリック・ウィッティを検索して、「使わせてくれ」と言うと、「わかった、ペイパル(PayPal)にいくら払え」とパッと返ってくる。著作権の問題もない。著作権処理の第三セクターも必要ない。そういう時代になるんじゃないですかね。人のつくったもの、撮ったものを使うのに、対価を払うのは当たり前のことと思います。第三セクターをつくって、ビルを借りて、人を雇って、家賃まで含めてやる必要なんかどこにもない。本人に全額を払うようにしたほうが、はるかに安くなるはずです。インターネットはインモラルな世界のように言ってるけど、モラルの一つの形を示すべきだと思います。そのための道具として、電子出版はあるんじゃないか。

——視点を変えるのも、編集ですね。

萩野　視点を変えるのも戦争ですね。新聞やテレビに対して、アングルを変えるということはがんばってやっていきたい。ボイジャーの理想書店を開いていただくと、津野海太郎さんの『小さなメディアの必要』(一九八一年)電子版が無料で読めます。そのなかに、ガリ版の話が入っている。メディアの一番プリミティブなものとして、ガリ版があるんじゃないか。ガリ版にかかわる、たとえば宮沢賢治もガリ版でやっていたとか、いろんな話が出ている。もう一つ無料で読めるのが、浜野保樹さんの『極端に短いインターネットの歴史』(一九九七年)。

こういうことができるのは、すべからくインターネットのおかげです。では、そのインターネットはなぜ生まれてきたか。インターネットは、三つの戦争から生まれた完全な軍事技術です。太平洋戦争と東西冷戦、あとベトナム戦争です。日本に原爆を落とした、原爆を落とした人間は加害者ですね。加害者こそ、「自分が落とされたらどうなる」と被害妄想になる。そのうち東西冷戦で、ソ連が水爆実験をする。あれをいつの日か「自分のとこに落とされたらどうなるんだ」。落とされたときの軍事指揮命令を確保するために、四つのノードをつくって、連絡網ができるように考えた。コンピュータです。しかし、巨大なシステムであるがゆえに、ミサイルの標的になる。

次に、巨大なシステムにくっついている小さなコンピュータを、どうして使わないのか、となってくる。ここから、連絡網がバクテリアみたいに無原則的に広がる。標的にならない。どこを叩いても、小さいものどうしが手を結ぶということで、インターネットが保障された。小さいものになったがために、戦争から遠く離れて、メディアの創造に加担できた。非常に象徴的です。小ささを教訓的に考えないといけない。

――インターネットに基盤を置く電子出版は、国境の壁を越えて、ウェブ社会の倫理をつくっていくのでしょうか。

萩野　私的に非合法で、アンダーグランドでやっているということじゃなくて、表に立って堂々と〝モノ〟を言うのが、パブリッシングです。公開し公表する、本が流通するなかでちゃんと対価が回っていく、全世界的にそういう時代が来れば、はじめて成熟ということなんだと思いますね。パブリッシングには、「いつでも読める」、「どこでも読める」という大原則があります。「誰でも」というなかには、視覚に不自由を抱えている人も入る。文字を大きくできるのと同時に、読み上げ機能なども、もっと普及させる必要があります。ページをめくる動作そのものが困難な人もいます。堂々と〝モノ〟が言えるということは、堂々と読めるということと、つねに表裏一体です。デジタル技術は、公表し読書する術を保障する役目をもっています。

端末がこの世界を開拓するのではなく、私たち自身がデジタルによる次の出版を考える必要がある。紙の本を作るからではなく、出版行為をするから出版社なのです。

（「電子書籍、版元こそ開拓者に　萩野正昭」『読売新聞』、二〇一〇年四月二七日）

あとがき

　この本を読んでいただいた方に、ありがとうを申し上げたい。私の好き勝手に生きてきた話を、最後までお付き合いしてくださったのは特別なことだったと思う。

　私はデジタルを歩いてきた。飛んできたのでも、走ってきたのでもない。すばやく理解できるようなものではなかった。考え込んだり、やり直したりをつねにくりかえす連続だった。自分を救う道を自分で探さねばならなかった。その手段が必要だった。単純な思いで手に取った。

　デジタル技術の発達は飛躍的なものがあったが、徐々にそこから遠のいていく自分を感じていた。何かに乗って円滑に進んでいくことよりも、歩くというなかにある自力で行く響きを、大事なことだと思うようになっていた。だから、結局、未来に何が起こるのかを言い当てるような本にはならなかった。期待に応えようとはずっとしたのだが、それを語るのはあまりにも唇さむし心地がした。

　私とパートナーを組んだボブ・スタインは、この本の全体を通した背骨のような存在になっている。またその時々、影響を受けたり、協力を得たりした人たちについてはできるだけ記述してきた。ここに各位に対して敬称を付す気持ちを明記することで、呼び捨てを許していただきたい。

　大きな応援をいただいてきたのに、一言も触れなかった人が何人もいる。本の性質上ご理解いただきたい。そのなかで、夭折した浜野保樹さんのことには一言触れておきたい。世の中にこれから勃興する産業や、発揮するであろう隠れた才能にいち早く目をつけ、世間に紹介した人だった。東京大学大学院教授という立場から、彼の発言には影響力があった。漫画家やアニメーション、映画監督など、どんどん名を馳せていった方々のなかで、いつまでも底辺をうろついていたのがデジタル出版だった。そして浜野保樹さんは他界してしまった。残念でならない。

この本はブックデザイナーの鈴木一誌さんの提案ではじまったものであるが、なかなか進まなかった。長いあいだつねに声援を送ってくれたボイジャーの鎌田純子さん、編集を担当してくださった西浩孝さん、晶文社の斉藤典貴さんにはお詫びと我慢をいただいたことへのお礼を言いたい。

そして最後に、あらぬ方角を見て、上の空の返事ばかりしていた私を優しく許してくれた家族へ感謝をしたい。

二〇一八年一二月

萩野正昭

萩野正昭（はぎの・まさあき）

1946年東京都生まれ。早稲田大学法学部卒業。

1969年港湾建設会社に就職、兵庫県で埋立造成工事に従事。1970年から東映教育映画部で契約演出職として働く。1981年以降パイオニアでレーザーディスク制作・企画、1990年からはパイオニアLDC取締役映画製作部長としてキャロルコとの資本提携にともなうハリウッド映画のビジネス展開に従事する。1992年ボイジャー・ジャパンを設立。代表取締役としてデジタル出版事業を開始する。2013年ボイジャー代表取締役を退任、現在は取締役として企画開発にかかわる。

著書に『電子書籍奮戦記』（新潮社）、『本は、これから』（共著、岩波新書）、『木で軍艦をつくった男』（共著、ボイジャー）などがある。

これからの本《ほん》の話《はなし》をしよう

発行日……2019年2月10日初版

著者……萩野正昭

発行者……株式会社 晶文社
〒101-0051
東京都千代田区神田神保町1-11
電話：(03) 3518-4940（代表）
(03) 3518-4942（編集）
URL：http://www.shobunsha.co.jp

印刷・製本……株式会社太平印刷社

デザイン……鈴木一誌＋下田麻亜也

章扉イラストレーション
……小島 武

ISBN978-4-7949-7075-6 Printed in Japan

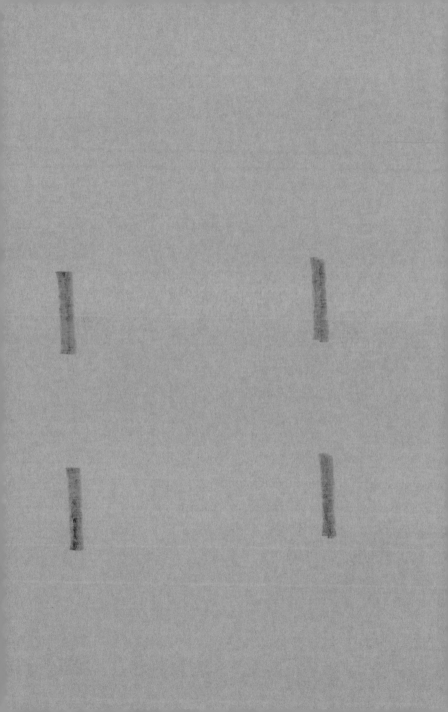